Alain Rey

avec la participation de
Stéphane De Groodt

drôles ~~200~~ ~~expressions~~
que l'on ut~~ilise t~~ous les jours
sans vraiment les connaître

Adrien David
David Galand
Nathalie Gendrot
Adélaïde Jacquemard-Truc
Fabien Legrésy
Étienne Leterrier
Dorothée Lintner
Marion Moreau
Amandine Mussou
Cécile Rabot

et la collaboration de
Marie-Hélène Drivaud
Édouard Trouillez
Bérengère Baucher

Documentation et bibliographie
Annick Dehais

Édition : Christine Asin, Emmanuelle Pellé
Maquette : David Bart
Mise en page : Alinéa

© Le Robert, 2015. 25, avenue Pierre-de-Coubertin – 75013 Paris
ISBN : 978-2-32-100700-5

Préface

La langue française n'est pas seulement un trésor à préserver et à faire fructifier, c'est aussi une gigantesque pochette-surprise, pleine d'imprévu. En disant, en écrivant, en lisant, en écoutant les phrases de tous les jours, nous avons souvent l'impression d'être un peu dépassés, de côtoyer de petits mystères, sans y prêter attention. L'impatience dit : « c'est pour aujourd'hui ou pour demain ? » Sens évident, mais bizarres petits mots : « d'hui ? », « de quelle main ? » Pour les récupérer, un peu de latin, dont on pense n'avoir plus besoin. Hui, c'est *hodie*, le jour où l'on est ; quant à cette main, elle nous trompe, car c'est le « matin », en latin *mane*. La question énervée, c'était en fait « c'est pour le jour de ce jour, ou pour le matin ? », tournure bizarre et assez ridicule, mais qui est pourtant là, cachée dans les mots. Et si on y répond, ce qui est logique et normal : « c'est pour tout de suite, pour maintenant », on met en scène une « suite » et une « main », cette fois une vraie main qui tient : « main tenant », tenant quoi ?, le temps, l'instant ?

Un espace particulier de notre langue est particulièrement riche de ces bizarreries cachées, de ces mots derrière les mots. C'est la locution, la « manière de dire ». On entend : « je ne suis pas dans mon assiette ». Assiette à soupe, ou à dessert ?

On dit : « je t'enverrai l'argent au fur et à mesure des rentrées ». Bon, c'est clair ; mais c'est quoi, le fur ? Mot inconnu, ou bien sens anormal, facilement absurde : « il est sorti du lit dans le plus simple appareil de photo », ou bien « il y a péril en la superbe demeure ». Tout semble permis à ces manières banales de s'exprimer à peu près impossibles à traduire ; que l'on comprend, croit-on, parfaitement, et qui, comme les devinettes, dissimulent un piège.

Nous avons eu l'idée, au *Robert*, avec une fine équipe d'amoureux des mots, de réunir pour vous l'essentiel de cette boîte à malice préparée pour notre plaisir par des siècles de paroles françaises, je veux dire « en français », c'est-à-dire aussi bien belges, suisses, québécoises, africaines, que lorraines ou bretonnes. Car le français est multifacettes, pour ne pas dire multilingue, aussi bien dans l'espace que dans le temps. Et c'est le temps qui, effaçant des signes ou leur donnant des significations nouvelles, tout en gardant des traces du passé, crée du jeu, de la surprise, donc du plaisir, dans nos façons de parler. Un procès a lieu « à huis clos », mais l'huissier vous ouvre… la porte. Et saviez-vous qu'on peut prétendre vous faire « bonne chère » sans vous offrir à manger ? Quant à tout le saint-frusquin, le calendrier des fêtes ne le connaît pas plus que la saint-glinglin. Devant les bagarres autour du pouvoir, l'électeur a envie de dire « j'en ai ma claque de cette foire d'empoigne ». Et certains s'en tirent « sans coup férir ». Ce qui ne nous avance guère pour conjuguer le verbe férir, ni pour savoir ce que c'est qu'une empoigne, encore moins pour découvrir de quelle claque il peut bien s'agir. En fait, nous nous donnons à nous-mêmes des leçons de vieux français, de latin, de sémantique et d'histoire, tout en parlant très normalement.

Désormais, avec nos « 200 drôles d'expressions », drôles au sens de « bizarre », mais aussi de « plaisant, amusant », assez marrantes en somme, vous pourrez déchiffrer les petits messages secrets qu'elles recèlent et en faire profiter vos amis, tout en vous distrayant aux dépens des mots. Douce vengeance, et bonne lecture !

Si certains textes sont illustrés par une citation littéraire ou accompagnés d'un extrait du *Petit Robert,* d'autres ont été soumis aux facéties de Stéphane De Groodt. Comédien talentueux, ce natif de Bruxelles est aussi un virtuose des jeux de langage, connu pour ses chroniques télévisées au ton décalé. Avec son style inimitable, il s'est amusé à imaginer l'origine farfelue de ses expressions préférées ou à jouer avec les sonorités des mots qui les composent. Une autre manière de goûter au plaisir de la langue !

Alain Rey

Note : les mots suivis d'un astérisque (*) renvoient à d'autres expressions traitées dans l'ouvrage.

Être aux **abois**

être dans une situation matérielle désespérée

Un régime politique aux abois est tout près d'être renversé. Des défenseurs aux abois sur un terrain de football craignent la défaite. Un criminel aux abois est traqué et a peu de chances d'en réchapper. L'expression décrit une réalité malheureuse et implique une situation désespérée.

Si l'on prête attention aux sonorités, on entend des bruits de chasse à courre, comme dans *à cor* et à cri*. Et on voit la meute. *Aboi* est en effet synonyme de *aboiement*. Si le chien fait *ouah ouah* en français, il fait *bau bau* en italien et cette onomatopée est proche de celle qui a donné naissance, au Moyen Âge, à *aboyer* et à *aboi*. Les abois sont précisément les cris de la meute au moment où elle entoure l'animal poursuivi.

On se souvient des vers d'Alfred de Vigny dans ses *Poèmes antiques et modernes* : « J'aime le son du cor, le soir au fond des bois, Soit qu'il chante les pleurs de la biche aux abois, Ou l'adieu du chasseur […] ». Des traqueurs à la proie, ces abois ne sont plus les hurlements des bêtes assoiffées de sang mais la situation du gibier assailli par la meute, proche de l'agonie. On dit alors que l'on force la bête jusqu'à ce qu'elle soit aux abois.

C'est dans des contextes métaphoriques que le mot s'est maintenu. Déjà, chez Corneille, la République doit être « sauv[ée] des abois ». Un siècle plus tard, cet usage est suranné. Les abois se sont tus. Seul *aux abois* se dit d'une personne réduite à la dernière extrémité, ne pouvant plus se défendre. Caché dans l'expression, un drame, un jeu cruel, celui de toutes les chasses à l'homme.

Le mot de Stéphane De Groodt

D'après le *Dictionnaire des noms impropres*, à l'origine l'expression évoquait le département du Jura et l'on disait alors pour signifier la présence de quelqu'un à cet endroit « Être aux Arbois ». Avec le temps la commune d'Arbois se dépeupla et l'expression s'adapta à cette situation. On disait alors « Être aux Arbois nés absents ». Mais comme personne ne comprenait sa signification, l'expression tomba dans l'oubli.

De cet acabit, de même acabit

de cette nature, de même nature

Si l'on parle de vous en disant *une personne de cet acabit,* vous ne vous sentez pas franchement valorisé. L'expression s'emploie mais *acabit* fait partie de ces vocables dont on ignore le sens. On a beau convoquer ses souvenirs de latin, ce mot demeure mystérieux.

À vrai dire, les spécialistes s'y perdent également. Pour certains, le mot proviendrait du participe passé de l'ancien provençal *acabir* « achever », dont l'origine latine est elle-même obscure. Mais aucun document ne l'atteste et rien n'explique le changement de sens. Et l'absence d'équivalent dans les autres langues romanes ne fait qu'épaissir le mystère.

Toujours est-il que le mot apparaît au XVe siècle, signifiant alors « évènement malheureux, accident », mais il pourrait s'agir d'un homonyme, car *acabit* ne réapparaît qu'en 1650 à propos de la qualité d'une marchandise, d'une denrée. On disait par exemple « des poires de bon acabit » et cet acabit n'avait rien de désastreux.

Progressivement, le jugement que véhicule le mot ne porte plus seulement sur les choses mais aussi sur les êtres. Stendhal écrit dans *Le Rouge et le Noir* : « mon fils et ses brillants amis de même acabit ont du cœur » et, comme pour les poires, cet acabit n'est nullement péjoratif.

Ce n'est qu'au cours du XXe siècle que son usage se restreint à quelques expressions et que la valeur péjorative s'impose, comme dans *de la même farine* ou *du même tonneau*. On compare et on classe, mais pour déprécier. Et à moins que la personne qui nous associe à d'autres en un acabit de mauvais aloi* soit plus que centenaire, c'est à juste titre* que vous pourrez vous vexer !

Le mot de Stéphane De Groodt

À l'époque cette expression faisait référence au clergé… En l'occurrence, « de cet acabit ne fait pas le moine » voulait dire « ne pas se fier aux apparences ». Aujourd'hui, par manque de caractère, typographique s'entend, « aux apparences » n'apparaît plus. Seul subsiste *de cet acabit* qui signifie en toute logique « ne pas se fier ».

Pierre d'achoppement

obstacle, écueil

Rencontrer sur son parcours *une pierre d'achoppement*, c'est rencontrer une sérieuse difficulté. Une pierre, en effet, peut faire obstacle à la progression ou faire trébucher. Quant à *achoppement*, nous butons précisément dessus, ce mot ne se rencontrant guère en dehors de cette expression.

La Fontaine, dans ses *Fables*, l'utilise encore : « Regarde d'où provient L'achoppement qui te retient [...] Prends ton pic, et me romps ce caillou qui te nuit. » Le caillou en question est ce qui fait buter, *achopper*. Ce verbe est dérivé de *chopper,* de même sens, utilisé au figuré pour « faillir, faire un écart de conduite » ou « se heurter à une difficulté d'ordre moral ou intellectuel ». Ce sens est sorti de l'usage et l'exemple de Furetière, « Cet Officier s'est brouillé avec son Supérieur, il a *choppé* lourdement », n'est plus compris. *Choper* une maladie, l'attraper, c'est un autre mot.

A

On suppose que ce verbe *chopper* a été formé à partir d'une onomatopée, *tsopp* (ou *tchop*), imitant le bruit caractéristique du pas d'un boiteux, et qui a donné dans d'autres langues latines des mots évoquant des difficultés à se mouvoir : *zoppo* en italien, *zopo* en espagnol, *zo(u)po* en portugais, c'est le boiteux, l'estropié. Cette lourde démarche était rendue en ancien français par le son *clop*, à l'origine de *clopiner* et *clopin-clopant*.

La *pierre d'achoppement* est donc la pierre sur laquelle on trébuche, mais elle n'a d'existence que métaphorique. De ce qui fait choir à ce qui fait tomber dans le péché, il n'y a qu'un pas, trébuchant. N'oublions pas qu'en latin ecclésiastique cette pierre se disait *scandalum*…

Le mot du Petit Robert

achoppement

[aʃɔpmɑ̃] nom masculin
ÉTYM. début XIIIe ♦ de *achopper*
VIEUX OU LITTÉR. Obstacle contre lequel on bute, difficulté qu'on rencontre. […]

Par **acquit** de conscience

> pour décharger entièrement sa conscience, pour se garantir de tout risque d'avoir quelque chose à se reprocher

Dans les romans policiers traditionnels, il y a d'un côté les coupables qui n'ont pas la conscience tranquille et de l'autre côté les policiers qui travaillent consciencieusement pour découvrir la vérité. Dire que ces derniers, *par acquit de conscience,* vérifieront toutes les pistes, c'est dire qu'ils ne laisseront rien au hasard. Mais s'ils veulent avoir leur conscience pour eux, et *acquérir* la certitude qu'ils sont irréprochables, pourquoi diable écrit-on ici *acquit* et non *acquis* ?

C'est tout simplement parce que ce mot, qui ne s'emploie plus que dans quelques expressions, est dérivé non pas comme *acquis* du verbe *acquérir* mais du verbe *acquitter*. L'acquit était autrefois le paiement d'une dette puis la reconnaissance écrite de ce paiement. Dans ce sens, le mot a été évincé par *quittance,* de même origine, mais il s'emploie encore dans la formule *pour acquit*. Le sens figuré apparaît dès le Moyen Âge mais l'expression *par acquit de conscience* ne devient usuelle qu'au XIXe siècle. À cette époque, Littré en donne encore les formes anciennes, qu'il a trouvées dans l'œuvre de Saint-Simon : à *l'acquit* ou *pour l'acquit de sa conscience*.

On est donc *quitte* de toute dette envers sa conscience quand on agit en suivant ses conseils et qu'on ne néglige aucune piste. Quoi qu'il en soit, il n'est pas nécessaire de jouer au détective pour vérifier l'orthographe de ce mot. La méthode est beaucoup plus simple : il suffit d'*acquérir* un bon dictionnaire et de *s'acquitter* d'une petite vérification. Élémentaire, mon cher Watson !

Le mot de Stéphane De Groodt

C'est à nos amis espagnols que nous devons cette expression. « Por aquí dé conscience » veut dire « par ici la conscience » ou plus simplement « prendre conscience de… » Être lucide en quelque sorte.

Être à l'affût

guetter quelque chose, attendre le bon moment

Le mari jaloux, le paparazzi et la ménagère de moins de cinquante ans sont tous *à l'affût* : de preuves, de scoops et de bonnes affaires. Rien que de banal, mais l'on se demande ce que peut bien signifier cet *affût* qu'ils ont en commun : ils guettent, prêts à bondir sur l'occasion dès qu'elle se présentera.

Au Moyen Âge, l'affût était un support en bois sur lequel reposait l'arme du chasseur guettant sa proie. Le mot vient de *s'affûter*, c'est-à-dire « s'appuyer, se mettre en position », verbe formé de *à* et de *fût*. Ce dernier a désigné, après un tronc d'arbre, diverses pièces de bois et en particulier la monture d'une arme. C'est ce même *fût*, issu du latin *fustis* « tronc », qui a donné les mots *futaie* « forêt d'arbres élevés » et *futaille* « ensemble de tonneaux ».

Mais revenons à nos moutons ou plutôt à notre gibier. À partir du XVIIe siècle, *affût* ne désigne plus un support mais l'abri dans lequel se dissimule le chasseur qui doit bien souvent attendre de longues heures avant qu'un animal ne montre le bout du museau ou du bec. De là est né à *l'affût* « en train de guetter sa proie » avant de s'employer au sens figuré.

Une évolution identique est à l'origine de l'expression *être aux aguets*. De la famille de *guetter*, *aguet* a d'abord eu le sens d' « embuscade ». *Aux aguets,* « en position de guetteur », prit la valeur plus abstraite de « sur ses gardes ». Si les activités cynégétiques se sont éloignées de nos préoccupations quotidiennes, elles ont laissé des traces dans la langue de tous les jours.

> « À l'affût de tous les vents de la mode et de la publicité, il ne négligeait rien de ce qui avait la faveur du moment. »
> Ernest Renan, *Souvenirs d'enfance et de jeunesse*, 1883.

De bon aloi

de bonne qualité, qui mérite l'estime

Il arrive qu'on emploie l'expression *de bon aloi* comme un équivalent littéraire – voire un peu précieux – de *de bonne qualité*. Mais on serait embarrassé s'il fallait préciser l'origine et le sens exact du mot *aloi*, qui ne s'emploie plus hors de cette expression.

Apparu au Moyen Âge, *aloi* vient du verbe *aloier* (ou *aloyer*), ancienne variante de *allier*. Il signifie « alliage » – tout comme l'anglais *alloy*, de même origine – et s'employait à propos des assemblages métalliques réalisés pour fondre une monnaie. Comme il arrivait que l'on fraude en incluant dans cette monnaie un pourcentage de métal précieux plus faible qu'annoncé, celle *de bon aloi* était donc une monnaie non falsifiée, ce que rappelle Théophile Gautier dans *Le Capitaine Fracasse* :

« Par les cornes et la queue de Lucifer ! Nous jouons de malheur ! J'avais espéré monnaie de bon aloi et ce ne sont que jetons de cuivre et de plomb doré. »

L'expression s'emploie dès l'ancien français au figuré pour signaler la bonne qualité. Elle s'est appliquée à des choses concrètes, là où l'on préfère aujourd'hui le « haut de gamme ». Progressivement, c'est la valeur abstraite qui s'impose. Pourtant, *aloi* ne possède plus de sens lisible que pour les spécialistes de numismatique : la valeur, le titre légal d'une monnaie. Sa signification première est aussi demeurée dans le vocabulaire technique de la métallurgie, tout comme son synonyme *aloyage*.

Le côté précieux de l'expression va finalement de pair avec la préciosité de la pièce qu'elle qualifiait. Désormais informé, la prochaine fois que vous emploierez *de bon aloi*, vous pourrez *allier* l'effet de style et l'à-propos.

> « Il est homme du monde, sans grande ambition d'être dans la conversation [...] ; il a une parole correcte, châtiée, de bon aloi »
>
> Barbey d'Aurevilly, *Premier Memorandum*, 1836.

Faire **amende** honorable

reconnaître ses torts, demander pardon

À bien y regarder, cette expression a quelque chose d'étrange. Aucun des mots qui la composent n'est sorti d'usage, surtout pas *amende* : chacun s'est déjà vu coller un de ces maudits papillons valant contravention sur le pare-brise de sa voiture mal garée. De même, il n'y a pas de confusion possible avec le fruit à coque, l'amande, dont le nom s'écrit avec un *a*. Alors d'où vient cette étrangeté ?

La bizarrerie tient au fait que l'*amende* ici n'est ni amère, ni douce, ni administrative, ni fiscale, mais *honorable*. Faut-il comprendre que cette *amende*, telle une mention d'examen, est « passable », c'est-à-dire ni trop sévère, ni trop clémente ? Point du tout. L'amende honorable était sous l'Ancien Régime une peine morale. Elle renvoyait à un châtiment infamant : le coupable devait aller en place publique reconnaître sa faute. L'amende était *honorable* car elle atteignait l'honneur : en déshonorant le condamné, elle lui faisait payer pour la faute morale qu'il avait commise.

On distinguait *l'amende honorable sèche* de *l'amende honorable publique,* selon la gravité de la faute : dans le premier cas, le coupable devait *s'amender* (« se corriger ») lors de l'audience, à huis* clos. La punition était donc moins infamante que dans le cas de *l'amende honorable publique,* qui obligeait le condamné à demander pardon au tribunal, en présence de la foule et souvent devant une église. Et si le condamné était nul en orthographe, que cette amende fût sèche ou publique, il pouvait penser : « quelle sanction à la noix ! »

Le mot du Petit Robert

amende

[amɑ̃d] nom féminin

ÉTYM. XIIIe ; *amande* XIIe ♦ de *amender* [...]

2. ANCIENNEMENT *Amende honorable* : peine infamante consistant dans l'aveu public de la faute. [...]

Dans le plus simple appareil

peu habillé, en négligé ; tout nu

Si l'on vous surprend dans le plus simple appareil, c'est que vous êtes très peu vêtu ou que vous portez le costume d'Ève ou d'Adam. Synonyme de *machine*, *appareil* évoque pourtant un assemblage complexe. C'est le cas des *appareils* dentaires ou photographiques, qui se passent volontiers de l'adjectif.

Appareil est dérivé du verbe *appareiller* qui, comme le latin *apparare,* signifiait « préparer ». Aujourd'hui, nous employons ce verbe pour dire d'un navire qu'il se prépare à partir. *Appareil* signifie d'abord « préparatif », puis « ensemble d'éléments préparés pour obtenir un résultat », avec de nombreux emplois spécialisés allant de la préparation culinaire à l'électroménager. Le *haut appareil* était au XVIe siècle l'armure complète et *un grand appareil de guerre* laissait présager un conflit imminent.

Parallèlement, le mot s'est dit pour « déroulement d'un cérémonial » et pour « magnificence », avec un sens proche de *apparat* (mot de la même famille) et de *apprêt,* ce qui suppose une disposition plus ou moins grandiose.

L'association des mots *simple* et *appareil* est donc une figure de style, une formule antinomique (les érudits parlent d'*oxymore*) presque aussi remarquable que l'*obscure clarté* de Corneille. Quand Racine évoque dans *Britannicus* une Junie « Belle, sans ornement, dans le simple appareil D'une beauté qu'on vient d'arracher au sommeil », il dépeint son héroïne dans l'apprêt que donne la beauté surprise.

Hélas, ces richesses stylistiques sont perdues depuis que *appareil* est devenu un modeste mot technique.

> « À mon arrivée, Laure et Mme Adrien qui étaient encore dans le plus simple appareil du matin se sont enfuies dans leurs chambres pour procéder à leur toilette. »
>
> Claude Mauriac, *Le Temps immobile*, 1974.

Être plein aux as

avoir beaucoup d'argent

Si les Romains représentaient l'inconstance du sort sous les traits de la déesse Fortuna, dont l'attribut est une roue (d'où le motif de la Roue de Fortune, dixième carte du tarot de Marseille, ou encore l'expression *la roue tourne* évoquant les vicissitudes de la vie), les incertitudes de l'existence sont liées au jeu. L'étymologie est instructive : le latin *alea* désigne les dés à jouer tandis que le *hasard* est emprunté à l'arabe *az-zahr*, « jeu de dés ».

C'est d'ailleurs au jeu de dés que le mot *as* apparaît en français médiéval, pour désigner la face comportant un point unique, avant d'être utilisé au XVIe siècle à propos de la carte à jouer marquée d'un seul signe dans chacune des couleurs. L'as est d'abord, dans les jeux, la plus petite valeur, conformément à l'origine du mot, puisque, en latin, *as* est une pièce de menue monnaie, en cuivre, désignant ensuite une petite unité dans diverses mesures (poids, surface, etc.). Certaines expressions ont enregistré cette modestie : on dit encore *passer quelque chose à l'as*, « le passer sous silence, l'escamoter ».

Pour des raisons mystérieuses, dans certains jeux de cartes, l'as a pris l'ascendant, devenant la carte supérieure à toutes les autres, têtes couronnées (rois et reines) comprises. L'argot des joueurs connaît ainsi à la fin du XIXe siècle l'expression *être aux as,* « avoir de la chance, avoir un jeu avec des as », bientôt remplacée par *être plein aux as*, sans doute sous l'influence d'expressions comme *avoir de l'argent plein les poches* et du succès du poker, jeu apparu aux États-Unis dans les années 1820. Au poker, on parle en effet d'un *full aux as* à propos d'un brelan d'as et d'une paire, combinaison qui permet souvent de rafler une forte somme.

Mais, rappelons-le aux joueurs qui ne seraient pas en veine, si être plein aux as facilite assurément l'existence, ce n'est pas forcément le meilleur atout dans la vie.

« Shannon, très Irlandais, assez gueux, a cependant l'air si "plein aux as" qu'on l'appelle Milord. »

Paul Morand, *Bouddha vivant*, 1927.

Ne pas être dans son assiette

ne pas se sentir bien, physiquement ou moralement

Une personne indisposée manque souvent d'appétit. Mais, contrairement à ce qu'on pourrait croire, ce n'est pas ce chemin métaphorique que la langue a emprunté pour parvenir à *ne pas être dans son assiette*.

Assiette vient du latin *assedita*, de *adsedere* « asseoir ». L'idée d'assurer quelque chose en son séant induit au XIIIe siècle un sens figuré fiscal, la base de répartition des impôts. On est loin des considérations alimentaires ! Aujourd'hui encore, quand on détermine notre *assiette fiscale,* on évalue le montant qui servira de base au calcul de notre impôt.

Parallèlement, le mot *assiette* adopte d'autres significations. Il renvoie à la position géographique d'une ville et, de là, à l'installation ferme de quelque chose. S'agissant de personnes, *assiette* désigne depuis le XVIe siècle « la manière de se trouver assis », notamment sur le dos d'un cheval. On parle aujourd'hui encore de *l'assiette d'un cavalier*.

Sortir de son assiette, manquer d'assiette passent alors au figuré : *assiette* exprime l'équilibre physique et moral d'une personne, son état d'esprit considéré comme normal. Du temps de Molière, on parle ainsi de *l'assiette naturelle* ou *ordinaire* de quelqu'un. Qui n'est pas *dans son assiette* se trouve en dehors de ce degré zéro de l'humeur.

Si l'on comprend sans équivoque l'expression en ce sens jusqu'au XIXe siècle, le français moderne l'a oubliée et tend à rapporter l'assiette à une autre de ses destinées. L'assiette désignait la place d'un convive avant que, du plan de table, on glisse vers le contenant du repas. Le sens relatif à l'état d'esprit a disparu et l'expression *ne pas être dans son assiette* demeure la seule survivance de cet usage. N'en faisons pas un plat !

Le mot de Stéphane De Groodt

Ne pas être dans son assiette veut dire que l'on est dans celle de son voisin. Il s'agit là d'une attitude un peu cavalière et, même si l'on ne monte pas à cheval, elle veut dire en d'autres termes « ne pas être poli ». Dans un même genre d'expression liée aux arts de la table, *ne pas avoir de bol* veut dire que votre couvert n'a pas été dressé. Il faut comprendre par là, ou par là-bas si vous venez d'en face, que vous n'êtes pas attendu.

Être de bon, de mauvais augure

être un présage favorable, défavorable

Quand on dit d'un signe favorable ou défavorable qu'il est *de bon* ou *de mauvais augure,* on comprend que *augure* est synonyme de *présage*. Mais on ignore souvent que, comme beaucoup d'autres mots, il a d'abord eu un sens concret.

La prédiction, le présage, a ici remplacé l'auteur de la prédiction. En latin, on nommait *augur* un prêtre spécialisé dans la divination et chargé d'observer certains signes. Tandis qu'un autre prêtre, l'aruspice, lisait l'avenir dans les entrailles des animaux ou des ennemis morts au combat, l'augure se contentait généralement de lire les signes dans le vol des oiseaux, interprété comme une manifestation de la volonté des dieux. C'est de là que vient l'expression *un oiseau de mauvais augure*.

À partir de ces signes, le devin pouvait dire si une affaire avait une chance de voir augmenter ses chances d'aboutir : *augure* a la même racine que *augmenter*, le verbe latin *augere* qui nous a également transmis *auguste*, nom d'empereur « favorisé des dieux ». Le verbe *augurer*

« inférer un évènement futur d'une observation, d'un signe annonciateur » a la même origine. Il signifiait autrefois « observer les signes et en tirer des présages ». Un autre mot nous a été transmis par la divination antique : *sinistre,* du latin *sinister* « qui vient de la gauche », donc « de mauvais augure ».

En italien, par le pouvoir de ces augures latins, on ne manquera pas de féliciter ses proches par un *auguri !* joyeux : une façon de placer une année nouvelle ou un anniversaire *sous les meilleurs auspices**.

> « il reconnut ou crut reconnaître ses propres traits dans ceux de l'homme assis près de sa sœur [...] et pour les Orientaux, voir son propre spectre est un signe de mauvais augure »
>
> Gérard de Nerval, *Voyage en Orient*, 1851.

À l'aune de

d'après ; en prenant pour référence

*M*esurer quelque chose à l'aune d'une autre revient à les mettre en rapport, à prendre la seconde comme référence pour apprécier la valeur de la première. C'est une manière élégante de dire « d'après » et, en se penchant sur son histoire, on comprend pourquoi c'est en *mesurant*.

Aune vient d'un mot d'origine germanique désignant l'avant-bras. C'était une unité de longueur et son nom apparaît dans la *Chanson de Roland*. Il était courant que l'homme évalue l'espace qui l'entoure et le découpe en segments en prenant son propre corps comme point de comparaison. En l'absence d'instruments de mesure, c'est un moyen commode et toujours disponible, mais approximatif. Le pouce, le pied, sont des étalons utilisés depuis l'Antiquité, de longueur variable selon les lieux et les époques et d'abord selon la taille de chacun ! Le coude (jusqu'au bout des doigts) nous a légué la coudée*, appréciée lorsqu'elle est franche, et l'avant-bras est à l'origine de l'aune.

A

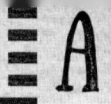

Le terme *aune* s'est répandu comme unité d'environ un mètre vingt (un très long avant-bras !) et a surtout été utilisé dans le commerce des étoffes. Jusqu'au XIXe siècle, époque à laquelle cette unité fut supprimée, on pouvait acheter quelques aunes de drap. Les marchands d'étoffes, pour mener à bien la coupe, se sont dotés d'un instrument, une règle de bois correspondant exactement à la longueur d'une aune. Ce bâton, adopté comme symbole de la profession, a motivé l'ironique *chevalier de l'aune*.

Certaines expressions modernes ont conservé la trace de l'origine très concrète du mot, sur le mode hyperbolique : un nez *long d'une aune* est démesurément long, une bouche ouverte *large d'une aune* est béante et marque la perplexité ou la surprise. *Mesurer à son aune*, c'est juger d'après ses propres critères, voir midi à sa porte. L'aune de Paris valait précisément trois pieds, sept pouces et huit lignes. Il ne tient qu'à vous de le vérifier, mais il faut s'y mettre à plusieurs !

« Cet atlas était l'aune à laquelle il mesurait nos travaux. Avant de quitter l'atelier et partir pour le palais royal, chacune de nos cartes devait subir l'examen de comparaison. »

Erik Orsenna, *L'Entreprise des Indes*, 2010.

Sous les meilleurs auspices

dans des conditions favorables

Voilà une expression qui inspire la sympathie – à condition toutefois de ne pas confondre le mot *auspice* avec son homonyme *hospice*, bien moins réjouissant. Il ne s'agit pas de maladie, au contraire ! Lorsqu'un projet se présente *sous les meilleurs auspices* ou *sous d'heureux auspices,* c'est de bon augure*, nous sommes en confiance. Nous savons que le ciel est dégagé, qu'aucun nuage ne devrait ternir nos perspectives d'avenir.

Car c'est bien de ciel qu'il s'agit : le mot *auspice* vient du latin *auspicium,* de *avis*, « oiseau », et du verbe *specere*, « regarder », d'où viennent *aspect* et *spectacle*. L'auspice est donc, étymologiquement, le fait de scruter le vol des oiseaux et, en général, leur comportement. Le prêtre chargé d'en déduire des présages était nommé *auspex*.

Le français n'utilise plus le vocable qu'au pluriel : en matière de prédiction sur l'avenir, il est sans doute plus prudent de prendre son temps et d'interpréter plusieurs auspices plutôt qu'un seul… On préfère aussi les bons aux mauvais auspices : au XIVe siècle déjà, *auspices* signifiait « heureux présage ».

L'expression moderne a renforcé ce penchant, en ne retenant que le superlatif de *bon*. À l'époque de Rousseau, les auspices pouvaient encore être *funestes,* même si le sens des « heureux auspices » était déjà dominant. Mais Jean-Jacques n'était pas toujours pessimiste, et décrit dans l'*Émile* « deux jeunes époux, unis sous d'heureux auspices ».

Toute compétence pour interpréter le vol des oiseaux s'étant perdue, nous parlons aujourd'hui d'heureux auspices lorsque nous évaluons favorablement une situation. En cas de déception, nous ne pouvons nous en prendre qu'à nous-mêmes : si la situation se gâte, ne blâmons ni le destin ni les oiseaux.

Le mot de Stéphane De Groodt

Pour les amateurs de vin, cette expression sous-entend « être au meilleur endroit », en l'occurrence aux hospices de Beaune, réputés pour leur vente annuelle de vin.

Tous azimuts

qui utilise tous les moyens et a les objectifs les plus variés

Si on lit dans le journal ou qu'on entend à la radio que le gouvernement lance des actions tous azimuts pour améliorer la sécurité routière ou pour lutter contre l'illettrisme, on comprend que les mesures les plus diverses vont être prises pour que l'objectif soit atteint. Quant à savoir ce qu'est un azimut, c'est une autre affaire.

Apparu en français par la grâce de l'espagnol *acimut*, le mot vient de l'arabe *az-samt* qui signifie « chemin » et, en astronomie, « point de l'horizon ». L'azimut est, pour le navigateur, un moyen de définir sa position : c'est l'angle formé par le plan vertical d'un astre avec le plan méridien, celui qui passe par l'axe de rotation de la Terre et par l'observateur. Les termes d'astronomie et de mathématiques issus de l'arabe sont nombreux. *Az-samt* est d'ailleurs aussi à l'origine du mot *zénith*.

C'est au début du XXe siècle qu'apparaît, venant des artilleurs, l'emploi figuré du mot avec l'expression *dans tous les azimuts*, bientôt raccourcie en *tous azimuts*.

Une pièce d'artillerie tous azimuts peut tirer dans toutes les directions. Le sens s'est ensuite étendu, comme dans *défense tous azimuts*. La valeur abstraite a fait disparaître la connotation guerrière. On parle ainsi de publicité, de communication et plus généralement d'actions tous azimuts.

Si son origine est souvent ignorée, l'expression connaît de nos jours un certain succès. Ses sonorités amusantes – les « zazimuts » – n'y sont pas étrangères. Par une facétie de la langue, on retrouve un lien avec l'astronomie dans un dérivé de *azimut* : *azimuté,* issu de l'argot des artilleurs, est synonyme de *fou*. Ne dit-on pas du gars azimuté qu'il a perdu le nord ?

> « Virgilio piaffait d'impatience aux côtés de l'infirmière de garde qui appelait tous azimuts et ne calcula pas immédiatement la jeune fille en manteau blanc »
>
> Maylis de Kerangal, *Réparer les vivants*, 2013.

L'avoir dans le baba

être trompé, floué

Quand on *l'a dans le baba*, on est si fâché d'avoir été dupé qu'on ne se consolera ni en mangeant un baba au rhum, ni en se lovant dans les bras d'une de ces grands-mères russes qu'on appelle des babas, ni en fréquentant des babas cools. En effet, quand on *l'a dans le baba* c'est qu'on a été trahi de la pire manière : par derrière.

Baba, dans cette expression, désigne en effet le postérieur du malheureux dupé. L'origine du mot est incertaine mais l'image se comprend si l'on évoque certaines babines. Au début du XXe siècle, *baba* a d'abord désigné en argot le sexe de la femme : les rapprochements de sens *bouche-vulve* (avec les lèvres) et *vulve-anus* sont fréquents. Et il est des séants si rebondis qu'ils rappellent des visages ronds, les fesses évoquant des joues dodues.

Si l'expression n'a guère plus d'un siècle, ce genre de métaphore ne date pas d'hier. Depuis le Moyen Âge, la tradition carnavalesque, avec ses chansons paillardes et ses contes grivois, célèbre joyeusement un tel renversement.

Et l'image perdure quand on dit vulgairement qu'on l'a *dans le cul, dans l'os* (du coccyx), qu'on s'est fait *posséder, baiser, entuber* (pour éviter un verbe de sonorité proche). En français du Canada, c'est plutôt se faire *fourrer*.

La langue populaire convoque donc l'image du derrière pour évoquer la duperie, comme la langue plus soutenue utilise celle du dos pour signifier la trahison : un traître poignarde quelqu'un *dans le dos* et médit *dans son dos*. Mais en avoir *plein le dos* ressemble bien à *plein le cul* (*ras le bol* est plus convenable). Ces parties vulnérables du corps humain sont donc les cibles des pièges sournois, ce qui nous laisse assurément *babas*... Mais ce *baba*-ci viendrait de *ébahi* !

Le mot de Stéphane De Groodt

L'avoir dans le baba c'est une autre manière de dire que « tous les chemins mènent au rhum », car il y en a toujours dans le baba.

Le ban et l'arrière-ban

tout le monde

Pour signifier, avec une pointe d'ironie, qu'une personne a réuni autour d'elle une nombreuse assemblée, on dit qu'elle a convoqué *le ban et l'arrière-ban*. Pour se sentir soutenu dans un moment décisif ou pour faire face à une difficulté, on appelle à la rescousse ses proches et ses connaissances, sans forcément les convier à s'asseoir sur un banc.

D'origine germanique, le mot *ban* désignait au Moyen Âge la convocation faite par le suzerain à ses vassaux. Le seigneur féodal était à la tête d'un territoire soumis à son pouvoir et à sa juridiction. Par une proclamation, le suzerain convoquait ses vassaux dans le but d'ordonner ou défendre quelque chose. Plus tard, le mot *ban* a désigné l'ensemble des nobles ainsi convoqués.

Plus surprenant, l'*arrière-ban* n'est pas un ban en arrière, car ce mot est issu de l'ancien français *herban,* mot oublié au fil des siècles. D'origine germanique, ce *herban,* en ancien allemand *heriban,* était une convocation à l'armée des hommes libres en état de porter les armes. Une armée de réserve, en quelque sorte, venant derrière les troupes actives. Au figuré, un ultime recours.

Ainsi, quand un seigneur convoquait *le ban et l'arrière-ban*, il rassemblait ses vassaux et les vassaux de ses vassaux en renfort. Avec la fin de la féodalité, ce droit a disparu. L'expression est réapparue au début du XIXe siècle avec le goût romantique pour le Moyen Âge. Et il est toujours rassurant de se comporter en seigneur pour se sentir moins seul face aux vicissitudes de l'existence.

Le mot du Petit Robert

ban

[bã] nom masculin
ÉTYM. v. 1130 « convocation faite par le suzerain à ses vassaux pour le servir à la guerre » ♦ francique °*ban* [...]
3. FÉOD. Convocation des vassaux par le suzerain, et PAR EXTENSION Le corps de la noblesse ainsi convoqué. [...]

Être pendu aux **basques** de quelqu'un

ne pas le quitter d'un pas

Lorsque quelqu'un fait preuve d'une amitié envahissante, on dit de lui qu'il nous *colle*, qu'il est *collant*. La métaphore a le mérite d'être comprise de tous, y compris de ce *pot de colle*. Lorsque la situation devient insupportable, on a envie de lui crier : *arrête de me coller aux basques !* Et cela n'a rien à voir avec le Pays basque ou avec ses habitants.

Aujourd'hui, on pourrait croire que ces basques ont un rapport avec les chaussures de sport, car on peut demander à l'importun de nous *lâcher les baskets*. Mais non, les baskets n'ont rien à voir avec ces basques-là.

Il faut remonter bien loin dans le temps pour comprendre cette expression : au XVIe siècle, où vraisemblablement nul gentilhomme ne portait de baskets. Mais des basques, certainement : la basque était la partie rapportée d'une veste qui partait de la taille et descendait plus ou moins bas sur les hanches. Son nom serait une déformation de *baste,* mot de la famille de *bâtir,* qui signifie en couture « assembler provisoirement et à grands points les parties d'un vêtement ».

Être pendu (ou *s'accrocher*) *aux basques de quelqu'un,* c'est donc concrètement s'accrocher à sa veste. L'expression a perdu sa raison d'être depuis que les jaquettes ont cédé la place aux blousons et aux doudounes. Les temps ont passé et les basques ont disparu, il n'empêche que certains mots ne peuvent être décollés du bout de notre langue. Si l'ami envahissant lancé *à vos trousses** continue à vous *coller aux basques,* attendez-vous à des questions à *brûle-pourpoint**.

Le mot de Stéphane De Groodt

Coller quelqu'un aux basques c'est le fait d'habiter dans une région limitrophe du Pays basque. De par leur situation géographique, les habitants du Sud-Ouest sont probablement ceux qui collent le plus aux Basques.

C'est là que le **bât** blesse

> c'est là le point sensible, le point faible
> (de quelque chose, de quelqu'un)

Les animaux ont longtemps partagé le quotidien des hommes : l'animal domestique, avant l'avènement de l'ère industrielle, remplit les fonctions d'un outil au service de son maître, qui se décharge d'une partie de ses peines sur ce compagnon de labeur.

Le mot *bât*, issu du latin populaire *bastum*, « ce qui porte », désigne depuis le Moyen Âge le dispositif, le plus souvent en bois, que l'on attache sur le dos de l'âne, du cheval ou du mulet pour porter une charge. D'un homme trop vêtu, on a dit qu'il était *rembourré comme le bât d'un mulet*. Ce mot s'est effacé au profit de *somme*, dans *bête de somme*, « bête de charge », et la confusion fréquente avec l'homophone *bas* confirme l'oubli dans lequel est tombé cette pièce du harnais.

Mal attaché ou trop chargé, trop étroit ou trop large, le bât provoque des plaies sur le dos de l'animal. On conçoit aisément que l'expression ait pu naître de l'observation de ces souffrances : *là où le bât blesse*, c'est la situation source de difficulté, la faiblesse, le point précis où peut apparaître une blessure, plus souvent psychologique ou morale que physique. S'il est vrai que chacun d'entre nous porte son bât, image plus modeste que celle de la croix, et connaît son lot d'épreuves, il faut se garder de révéler à une personne mal intentionnée là où ce bât est susceptible de nous blesser.

Aussi, comme aurait pu l'écrire La Fontaine dans l'une de ses fables, qui illustrent habilement la manière dont le règne animal nourrit la langue et l'imaginaire des hommes, mieux vaut rester *muet comme une carpe* et se montrer *rusé comme un renard* que risquer de passer pour un *âne bâté* !

LE MOT DU PETIT ROBERT

bât

[ba] nom masculin
ÉTYM. 1268 ◆ bas latin °*bastum*, de °*bastare*
« porter » ou du latin populaire °*basitare*, de
basis « base, support »
■ Dispositif que l'on place sur le dos des bêtes de somme pour le transport de leur charge. […]

à bâtons rompus

de manière peu suivie, en changeant de sujet

On pouvait autrefois, manger, dormir et même travailler *à bâtons rompus,* c'est-à-dire de manière irrégulière, peu suivie. Aujourd'hui, l'expression ne s'emploie plus qu'au sujet d'un échange de propos informel, et si son sens semble parfois flou, son origine est encore plus incertaine.

Que sont ces bâtons ? Le mot a de nombreuses acceptions qui pourraient donner lieu à autant d'explications. Selon Littré, il s'agirait en l'occurrence des baguettes de tambour et le verbe *rompre* ne serait pas à entendre au sens de « briser » mais à celui de « interrompre », comme on ordonne au soldat de *rompre* le pas ou les rangs. Une *batterie à bâtons rompus* s'exécute en frappant de manière intermittente, produisant un son moins régulier qui ajoute du rythme au roulement continu.

Mais la clé du mystère pourrait se situer du côté de l'héraldique : nous avons en effet affaire à deux termes propres à la description des armoiries. Dans le blason, un *bâton* est une barre qui n'a que le tiers de la largeur normale. L'adjectif *rompu* qualifie la pièce brisée. L'expression s'est d'ailleurs également appliquée à différents motifs ornementaux à baguettes brisées.

Dans les deux cas, c'est bien le caractère discontinu qui prime, ce qui est parfois oublié de nos jours. Une discussion à bâtons rompus, c'est donc une parlote où l'on change fréquemment de sujet, où l'on *passe du coq à l'âne,* autre expression qui montre que, même lorsqu'on a de la suite dans les idées, on n'en a pas toujours dans les conversations.

> « ce sont des causeries à bâtons rompus dont le sens souvent échappe »
>
> Pierre Loti, *Madame Chrysanthème*, 1887.

Sortir des sentiers **battus**

avoir une attitude originale

Quiconque s'est adonné au plaisir de la randonnée connaît l'importance de suivre le tracé du sentier sur lequel on s'est engagé. Si on le perd, ou pire, si le sentier disparaît sous les herbes et les arbustes, il n'y a plus qu'à rebrousser chemin ou à s'orienter en fonction du soleil et des étoiles.

On peut faire confiance au sentier : il a été formé par le passage répété des hommes ou du bétail, et vous mènera nécessairement quelque part. Souvent, il est marqué par des signes qui permettent de s'assurer qu'on le suit. Le sentier conserve le souvenir de cette présence collective, même lorsqu'on marche seul.

L'adjectif *battu* signifie « foulé par les pieds des marcheurs ». On retrouve là le sens premier de *battre,* qui désigne le fait de « frapper de coups répétés ». Ici ce sont les pieds ou les sabots qui battent le sol, tant et si bien que sur la terre, marquée par les piétinements répétés, plus rien ne pousse.

La *terre battue,* avant de revêtir les courts de tennis, constituait le sol des humbles demeures. Pierre-Jakez Hélias évoque dans *Le Cheval d'orgueil* ces assemblées de voisins, dansant au son des cornemuses et des bombardes, et martelant en cadence la terre argileuse avec leurs sabots de bois pour aplanir le sol de la pièce à vivre ou de l'aire à *battre* (pour le *battage* des céréales, on reste en famille).

Au figuré, celui qui suit les sentiers ou les chemins battus suit les procédés ordinaires, les moyens connus, les usages établis. Au contraire, sortir des sentiers battus c'est se démarquer, faire preuve d'audace, d'anticonformisme. C'est comme de skier hors piste.

Qui choisit de *sortir des sentiers battus* décide de s'aventurer en terre inconnue : il s'agit de prendre les chemins de traverse ou de frayer sa propre route, quitte à affronter les obstacles et les dangers. Attitude téméraire qui suppose que l'on sache s'orienter autrement qu'en suivant une voie toute tracée !

« faire sortir l'esprit de son ornière, le mener chercher fortune "hors des sentiers battus" »

Michel Leiris, *Biffures*, 1948.

Tailler une bavette

bavarder

Furetière l'expliquait clairement et de manière un peu sexiste dans son *Dictionnaire* : « On dit proverbialement et bassement, que des femmes vont tailler des bavettes, quand elles s'assemblent pour caqueter ». Autrement dit, quand on taille une bavette, on bavarde ou on tient le crachoir. Bref, on a besoin de salive pour ne pas rester sec.

Cette *bavette* ne renvoie pas au morceau que le boucher découpe dans l'aloyau, même si l'art du boucher et celui du bavard ont des points communs. On *taille* et on *débite* une pièce de bœuf, comme on *détaille* ses histoires et on *débite* des arguments. On *entame* une histoire comme un jambon. Le morceau de bœuf doit son nom à la bavette qui protège les bébés : sa forme plate et large rappelle celle du bavoir. Cet objet n'est pas non plus à l'origine de notre expression, même si on le *découpe* dans des pièces de tissu.

Bavette est en réalité à mettre en relation avec un ancien sens de *bave*. Jusqu'au XVIe siècle, tout en étant déjà un synonyme peu ragoûtant de *salive,* il signifiait aussi « babil, loquacité ». Cet emploi est à l'origine de *bavard, bavardage* et *bavarder. Baver,* comme *cracher,* signifie « parler » dans de nombreux usages populaires. On retrouve cette idée avec *baver sur quelqu'un* qui signifie « dire des médisances ». Quant au verbe *tailler,* comme *débiter,* il a longtemps été employé dans le contexte de la parole : *tailler bien la parole à quelqu'un,* c'était lui parler avec éloquence.

Cette expression n'a désormais plus de mystère pour vous. Gardez bien son explication en tête : elle sera un bon sujet de conversation la prochaine fois que vous voudrez discuter le bout de gras.

« Parlez-vous français ? Elle me fait risette. – No... Je fais claquer mes doigts. Impossible de tailler une bavette dans ces conditions... »

San-Antonio, *Sérénade pour une souris défunte,* 1954.

Tomber sur un bec

rencontrer un obstacle imprévu, insurmontable

Rencontrer une difficulté inattendue est une expérience désagréable. Le rapport avec le bec de l'oiseau n'est pas évident. Cet appendice pointu peut provoquer quelques dommages mais c'est lui qui vient piquer ; pourquoi tomberait-on dessus ?

C'est sur la voie publique que se trouve l'origine de cette expression. Ou plutôt se trouvait car ce type de mobilier urbain a disparu. Au début du XIXe siècle, l'éclairage public était assuré par le gaz, un gaz baptisé « d'éclairage » ayant été découvert à la fin du XVIIIe siècle. Sous la Restauration, le gaz fut une noble lumière : la « Compagnie Royale d'Éclairage par le Gaz » honorait Louis XVIII. L'allumeur de réverbères cher au Petit Prince dut alors se convertir en allumeur de gaz.

Les lampadaires étaient appelés *becs de gaz* et « les becs de gaz pissaient leur flamme au clair de lune » put écrire Guillaume Apollinaire. Le bec du réverbère était précisément la partie de la lampe où se produit la combustion, l'extrémité du brûleur. On peut évoquer le *bec Bunsen,* cet instrument de laboratoire inventé par Faraday et qui produit une flamme ouverte. Ce bec, source de flamme, avait une tête vitrée qui réverbérait la lumière et un corps en forme de colonne.

Rencontrer la colonne d'un bec de gaz était un incident douloureux qui survenait aux ivrognes titubant dans la rue et insoucieux des obstacles, ou encore aux distraits qui flânent le nez en l'air. De nos jours, bec et gaz étant signes d'un ancien temps, l'obstacle est figuré par toute difficulté inopinée sur laquelle on peut tomber.

« Il séduit, pousse son avantage, puis il se débarrasse de la maîtresse encombrante. Ce coup-là, il est tombé sur un bec. Un frère ou le mari. »

Alain de Libera, *Morgen Schtarbe*, 1999.

Avoir la **berlue**

avoir des visions

Madame de Sévigné annonce un jour à son cousin Monsieur de Coulanges : « la chose la plus étonnante, la plus surprenante, la plus merveilleuse, la plus triomphante, la plus étourdissante, la plus inouïe […] ; une chose enfin qui se fera dimanche, où ceux qui la verront croiront avoir la berlue ». Cette chose, c'est le mariage au Louvre de la Grande Mademoiselle, cousine du roi, avec le duc de Lauzun, courtisan ambitieux et sans scrupules.

Au-delà du carnet mondain de l'an 1670, on voit bien que *avoir la berlue* va plus loin que *ne pas en croire ses yeux*. On a oublié cette *berlue,* variante de *bellue* qui désignait au Moyen Âge une fable, un discours merveilleux et trompeur. Le mot réapparaît au XVIe siècle en médecine. On se plaignait alors de *berlue* lorsqu'on était victime de troubles de la vue déformant la réalité ou faisant apparaître des mirages.

Il y a tant d'hypothèses savantes sur l'origine du mot qu'on en a la berlue. *Bellue* pourrait provenir d'un ancien verbe *belluer* « éblouir, duper » mystérieux et où se cache peut-être la lumière, *lux* en latin. Ce dont on est sûr, c'est que *berlue* est à l'origine d'un mot bien connu, *éberlué*, synonyme de *ébahi* et de *stupéfait*. On peut regretter l'oubli d'une autre expression, *avoir la berlue pour quelqu'un*, « être ébloui par quelqu'un, en être épris ».

Toujours est-il que Madame de Sévigné, au lieu d'avoir la berlue, est finalement « tombée du haut des nues* » car l'ambitieux duc de Lauzun n'épousa pas Mademoiselle de Montpensier, sur interdiction formelle de Sa Majesté Louis XIV.

> « Si je n'ai la berlue, Je le vois qui revient. »
>
> Molière, *L'École des femmes*, 1662.

Être en **bisbille** avec quelqu'un

se quereller avec quelqu'un pour des motifs futiles

Quand deux personnes sont *en bisbille*, elles sont fâchées l'une contre l'autre, mais leur querelle ressemble davantage à une dispute d'enfants qu'à une crise diplomatique : la brouille est passagère et de peu d'importance.

La futilité du motif semble se manifester jusque dans les sonorités de *bisbille* : telle une *brouille* pour un sac de billes, ou une *bouderie*, ce mot ne laisse entendre ni cris ni coups, plutôt quelque *broutille,* et qu'on *bredouille* des reproches pour marquer son mécontentement. Il sonne comme un bourdonnement, ce que confirme son origine : *bisbille* est un mot emprunté à l'italien *bisbiglio* qui veut dire « murmure ». Le glissement de sens du *murmure* à la *dispute* se devine : *murmure* signifie aujourd'hui « chuchotement » et « bruit léger et doux », mais son sens originel est « grondement, bourdonnement ». On parlait ainsi des *murmures* d'une foule en colère.

L'expression souligne à quel point la querelle sonne faux. Non seulement elle est vaine, mais, comme le rappelle George Sand dans *La Petite Fadette*, elle peut même être inventée de toutes pièces : « Si quelque badaud s'étonnait de les voir en bisbille, ils se cachaient pour rire de lui, et on les entendait babiller et chanter ensemble comme deux merles dans une branche. »

La bisbille est une querelle sans lendemain, une querelle de comédie. On ne s'étonnera donc pas que le mot nous soit venu du pays qui vit naître la commedia dell'arte et l'opéra bouffe, ces spectacles qui mettent en scène d'innombrables disputes, aussi sonores que légères.

> « Brouillé avec son ex, en bisbille avec ses sœurs et sans nouvelles de sa mère depuis sept ans, il a claqué la porte de chez son père en mars dernier »
>
> *L'Est républicain*, 2013.

Bisque, bisque, rage !

formule employée notamment par les enfants lorsqu'ils font la nique à quelqu'un

La taquinerie enfantine ne manque pas de ressources pour faire tourner son prochain en bourrique. Elle se trouve illustrée par une amusante expression devenue quelque peu désuète : *bisque, bisque, rage !* Cette formule, plus ou moins méchante, est en tout cas plus énergique que *nanananère*.

Il n'est en rien question de la *bisque,* ce potage onctueux fait avec des crustacés. Tout comme *rage* est celui de *rager*, *bisque* est ici un impératif : celui de *bisquer*, « éprouver du dépit, de la mauvaise humeur », qui s'emploie encore dans une autre expression, *faire bisquer quelqu'un*, « le faire enrager ».

L'origine de ce verbe demeure obscure. Certains y voient une dérivation du provençal *bisco* « mauvaise humeur, fâcherie, impatience », lui-même emprunté à un mot dialectal italien *biscare*, « s'emporter ». Mais cette explication peu appuyée n'est guère convaincante.

D'autres le rapprochent plutôt de l'occitan *biscaïn* « de Biscaye » : tout comme les Gascons étaient vantards et les Basques couraient vite, les habitants de cette région d'Espagne auraient eu au XVIIe siècle la réputation d'avoir très mauvais caractère. Belle illustration des préjugés qui avaient cours alors !

On a aussi rattaché *bisquer* au vieux verbe *bisicare* « aller de biais, de travers », dont viendrait également le dialectal *bisco* « chèvre », sans rapport avec *bique*. La chèvre est têtue, c'est un fait. Et l'on ne peut qu'être séduit par cette hypothèse qui nous rappelle une autre expression utilisée pour dire que l'on fait enrager quelqu'un : *faire devenir chèvre*.

« Nous commençâmes de courir autour d'elle ; nous tirions ses boucles et nous échappions en frottant un index contre l'autre : "bisque, bisque, rage…" »

François Mauriac, *La Pharisienne*, 1941.

Être agité du **bocal**

être nerveux, excité

Les laboratoires sont des lieux où voisinent en bonne intelligence les bocaux et ces petites baguettes de verre qu'on appelle des *agitateurs*. L'expression *être agité du bocal* n'a pourtant rien à voir avec les expériences scientifiques.

Agiter, par son origine latine, c'est agir avec excès, et l'agitation est une somme de mouvements irréguliers. Quant au bocal, récipient dont le contenu est tranquille, on ne voit pas en lui un lieu agité, même avec des poissons rouges à l'intérieur. Mais comme tout récipient, la carafe, la cafetière, le pot, qui se disait en latin *testa,* le bocal était guetté par la métaphore de la tête.

Déjà, pendant la guerre de 1914-1918, les poilus avaient appelé *bocal* un casque de fantassin. Du casque au crâne, il n'y avait qu'un pas. Or, depuis *Les Misérables* de Victor Hugo, on savait qu'il pouvait y avoir « une tempête sous un crâne ». L'agitation des pensées, l'excitation, sont propres aux manieurs d'idées. Et dire d'une personne imprévisible, changeante dans ses idées, en un mot un peu folle, ou simplement nerveuse, qu'elle était agitée, non seulement du corps, mais de la tête, du bocal, fut une plaisanterie sans méchanceté.

Dans la lutte des idées, quand deux bocaux de cette espèce se rencontrent, ça peut cogner. Ce fut le cas lorsque Céline, génial écrivain aux idées dangereuses, parfois détestables, s'en prit à un grand penseur qui l'insupportait, Jean-Paul Sartre. Il intitula un pamphlet dirigé contre lui *À l'agité du bocal,* mais on peut penser que l'agitation de son esprit était plus grande encore. Comme disent les enfants : « c'est celui qui dit qui l'est ».

« il était très copain avec Sachs, un autre généraliste agité du bocal qui pompait l'air des gynécos au CHU, et qui avait bossé à l'unité 77 avec lui »

Martin Winckler, *Le Chœur des femmes*, 2009.

Être à la bourre

être en retard

Lundi matin, 8 heures, vous voilà *à la bourre* pour aller au travail : vous êtes en retard. Pourtant vous n'êtes pas *bourré*, ni fatigué d'avoir dansé la *bourrée* la veille avec des amis auvergnats. Non, c'est le surmenage qui vous gagne : *bourreau* de travail, vous *bourrez* votre agenda de réunions et de projets. Si bien qu'épuisé sous votre couette *rembourrée*, vous n'avez pas entendu le réveil. C'est donc tout *ébouriffé* et *bourru* que vous vous rendez au *bureau* en *bourrant* sur le chemin.

Aussi étonnant que cela paraisse, le mot *bourre* est à l'origine de tous ces vocables aux consonances proches. Issu du latin *burra* « étoffe grossière », il a désigné les déchets d'une fibre, puis encore aujourd'hui l'amas de poils qu'on détachait des peaux à tanner, et servant notamment à garnir les selles et les harnais.

De ces emplois originels de *bourre* est né le verbe *bourrer*, employé avec plusieurs sens dans le langage des chasseurs. On disait qu'un chien *bourrait* un lièvre quand il lui arrachait du poil d'un coup de dent en le poursuivant.

De là vient *se tirer la bourre* qu'on dit lorsqu'on lutte pour la première place. C'est le sens de « courir après sa proie » qui aurait donné le sens familier « se dépêcher ». D'où les expressions *être à la bourre* « avoir à se hâter » et *coup de bourre* « temps où l'on doit s'activer pour mener à bien un travail ».

Le pauvre lièvre pourrait bien être l'animal emblématique des gens pressés : qu'il se fasse poursuivre par des chiens de chasse ou qu'il se fasse doubler, comme dans la fable de La Fontaine, par une tortue, il court, il court…

« je raccroche parce que je n'ai pas le temps, ce matin je suis plutôt à la bourre »

Cecil Saint-Laurent, *La Mutante*, 1978.

Monter le **bourrichon** à quelqu'un

monter la tête à quelqu'un

Inutile de chercher loin pour trouver d'où vient ce *bourrichon*. Il suffit d'observer le mot qui le précède dans le dictionnaire, *bourriche*. On connaît ce panier de forme oblongue et sans anses qui sert au transport des huîtres, mais aussi d'autres produits de la marée ou même des fruits et du petit gibier. Reste qu'on ignore d'où vient cette bourriche où rien ne doit être bourré.

Gustave Flaubert s'exclame en 1860 dans sa *Correspondance* : « Oh ! comme il faut se monter le bourrichon pour faire de la littérature ». Et ce bourrichon est la tête, selon un principe qui se retrouve pour toute une série de récipients : *bouillotte, cafetière, caisson, calebasse, carafe, carafon, fiole, théière, tirelire*… Nombreux sont en effet les noms de contenants susceptibles d'évoquer la boîte crânienne, qui contient le cerveau, source de la pensée. Après tout, notre mot *tête* vient bien du latin *testa* signifiant « coquille », « carapace » et « pot », et *tesson* appartient à la même famille.

Puisque *monter* veut dire « faire aller plus haut », *se monter le bourrichon* c'est donc « s'exalter », avec parfois une nuance de ridicule, lorsqu'il faut redescendre. Si cela expose à des désillusions, le même Flaubert voyait dans ce bourrichon psychologique un état d'esprit, et il emploie la formule *se remonter le bourrichon*, c'est-à-dire « le moral ».

En revanche, *monter le bourrichon à quelqu'un* s'avère beaucoup plus péjoratif puisqu'il s'agit de lui faire prendre des vessies pour des lanternes !

« Non, c'est probablement sa petite grue qui lui aura monté le bourrichon. Elle lui aura persuadé qu'il se classerait parmi les "intellectuels". »

Proust, *Le Côté de Guermantes*, 1920.

Un **boute-en-train**

une personne qui met de l'ambiance dans une réunion

On peut inviter un boute-en-train pour que la fête soit réussie : par sa bonne humeur communicative, il garantit une ambiance chaleureuse et rend conviviale la réunion.

Au début du XVIIIe siècle, *boute-en-train* figure dans le *Dictionnaire de l'Académie*, mais c'est d'abord à propos des oiseaux que l'on place auprès de leurs semblables pour les inciter à chanter. L'emploi figuré y est également attesté : « on appelle aussi de la sorte dans le style familier et bas, Un homme de plaisir, qui excite les autres, et qui les met en train ».

Dans les haras, l'ambiance peut relever d'une excitation très particulière : le *boute-en-train* est le cheval que l'on approche des femelles pour déceler celles qui sont en chaleur. Il les rend fécondables, avant l'accouplement avec le reproducteur, rôle dévolu au seul étalon avec pedigree. Le boute-en-train, qui doit se contenter des préliminaires et des ruades de la belle, est aujourd'hui un mâle traité aux androgènes, ce qui n'est pas d'une folle gaieté.

Il est difficile de reconnaître dans *boute* une forme du verbe *bouter,* ancien synonyme de *pousser* ou de *refouler* : les manuels d'histoire en conservent l'usage, rappelant que « Jeanne d'Arc bouta les Anglais hors de France ». Quant à *en train,* c'est précisément « en mouvement, en action, ou en humeur d'agir ».

Qu'il soit volatile, équidé ou convive, le boute-en-train met en train. Il traîne et tire vers l'envie d'agir, et surtout de s'amuser.

Le mot de Stéphane De Groodt

Cette expression vient de *bouter le feu,* ou *allumer le feu* pour les fans de Johnny. Comme *bouter en voiture* représentait un danger d'explosion dû à la présence d'essence dans le réservoir, le train a été retenu pour plus de sécurité.

Branle-bas de combat

agitation vive et souvent désordonnée, lors de la préparation d'une opération

---

Pourquoi un branle-bas plutôt qu'un branle-haut ? Et d'abord, qu'est-ce qu'un branle ? La connotation équivoque du mot a-t-elle un lien avec son origine ?

Dérivé de *branler*, qui ne signifie rien de plus précis que « secouer » ou « trembler » (comme dans *branler du chef*), *branle* apparaît au Moyen Âge pour tout mouvement d'oscillation. Ce sens survit dans *se mettre en branle* « en mouvement, en action ». Au XVIIe siècle, on a nommé *branle* le hamac de toile où dormaient les matelots. Ces branles, suspendus au plafond des entreponts, étaient alignés en rangs, et se balançaient au rythme des mouvements du navire. Chaque jour, les marins recevaient l'ordre *bas les branles !* ou *branle-bas !* et devaient alors décrocher les hamacs pour les plier et nettoyer les entreponts. Quand le navire était attaqué, ces matelots devaient réagir au cri de *branle-bas de combat !* en plaçant au plus vite les hamacs près des embrasures pour se protéger.

Après le hamac, l'expression *branle-bas* a désigné la manœuvre elle-même. Le *branle-bas* du matin et celui du soir correspondaient aux préparatifs de l'équipage au moment du lever et du coucher. Le *branle-bas de combat* devint l'ensemble des dispositions prises sur un navire de guerre en vue d'un engagement. L'expression est passée dans la langue courante au XIXe siècle pour évoquer l'agitation, souvent désordonnée, que déclenche une urgence.

Compromis par les branleurs, le mot *branle* est devenu rare. Seuls les amateurs de musique et de danses anciennes continuent à le célébrer, avec l'idée bien innocente de balancement rythmique.

Le mot du Petit Robert

branle-bas
[bʀɑ̃lba] nom masculin invariable
ÉTYM. 1687 ♦ ordre de mettre *bas* les *branles*
« hamacs », qui étaient sur les entreponts,
pour se disposer au combat
■ MAR. *Branle-bas de combat* : ensemble des
dispositions prises rapidement sur un navire
de guerre pour qu'il soit prêt au combat. [...]

Être sur la brèche

être toujours au travail, en pleine activité

Le mot *brèche* nous semble familier. Pourtant, on a beau comprendre ou employer l'expression *être sur la brèche,* on se demande quelle brèche peut bien être associée à une activité intense.

Brèche est un mot d'origine germanique, apparenté à l'anglais *to break* et à l'allemand *brechen,* signifiant « casser, briser ». Cette idée est présente dans les premiers sens de *brèche,* qui désigne d'abord une trouée, une ouverture dans un mur, une clôture, une fortification. Il a désigné ensuite une petite entaille sur un objet, ce qui a produit le verbe *ébrécher.* C'est cette valeur qu'on employait au figuré dans *faire une brèche à la réputation de quelqu'un,* « l'entamer ».

C'est dans le contexte militaire qu'est apparue notre expression. La brèche constituait le point faible d'une ligne de défense. Les soldats *sur la brèche* étaient en première ligne, dans le feu de l'action puis, dans un emploi déjà plus abstrait, « toujours prêts au combat », prompts à *s'engouffrer dans la brèche,* formule qui s'employait naguère pour «profiter d'un précédent». De même, *battre en brèche* signifiait à l'origine «attaquer la muraille, le front». De nos jours, on *bat en brèche* les arguments de quelqu'un. Avec le même genre de métaphore, on peut aujourd'hui *monter au créneau.*

Le mot *brèche* est plus connu dans ses emplois figurés que dans son sens concret. Mais les expressions d'origine militaire passées dans le langage courant suggèrent sagement que, même en temps de paix, l'existence est un combat.

《 je me suis interdit toute carrière dans les lettres ; c'est un métier accablant, on est sur la brèche jusqu'au dernier soupir 》

Jacques Chardonne, *Vivre à Madère*, 1953.

Marcher sur les **brisées** de quelqu'un

entrer en concurrence avec quelqu'un sur un terrain qu'il s'était réservé

Quand on dit qu'on marche sur les platebandes de quelqu'un, l'image est claire : le domaine sur lequel on empiète est représenté par une bande de terre cultivée qu'on pourrait saccager en la piétinant. Si l'on dit, dans un registre moins familier, que l'on marche sur ses brisées, l'origine de l'expression garde son mystère.

C'est au fond des forêts que se trouve l'explication. Les brisées sont des branches que l'on rompt pour servir de repère, notamment lors d'une chasse à courre. Le veneur brise des rameaux, qu'il laisse pendre *(briser haut)* ou dispose à terre *(briser bas),* bien en évidence, pour marquer l'endroit où le gibier est passé et indiquer sa voie. Respectant un code séculaire, il balise le chemin de *brisées,* tel le Petit Poucet semant ses cailloux. Il faut prendre garde à la direction des petites branches, le bout rompu indiquant le côté par lequel la bête est entrée. Le mot s'était illustré au figuré : *suivre les brisées de quelqu'un* signifiait « suivre son exemple », comme on suit la trace du chasseur qui vous a *mis sur la voie**.

B

Il faut conserver une certaine distance pour éviter les collisions. Si l'on imite quelqu'un au point de lui faire concurrence, on devient un rival sur son terrain. C'est ce que signifie *marcher* (ou *aller*) *sur les brisées* : métaphoriquement « poursuivre le même gibier qu'un autre ». Pour filer la métaphore cynégétique, il ne s'agit pas de courir deux lièvres à la fois : il n'y a qu'un lièvre pour deux chasseurs. Situation inconfortable, mais *brisons-là,* pour éviter toute querelle !

Le mot du Petit Robert

brisées
[bʀize] nom féminin pluriel
ÉTYM. XIIIe ◆ de *briser*
■ VÉN. Branches que le veneur rompt (sans les détacher de l'arbre) pour marquer la voie de la bête. [...]

Faire l'école buissonnière

jouer, se promener au lieu d'aller en classe

D'un enfant qui manque la classe en cachette de ses parents, pour se livrer à d'autres occupations plus plaisantes, on dit qu'il *fait l'école buissonnière,* en l'absence de tout *buisson.*

Manière bucolique, un peu désuète, de désigner ce que l'on nomme administrativement *absentéisme,* prélude au terrible *décrochage scolaire,* cette *école buissonnière* est plus positive. C'est un espace de liberté et de provocation potache, associé aux joies de la camaraderie. Elle renvoie aux expériences de tous ceux qui « sèchent les cours » pour faire autre chose et pouvoir nourrir leur créativité, comme le héros des *400 Coups* et François Truffaut lui-même, qui en profitait pour aller au cinéma.

Dans son *Dictionnaire,* Furetière cite une hypothèse amusante : « l'école est appelée *buissonnière,* lorsqu'on la fréquente si peu, que les ronces et les buissons y naissent ». Pour d'autres, les écoles buissonnières étaient des écoles clandestines tenues dans les campagnes par des luthériens qui ne pouvaient pas enseigner publiquement leur dogme.

Quoi qu'il en soit, *buissonnière,* dérivé de *buisson,* évoque la nature plutôt que la salle de classe. De là l'idée de vaquer à des activités extérieures, d'aller à la découverte du monde, au lieu de se plier au cadre scolaire et à son espace restreint.

Loin des *sentiers battus,* les chemins de traverse qui permettent de battre les buissons sont comme une école hors les murs. On comprend mieux que le cinéaste Jean-Paul Le Chanois ait intitulé *L'École buissonnière* un film consacré à la pédagogie alternative développée par Célestin Freinet, les buissons symbolisant l'ouverture de l'école sur le monde.

« De toutes les écoles que j'ai fréquentées, c'est l'école buissonnière qui m'a paru la meilleure et dont j'ai le mieux profité. Il n'est tel que de muser, ô mes amis. On y gagne toujours quelque chose. »

Anatole France, *Le Petit Pierre,* 1918.

Renvoyer quelque chose aux **calendes** grecques

> renvoyer quelque chose à un temps
> qui ne viendra jamais

On va remettre ça aux calendes, dit-on parfois, comme si les calendes étaient une date fictive, indéterminée, jamais atteinte. Pourtant, nous connaissons tous le *calendrier* qui, avant de nommer le système de division du temps, fut un simple livre de dates futures à mémoriser : rendez-vous, délais à ne pas dépasser, obligations fixées…

Ce calendrier des Romains, le *calendarium*, était « calé » (mais c'est un autre mot) sur les *calendæ*, les *calendes*. Celles-ci désignaient le premier jour de chaque mois, jour d'échéances des dettes dans l'Antiquité latine. On dira en français le *terme,* mais on le place à la fin du mois ou du trimestre. C'était à Rome, et *calendes,* en français, sous-entendait *romaines*.

Or, au XVIe siècle, on se mit au grec avec passion et les ignorants mélangèrent quelque peu les références romaines et hellènes. Parler de calendes grecques, confusion grossière, revenait à confondre Rome et Athènes. Et puisqu'il n'avait jamais été question de calendes au pays de Socrate, les *calendes grecques* devinrent une expression d'érudits se moquant de l'ignorance commune, et signifia « jamais ».

C'est pourquoi il vaut mieux ne pas omettre l'adjectif *grec* quand on veut enterrer un projet, car le remettre aux calendes, si elles étaient normalement romaines, ce serait en fixer la date au premier jour du mois suivant. Dans notre calendrier, mieux vaut repousser à la saint-glinglin ou à la semaine des quatre jeudis !

« L'arrêt [*le jugement*] sera donné ès [*aux*] prochaines calendes grecques, c'est-à-dire jamais »

Rabelais, *Gargantua*, 1534.

Être d'un âge **canonique**

> être très âgé

On emploie souvent l'adjectif *canonique* pour qualifier l'âge d'une personne dont on n'oserait dire trop franchement qu'elle est vieille. Aussi ne parle-t-on jamais d'âge canonique quand on parle d'un *canon* de beauté, plus souvent associé à la fraîcheur de la jeunesse.

Pourtant l'origine de ces deux mots est la même. L'adjectif latin *canonicus,* qui signifie « conforme aux règles », vient du grec *kanonikos,* « relatif aux normes », dérivé de *kânon*, qui désigne à l'origine une baguette droite, souvent en jonc (*kanna*, qui a aussi donné *canne*), qui pouvait servir de règle. Le sens figuré est devenu métaphorique : de la règle objet rectiligne, on est passé à la règle en tant que norme à respecter.

Le canon de beauté correspond aux normes esthétiques de chaque époque. En revanche, le rapport avec *l'âge canonique* est moins évident. Ici, l'adjectif signifie précisément « conforme aux canons de l'Église » : l'âge canonique, c'était l'âge requis pour exercer certaines fonctions dans l'Église, notamment celle de domestique féminin. La bonne du curé ne devait pas tenter son employeur et le faire déroger à la règle du célibat. On décida (c'était du droit *canon*) qu'elle aurait au moins quarante ans, âge de la maturité, au-delà duquel les plaisirs de la chair étaient, en ces temps éloignés où la vie était brève, moins tentants.

Heureusement, aujourd'hui, on peut être *canon* jusqu'à un âge avancé, et l'expression *âge canonique* est le plus souvent employée pour parler d'une personne très âgée, sans plus de prêtre à tenter.

Le mot de Stéphane De Groodt

Avoir un âge canonique c'est avoir un âge où l'on se sent beau et bien dans sa peau. Où les canons de la beauté extérieure et intérieure sont en osmose parfaite. C'est être épanoui, voire épanouix pour ceux qui ont un âge canonix…

Parler à la **cantonade**

> parler à un groupe sans s'adresser précisément à quelqu'un

Où est-elle, cette *cantonade* ? Nous savons par l'usage que l'expression signifie « parler tout haut », sans interlocuteur précis ou visible. Le mot *cantonade* est devenu obscur. Pourtant, ces cantonades existent toujours, mais elles ont perdu leur nom.

Venu au XVe siècle du provençal *cantonada* « angle », le mot désigne d'abord un « petit coin », coin de maison ou coin de rue. Le mot a la même origine que *canton*, qui, avant de désigner une division administrative ou politique, avait lui-même le sens de « coin, quartier ». De ce petit coin nous reste également le verbe *(se) cantonner* : demeurer dans un même endroit limité.

Le mot s'est spécialisé à la fin du XVIIe siècle dans la langue du théâtre : située sur les côtés de la scène, la cantonade fut l'endroit où les spectateurs les plus aisés pouvaient s'asseoir pour assister au spectacle en privilégiés. Avec l'évolution de la société et de la mise en scène, l'endroit, invisible de la salle, servit à ranger des décors ou des costumes. La cantonade fut une sorte d'annexe des coulisses, quand les spectateurs furent conviés à regagner le parterre et les balcons. *À la cantonade* est alors une indication scénique demandant au comédien de parler en direction des coulisses pour s'adresser à un personnage absent de scène.

Puis l'expression s'est émancipée du contexte théâtral : elle fait référence à une parole prononcée tout haut, qui ne semble destinée à personne, mais qui, comme pour le public de jadis, s'adresse en réalité à tout le monde. Et même si nos contemporains s'égosillent sur leurs téléphones portables, on ne dira pas qu'ils parlent à la cantonade, puisque, lorsqu'ils sont sains d'esprit, on suppose qu'ils ont un interlocuteur.

« la patronne du café parut à la porte de l'arrière-salle réservée aux réunions, et cria, à la cantonade : "On demande Thibault au téléphone". »

Roger Martin du Gard, *Les Thibault, L'Été 14*, 1936.

De pied en **cap**

des pieds à la tête

La formule *de pied en cap* est victime d'une erreur fréquente : certains écrivent *cap* comme son homonyme *cape*, le vêtement sans manche qui enveloppe le corps et les bras. Il faut dire, à leur décharge, que le *cap* de l'expression n'est plus compris.

Cap « tête » vient, par l'intermédiaire du provençal, du latin *caput, capitis,* de même sens, qui a enrichi notre vocabulaire : *décapiter* fait perdre la tête, le *capitaine* est à la tête, la peine *capitale* coûte la tête, celui qui est *précipité* tombe la tête en avant, le vin *capiteux* monte à la tête. On disait *se trouver cap à cap avec quelqu'un* lorsqu'on le rencontrait en tête à tête. *De pied en cap,* c'est donc tout simplement « des pieds à la tête », puis « complètement ».

En ce sens, le mot n'a pas fait fortune : la langue lui a préféré *chef* (également issu du latin *caput*), qui fut lui-même évincé par *tête* et dont il ne reste que quelques vestiges en ce sens, *couvre-chef* ou *branler du chef*. *Cap* s'est en revanche implanté dans les domaines géographiques et maritimes : depuis la fin du XIVe siècle, on l'emploie pour désigner une pointe de terre qui s'avance dans la mer puis la direction d'un navire, avec les divers emplois figurés qui en découlent, comme *garder le cap.*

L'expression *de pied en cap* est tout ce qui reste du sens originel de *cap*. Et même si les deux mots n'ont rien à voir, rien de tel que s'enrouler dans une cape pour se couvrir *des babouches au tarbouche,* comme on dit au Liban.

Le mot de Stéphane De Groodt

Les mots de cette expression ont été inversés à la suite d'une erreur de retranscription. Le typographe avait mauvais caractère. Bien connue des cinéphiles, elle désigne un genre cinématographique particulier. Jean Marais, Gérard Depardieu font partie de ces héros de films « de cap et des pieds ».

Rabattre, rabaisser le **caquet** à quelqu'un

obliger quelqu'un à se taire, le remettre à sa place

Il est des assemblées, des réunions au cours desquelles quelqu'un prend la parole avec trop d'assurance, si bien qu'on brûle de le remettre à sa place et de le faire taire. On s'emploiera à lui *rabattre le caquet*.

L'expression signale que l'intéressé présente deux défauts en un mot. D'une part, prétention et vanité. De l'autre, bavardage. Ces jacasseries suffisantes rappellent les poules et leur caquetage. *Caquet* évoque les cris de la volaille qui va pondre et, généralement, les piaillements d'oiseaux, la musique discordante des basse-cours.

Des cris d'oiseaux, on est passé aux paroles sans contenu, faisant écrire à Furetière : « Les femmes parlent beaucoup, mais elles n'ont que du caquet ». Car l'anti-féminisme cherche dans le langage même les occasions de sévir. *Caquet bon bec* désignait donc une commère bavarde et La Fontaine en a fait le surnom de la pie. La formule *caquet bon bec, la poule à ma tante* évoquait un flux de paroles intarissable. En français du Canada, une personne abattue par une déception ou une mauvaise nouvelle *a le caquet bas*.

Celui à qui l'on *rabat le caquet* est donc assimilé à un volatile de basse-cour : comme les poules, les oies et les canes (les mâles sont exemptés), il caquète et cancane. Pourtant, par sa vantardise, il évoque aussi le coq et sa fierté. Il existait d'ailleurs une expression française qui, mot pour mot, existe encore en italien : *rabaisser la crête à quelqu'un*.

Quand des gens s'assemblent, leur réunion peut prendre vite des allures de poulailler : chacun donne de la voix pour faire l'intéressant. Rien de tel pour lui rabattre le caquet que de lui clouer le bec !

« Ouais ! vous êtes un grand docteur, à ce que je vois, et je voudrais bien qu'il y eût ici quelqu'un de ces messieurs, pour rembarrer vos raisonnements et rabaisser votre caquet. »

Molière, *Le Malade imaginaire*, 1673.

Dernier carat

dernière limite

Pour obtenir quelque chose à une date précise, on n'hésite pas à réclamer pour cette échéance le *dernier carat,* c'est-à-dire la dernière limite. L'expression a de quoi surprendre : *carat* évoque l'univers de l'orfèvrerie et de la joaillerie. Qui n'a pas entendu parler d'or à dix-huit carats ou d'un diamant de dix carats ?

C'est par l'intermédiaire de l'italien *carato* que le mot nous est parvenu de l'arabe, où *qîrât,* lui-même emprunté au grec *keration* – grande valse des langues, autour de la Méditerranée – désignait la graine de caroubier. Les graines de cet arbre, de forme et de poids étonnamment réguliers, servaient en effet pour peser l'or et les pierres précieuses. Cette pratique consistant à se servir de graines végétales comme poids remonte à la plus haute Antiquité et serait contemporaine de l'invention de la balance.

Le français a maintenu pour le mot *carat* cette valeur d'étalon, puisqu'il dénomme la partie d'or pur égale à un vingt-quatrième du poids total de l'alliage. Un or à vingt-quatre carats serait parfaitement pur mais, trop mou pour être travaillé, il doit être allié à d'autres métaux. Ce n'est qu'ensuite que ce *carat* devint une unité de masse en joaillerie.

Le terme a donné lieu à des expressions familières aujourd'hui disparues comme *à vingt-quatre carats* « parfait, absolu, au plus haut degré » : un *sot à vingt-quatre carats* est un parfait idiot. Par exagération, *à trente-six carats* signifiait « au-delà du possible ». Le dernier carat, le vingt-quatrième, est ainsi la limite maximale que l'on puisse atteindre dans le temps comme dans l'alliage précieux, et l'on sait bien que « le temps, c'est de l'argent ».

En argot, *carat* est d'ailleurs l'unité de mesure du temps, il est alors un synonyme d'*année*. *Prendre du carat* c'est « avancer en âge ». Dix heures *dernier carat*, c'est « pas une seconde de plus ». Une limite scintillant à l'extrémité du délai accordé.

Le mot de Stéphane De Groodt

Il est dit que c'est le dernier carat parlé qu'aura raison.

Faire un **carton**

marquer des points (aux dépens de l'adversaire), réussir

D'un film numéro un au box-office ou d'un candidat qui bat ses concurrents haut la main, on dit familièrement qu'ils ont *fait un carton* : ils ont eu un beau succès.

Il ne s'agit pas de gagner aux cartes, même si l'on dit que l'on *tape le carton*. Ni même de voir l'arbitre infliger un *carton jaune* ou *rouge* à un footballeur fautif. C'est dans les fêtes foraines qu'il faut se rendre, là où de grandes feuilles de carton, marquées de zones concentriques permettant un décompte de points, servent de cible sur les stands de tir. *Faire un carton,* c'est d'abord atteindre la cible, faire mouche*. Régis Debray écrit dans *L'Indésirable* : « Abattre cette file indienne d'hommes désarmés au milieu du fleuve, c'était comme faire un carton à un stand de foire. »

De là est né l'emploi familier du verbe *cartonner,* « réussir, avoir plein succès ». Quand on entend *faire carton plein,* on imaginerait aisément la cible pleine d'impacts du bon tireur. En réalité, cette expression renvoie à un jeu beaucoup plus paisible. Tandis que certains se mesurent sur les stands de tir, d'autres s'assoient tranquillement pour jouer au loto ou au bingo. Des cartes portant des numéros sont distribuées aux participants. Le premier qui a rempli sa carte avec des numéros tirés au hasard a gagné : il a fait *carton plein*.

On peut désormais distinguer les deux expressions. Si l'on veut gagner un jambon, on devra faire carton plein. Mais si on veut remporter la plus grosse peluche de la fête foraine, il faudra faire un carton, tout court.

« Présenté en compétition internationale, ce film de fantômes made in Venezuela a fait un carton dans son pays et récolté quelques bonnes critiques »

Le Soir, 2015.

En catimini

en cachette, discrètement, secrètement

Si l'un des convives s'éclipse *en catimini,* on comprend sans difficulté qu'il le fait en toute discrétion, qu'il prend la poudre d'escampette*. Pourtant, ce *catimini* conserve son mystère…

L'expression apparaît à la fin du XIVe siècle sous la forme *faire le catimini,* « agir en cachette », suivie de la tournure *en catimini.* Deux hypothèses coexistent. La première est en relation avec le grec *katamênia* désignant les menstruations, qui a donné *cataménial,* adjectif savant qui qualifie ce qui y a trait. On peut imaginer que le tabou entourant les règles soit à l'origine d'une expression évoquant le secret, la dissimulation. Michel Tournier, qui évoque volontiers le sens étymologique, rapporte dans *La Goutte d'or* une tradition saharienne selon laquelle les enfants roux « sont maudits, car ils ne sont roux que pour avoir été conçus alors que leur mère avait ses catiminis. »

La seconde hypothèse est en rapport avec le chat. Furetière l'évoque, indiquant que *en catimini* signifie « d'une manière cachée et tout doucement, comme vont les chats pour attraper les souris ». *Catimini* serait composé du picard *cate* « chatte » et de *mini,* rattaché à une racine gallo-romane *min* désignant le chat. La formation de ce « chat-chat » est similaire à celle de *chattemite, mite* signifiant aussi « chat ». Les noms familiers *minet, minou, mimi, mimine* et *mistigri* seraient donc de même origine et nous retrouvons *mite* dans *marmite* qui, avant d'être un nom, était un adjectif équivalent de *hypocrite*. Le nom de ce surprenant double chat n'est pas un cas isolé ; l'alliance du chat et de la fouine a donné *chafouin,* et le « chat léopard » n'est autre que le *guépard,* pour qui connaît l'italien.

Qu'il s'agisse de l'invisibilité sociale des règles, de la sournoiserie du chat ou de sa discrétion, il est question de secret. Dans quelques siècles, qui sait, on dira peut-être *partir en ragnagnas* et plus personne ne saisira l'origine de l'expression.

« Le lendemain il disait incidemment qu'en réalité il était rentré de bonne heure, en catimini, par la porte de service »

Louis Aragon, *Les Cloches de Bâle*, 1934.

Peau de chagrin

bien matériel ou moral qui s'amenuise

C'est certes chagrinant, de voir se réduire peu à peu à néant ce à quoi l'on tient. Les gros chagrins ne sont pas réservés aux enfants, qui ne sont pas encore lecteurs de la fantastique histoire racontée par l'un des plus grands romanciers français, Honoré de Balzac.

Ce *chagrin* n'a rien de triste puisqu'il désignait une peau, un beau cuir grenu de mouton, de chèvre ou d'équidés, qui servait à faire des reliures. C'est une prononciation fautive d'un *sagrin* venu de Turquie au XVIe siècle, sans doute influencée par le chagrin qui désole, venu lui d'un ancien verbe *grigner* exprimant une grimace de colère ou de douleur.

Les maroquiniers et les relieurs employaient ce chagrin bien tanné et préparé, sans se douter que Balzac allait écrire un roman si frappant qu'on parla, après lui, de *peau de chagrin* à propos de la fatalité qui fait diminuer puis disparaître les jours, les beaux sentiments et les illusions.

C

Paru en 1831, *La Peau de chagrin* est un récit assez sinistre dans lequel Raphaël de Valentin, ruiné, acquiert chez un antiquaire une peau de chagrin magique. Ce talisman, image du temps à vivre, satisfait toutes les passions du jeune homme, mais à chaque désir assouvi la peau se réduit jusqu'à ce qu'il n'en reste plus rien, et Raphaël meurt.

Par l'opération du génie balzacien, le chagrin des belles reliures s'est réfugié dans une expression où notre peau, plutôt qu'un cuir animal, vient rejoindre les peines de la condition humaine. Sauver sa peau est le remède provisoire à la peau de chagrin qui tant nous chagrine.

> « Cette envie, au lieu d'essayer de lui donner satisfaction, je restais à la contempler qui peu à peu se ratatinait et finalement disparaissait, comme la fameuse peau de chagrin. »
>
> Samuel Beckett, *Molloy*, 1951.

Battre la **chamade**

battre à grands coups, en parlant du cœur, sous l'emprise d'une émotion

Le vocabulaire militaire sert habilement, et depuis longtemps, le langage amoureux : on se souvient de Cupidon, ce méchant angelot, qui transperce le cœur des amants de ses flèches acérées. Poètes et romanciers racontent depuis des siècles les histoires d'amour dans lesquelles un amant tente de *conquérir* sa belle, en fait le *siège* et, après de nombreux *assauts*, parvient enfin à la *posséder*.

Depuis le XIXe siècle, *battre la chamade* ne concerne plus que les battements affolés du cœur, notamment quand celui-ci est submergé par une émotion trop forte, une de celles que l'amour sait provoquer. Pourtant, cette expression a relevé du langage militaire : *chamade*, substantif emprunté à l'italien *ciamada* qui signifie « appel, clameur », désignait l'appel de trompettes et surtout la batterie de tambours par lesquels des assiégés informaient les assaillants de leur reddition. *Battre la chamade*, ce n'est pas *battre le rappel* : il ne s'agit pas de se retirer dans le calme et avec ordre, au rythme d'un tambour régulier, mais d'annoncer à la hâte la capitulation.

Le tambour bat avec la même terreur panique que le cœur des soldats en déroute. Surtout, cet organe vital, emmuré dans la cage thoracique, est considéré comme le siège des émotions. Assailli par des sentiments violents et contraires, il n'a d'autres armes que de faire entendre cette clameur primaire. Ce « cri du cœur » assiégé, Gautier l'évoque parfaitement dans *Le Capitaine Fracasse* : « son pauvre petit cœur se mit à battre la chamade dans la forteresse de son corsage ».

Aujourd'hui, à l'heure où les armées n'usent plus ni de trompettes ni de tambours, seuls les cœurs terrassés continuent de battre la chamade, dans un silence assourdissant.

« mon cœur se met à battre la chamade tout seul, mes pieds et mes mains se glacent et la peur me paralyse »

Nancy Huston, *Lignes de faille*, 2006.

Manger, bouffer comme un **chancre**

manger avec excès, avec voracité

Se gaver, s'empiffrer, s'en mettre plein la panse : lorsqu'elle passe à table, notre langue ne mâche pas ses mots – pas plus que ce *chancre* qui engloutit tout ce qui se trouve dans son assiette. À imaginer la scène, on frise l'indigestion. Quant à savoir ce que *chancre* veut dire, on hésite, on reste sur sa faim…

Voilà pourtant une expression qui n'a pas mis ses œufs dans le même panier, son origine ouvrant deux pistes différentes. Dans la première, *chancre* remonterait au latin vulgaire *cancrus,* du latin classique *cancer* « écrevisse, crabe ». Apparu sous la forme *cancre,* c'est ce même crabe, à la démarche lente et indirecte, qui a servi à nommer dans l'argot scolaire l'élève nul. *Cancrus* désigna d'abord un ulcère ayant tendance à ronger les parties environnantes puis une ulcération cutanée. Les arbres aussi peuvent être rongés par ce chancre, qui forme de larges plaies sur le tronc. L'expression, apparue au XVIIIe siècle, correspond à un sens figuré du mot, celui qui *mange comme un chancre* étant celui qui « dévore ».

L'autre origine de l'expression serait due à une déformation d'une ancienne comparaison. *Être gras comme un chantre, boire comme un chantre,* se disait à l'époque où les églises employaient des chantres (des « chanteurs ») pour officier lors des cérémonies et des offices religieux. Comme les moines et les chanoines, ces derniers avaient la réputation d'être de sacrés bons vivants…

Même si cette origine est fausse, on peut la préférer à celle qui évoque les crabes et, pire, les ulcères et les cancers. L'image du moine chanteur à grosse bedaine est beaucoup plus sympathique !

Le mot du Petit Robert

chancre

[ʃɑ̃kʀ] nom masculin
ÉTYM. XIIIe ♦ latin *cancer* « ulcère » → cancer
1. MÉD. VIEUX Petit ulcère ayant tendance à ronger les parties environnantes. […]

Donner le **change** à quelqu'un

faire prendre une chose pour une autre à quelqu'un

Quand quelqu'un *donne le change,* ce n'est ni pour vous rendre la monnaie ni pour vous tendre des vêtements de rechange. *Donner le change* est un acte de faussaire, de comédien, une de ces petites impostures qu'on s'autorise pour cacher la réalité. Le héros de *La Pharisienne* de François Mauriac confesse que « pour leur donner le change, j'avais marché vite, je séchais mes pleurs, je reprenais souffle, et composais mon visage. »

L'expression est ancienne et ne dérive pas, comme on pourrait l'imaginer, du sens monétaire de *change*. C'est au fond des forêts qu'il faut aller chercher son origine, au cours des longues chasses à courre qu'affectionnaient les seigneurs féodaux.

Le cerf qu'on a levé, traqué avec une meute de chiens courants, s'avérant plus malin qu'un renard, réussissait parfois à égarer ses poursuivants en les détournant vers un congénère. Un autre cerf est lancé, et l'on dit que l'habile fuyard a *donné le change* aux chiens, en les lançant sur une fausse piste. Ce change est un *échange,* la substitution de la bête, et *change* se disait de la bête changée elle-même. On pouvait aussi intentionnellement *prendre le change* ou *tourner le change,* c'est-à-dire renoncer à une bête lancée pour une autre moins rusée.

La référence à la vénerie n'est plus comprise aujourd'hui. *Donner le change,* expression de roublardise, a fini par berner la langue elle-même, qui a depuis longtemps oublié quel gibier elle courait.

> « Avec mes lunettes de lecture sur le nez, je sentais que je donnais le change. Avec un bouquin sur les genoux, je créais l'illusion. »
>
> Philippe Djian, *Échine,* 1988.

Avoir voix au chapitre

> avoir autorité, crédit, pour prendre part
> à une délibération, à une discussion

Cette expression nous plonge dans l'embarras. Quel lien établir entre la *voix* qui suggère un discours oral et l'écrit que suppose la division en *chapitres* ?

Chapitre vient du latin *capitulum*, « petite tête *(caput)* », métaphoriquement « ce qui coiffe », qu'il s'agisse d'un *chapiteau* en architecture ou d'un titre de loi. De là vient l'unité de division d'un livre, que nous connaissons aujourd'hui.

C'est bien ce sens qui fait le lien. Du *chapitre* ou de la partie de la règle lus devant l'assemblée de moines ou de chanoines réunis pour écouter les Saintes Écritures, le mot *chapitre* désigna le lieu où se réunissaient les ecclésiastiques, également appelé *salle capitulaire*, puis ceux qui y siégeaient, l'assemblée des chanoines. On convoquait le chapitre pour discuter des affaires du monastère ou régler les questions de discipline. C'était l'occasion de réprimander publiquement le moinillon fautif, de le *chapitrer*.

Les religieux n'étaient pas égaux, et tous n'avaient pas les mêmes droits. Pouvaient participer aux délibérations et aux prises de décision les clercs de rang supérieur, souvent issus de familles aisées qui avaient fait des dons au monastère, tandis que les moines convers, d'extraction plus modeste, n'avaient pas le droit de prendre la parole au sein de l'assemblée, ils n'avaient pas *voix au chapitre*.

Dans les monastères où l'austère règle contraint souvent au silence, prendre la parole est un acte soumis à autorisation. Il ne suffit pas d'avoir la *vocation* pour faire entendre sa voix, il faut *avoir voix au chapitre*.

《 je n'aurai pas un moment de repos pendant tout ce voyage, j'en vois tous les périls, j'en suis morte ; mais enfin je n'en ai pas été la maîtresse ; et, dans ces occasions-là, les mères n'ont pas beaucoup de voix au chapitre. 》

Madame de Sévigné, 28 août 1668.

Se porter comme un charme

jouir d'une santé robuste

D'un vieillard alerte, d'un rescapé ou d'un ancien malade on dit qu'il *se porte comme un charme*. C'est une manière d'indiquer qu'il est en parfaite santé, sous-entendant que l'âge, un accident ou une opération à risque auraient pu compromettre cet heureux état.

Même si l'expression synonymique *se porter comme un chêne* est attestée, *se porter comme un charme* n'a rien à voir avec l'arbre à bois dur et blanc répandu dans nos forêts qu'on appelle *charme* et qui pourrait incarner une forme d'énergie vitale. Le charme n'a jamais été un modèle de force et de puissance mais la confusion est si fréquente qu'elle fit écrire à Sébastien Japrisot dans *Un long dimanche de fiançailles* : « je me porte comme un charme feuillu ».

Bien qu'une personne en parfaite santé ait souvent plus de charme qu'une personne maladive, tel n'est pas non plus le sens de l'expression. *Charme* vient du latin *carmen* « formule magique, incantation ». Avant de se banaliser, notamment dans le domaine de la séduction, en « attrait, qualité qui a le pouvoir de plaire », le charme était le pouvoir d'enchantement ainsi que l'illusion produite magiquement. La personne *sous le charme* est celle à qui l'on a *jeté un charme*. Au XVIIe siècle, *comme un charme* s'emploie pour dire « d'une manière quasi illusoire ». *Parler comme un charme,* c'était « parler comme un enchanteur » et *aimer comme un charme* « aimer passionnément ».

Se porter comme un charme, c'est être plein d'énergie comme par l'effet d'un pouvoir irréel. Le charme est ici de l'ordre de celui qu'exercent un enchanteur ou un *charmeur* de serpents : c'est l'action d'un pouvoir magique, hypnotique, un pouvoir qui dépasse la compréhension rationnelle et tend parfois au miraculeux. Prenez garde de *rompre le charme !*

« Je remplis les ordres de madame la Comtesse, en lui donnant des nouvelles de mon cher maître ; il se porte comme un charme. »

Gabriel Sénac de Meilhan, *L'Émigré*, 1797.

Faire bonne chère

faire un bon repas

Après un repas délicieux et abondant, il n'est pas rare de dire que l'on *a fait bonne chère*. Cette élégante expression a pour équivalents plus familiers et moins discrets *faire bombance* ou *faire ripaille*.

Sachant que l'on consomme de la chair animale et que la nourriture fait devenir bien en chair, certains se trompent sur l'orthographe du mot. Il ne s'agit pas de *chair* mais de *chère*, qui signifie dans ce cas « visage ». *Cerveau* est issu de la même racine. Leur étymologie commune surprenante renvoie à la partie la plus haute de notre anatomie. Initialement, *faire bonne chère à quelqu'un*, c'était lui montrer son meilleur visage et donc lui réserver un bon accueil. Pour désigner cette partie du corps, le français ne manque pas de mots : *visage, face, figure, mine* ou *minois* se bousculent au portillon. *Chère* leur a rapidement cédé la place et a perdu son sens premier.

Faire bon accueil à ses invités, c'est aussi bien les traiter et leur proposer une nourriture aussi copieuse que savoureuse. Progressivement, l'idée d'accueil agréable est remplacée par celle de bon repas. *Aimer la bonne chère* revient ainsi à apprécier les plaisirs de la table en aimable compagnie et un *homme de bonne chère* fut un fin gourmet. L'idée de réjouissance se manifestait dans une autre expression, *faire chère lie,* au sens propre « avoir un visage joyeux », qui voulait dire « mener une plaisante vie », et dans laquelle on mettait toute la liesse attachée à la bonne *chère*.

Certes, « la chair est triste, hélas ! », mais la bonne *chère* ne mange pas de ce pain-là. Il faut, cher lecteur, l'orthographier correctement pour en savourer l'avenante histoire.

« présenter des harangues ou des disputes de rhétorique à une compagnie assemblée pour rire et faire bonne chère, ce serait un mélange de trop mauvais accord »

Montaigne, *Essais*, t. I, XVIe siècle.

Être la **cheville** ouvrière

être l'élément, l'agent essentiel

On travaille rarement avec les pieds, plus souvent avec les mains. C'est pour cela qu'on appelle *petite main* une personne exécutant un travail besogneux pour le compte d'une autre. Pourtant, depuis le début du XVIIIe siècle, on dit d'une personne jouant un rôle central dans un travail collectif ou dans un organisme qu'elle est la *cheville ouvrière* du projet.

L'expression n'a en fait rien à voir avec l'articulation entre la jambe et le pied : elle renvoie au sens premier du mot *cheville,* toujours en usage aujourd'hui. Issu, comme *clavicule*, du latin *clavicula,* diminutif de *clavis* « petite clé », *cheville* désigne une tige de bois ou de métal servant à assembler plusieurs pièces d'un même ouvrage. La cheville anatomique y ressemble : elle articule. À l'origine, la cheville ouvrière est précisément une pièce mécanique : c'est l'élément d'assemblage qui joint l'avant-train avec le corps d'une voiture (à cheval), d'une charrue. Au figuré, la cheville ouvrière serait donc le pivot, la personne autour de laquelle s'organise une activité.

Mais l'emploi de l'adjectif *ouvrière* peut aussi surprendre. Il ne se rapporte pas à la classe des travailleurs manuels mais signifie simplement « qui travaille ». La cheville de l'expression étant la plus sollicitée lors du mouvement de la voiture, c'est celle qui travaille le plus. Cette cheville ouvrière est une articulation qui travaille ; elle fait le lien entre les autres et doit fournir le plus d'efforts pour mener à bien le projet commun. À condition toutefois de ne pas mettre la cheville de la charrue avant celles des bœufs !

« elle avait été la cheville ouvrière de la maison, sans que nul songeât à lui savoir gré de sa ponctualité, de ses prévenances »

Roger Martin du Gard, *Les Thibault*, 1940.

En avoir sa claque

en avoir assez

Tout le monde l'a reçue un jour ou l'autre, cette claque : celle du « ça suffit », qui fait qu'on *en a sa claque*. L'expression familière apparaît à la fin du XIXe siècle pour signifier qu'on en a assez, qu'on est exténué.

Le mot *claque*, venu de *claquer,* désigne en français des choses bien différentes. S'agirait-il de ce coup donné du plat de la main que nous connaissons tous, rude taloche parentale ou gifle d'amoureuse déception ? Ou bien de la claque des théâtres de jadis, formée de spectateurs payés pour assurer par leurs applaudissements nourris le triomphe d'un spectacle ? On comprendrait que l'on puisse vite se lasser de prendre des baffes. Au second traitement, en revanche, plus d'un auteur a pris goût.

L'explication n'est pas aussi simple. Si le mot *claque* renvoie effectivement à la gifle, il signifie aussi l'abondance et l'excès. Ce sens abstrait vient peut-être de termes concrets anciens : on désignait par ce mot une mesure de lait, en Picardie, et le terme *une claquée* signifiait « une abondance de ». *Se claquer,* c'était « se fatiguer à l'extrême » et, aujourd'hui encore, *être claqué* s'emploie pour « être à bout de force » sans avoir reçu de coups.

Tous ces emplois témoignent du fait que le terme *claque* a porté un sens très général d'intensité, comme *dose* ou *compte* dans les expressions *en avoir sa dose* ou *régler son compte à quelqu'un*. On dit *claquer son argent*, expression qui a plus à voir avec l'idée d'intensité qu'avec le bruit de la pièce sur le zinc. Le dégoût par l'excès : telle est la raison d'être soûlé, d'en avoir marre, d'en avoir sa claque.

Le mot de Stéphane De Groodt

En avoir sa claque, c'est avoir son moment au théâtre où les gens vous applaudissent.

Prendre ses cliques et ses claques

s'en aller, en emportant ce qu'on possède

Si la *clique* défile en grand uniforme, nul doute que les cymbales *claqueront*. Prendre des *claques,* qui sont des gifles, c'est une expérience cuisante. Rien à voir pourtant avec les cliques et les claques de cette expression. Datant du milieu du XIXe siècle, l'expression *prendre ses cliques et ses claques* a surtout une fonction d'onomatopée de type *bric-à-brac, clic-clac* ou *tic-tac*. Pourtant, ces deux pluriels, *cliques* et *claques,* ont eu des significations très précises.

Au Moyen Âge, *cliquer* s'est dit pour « émettre un bruit sec, aigu », et une *clique* désigne un loquet ou une détente – penser à *déclic* et aujourd'hui au *double clic*. Dans certaines régions, *clic,* répété, évoque le bruit de pas rapides sur le sol et a motivé les *cliques* au sens de « jambes » ou de « sabots ».

Quant à *claque,* le mot est l'onomatopée qui exprime un bruit sec et bref, mais moins aigu que le *clic*. Depuis le XVIIIe siècle, il désigne diverses variétés de souliers, des sabots, des socques que l'on fixe par-dessus les chaussures pour les protéger de la pluie et de la neige (terme courant en français du Canada où une paire de claques s'achète chez le marchand de chaussures). *Claque* est aussi le mot technique qui désigne la partie de la chaussure qui recouvre le pied et qui forme, avec le bout, l'empeigne.

Avec ces deux mots évoquant les jambes et les pieds, l'expression a d'abord signifié « partir rapidement », comme *s'enfuir à toutes jambes* ou, très bizarre, *prendre ses jambes à son cou*. Mais le sens de *cliques* et celui de *claques* se sont perdus et l'on a cru qu'ils désignaient ce bazar que l'on garde avec soi. On a dit alors *prendre, ramasser* ou *emporter ses cliques et ses claques* pour « s'enfuir avec toutes ses affaires ».

Prendre ses cliques et ses claques appartient à la langue familière. Dans un registre plus élégant, on dira d'un fuyard qu'il *prend la poudre d'escampette**.

> « L'une avait le nez arraché ; le sang giclait par terre. Lorsque l'autre a vu le sang, un grand échalas comme moi, elle a pris ses cliques et ses claques. »
>
> Zola, *L'Assommoir*, 1877.

Être dans le **coaltar**

être ahuri, hébété, inconscient

La personne qui, mal réveillée, tente d'expliquer son état d'hébétude, emploie bien souvent des images aériennes et légères : je suis *dans le brouillard* ou *dans les vapes* (synonyme argotique de *vapeurs*). Cette douceur blanchâtre rappelle les plumes de son oreiller douillet. Mais il arrive parfois qu'on emploie un mot plus étrange pour décrire cet état de demi-sommeil en affirmant qu'on est *dans le coaltar*.

Avec l'enchaînement du *o* et du *a*, et cette terminaison inhabituelle, ce mot est pour le moins déconcertant. Les francophones qui en ignorent l'origine – et parmi eux des auteurs de renom – l'écrivent souvent de manière fantaisiste : *coltar* (transcription phonétique), *coltard* (sur le modèle de *costard*) et même *colletard* (par analogie avec *colleter*).

Il s'agit en réalité d'un mot anglais formé de deux termes : *coal* « charbon » et *tar* (que l'on retrouve dans *tarmac*) « goudron ». Apparu dans la langue de Shakespeare à la fin du XVIIe siècle avant que le français ne l'emprunte cinquante ans plus tard, il désigne la matière noire et visqueuse obtenue en distillant la houille. Elle servait à colmater la coque des bateaux et était administrée comme médecine antiseptique ou comme traitement contre le psoriasis. Le coaltar entre encore dans la composition de certains shampoings antipelliculaires ou antipoux.

C'est au milieu du XXᵉ siècle qu'est apparue l'expression qui n'est pas sans nous en rappeler une autre, plus accessible : *être dans le cirage*. Le cirage, tout comme le coaltar, offre l'image d'une matière noire et collante dont il est difficile de se débarrasser. On est loin de la légèreté des vapeurs et du brouillard.

L'Académie, qui ne goûte guère les mots empruntés à l'anglais, recommande l'expression *goudron de houille*, bien moins synthétique que *coaltar*. Dirions-nous certains matins difficiles que nous sommes *dans le goudron de houille ?* Il n'est pas certain que nous ayons alors les idées suffisamment claires pour changer nos habitudes langagières !

« J'ai émergé sur le parking d'une station essence du côté d'Orléans. Bien dans le coaltar. Ensuquée et baveuse. J'avais du mal à ouvrir les yeux et mes cheveux me paraissaient étonnamment lourds. »

Anna Gavalda, *L'Échappée belle*, 2001.

Rater le coche

perdre l'occasion de faire une chose utile, profitable

Parmi les rares mots que le français a emprunté à la langue hongroise, il y a ce *coche* que l'on rate lorsqu'on perd une occasion. *Coche* a en effet pour origine *kocsi,* venu du nom d'un relais de poste sur la route entre l'Autriche et la Hongrie, *Kocs*.

Lors de son apparition, au XVIe siècle, le coche est une grande voiture tirée par des chevaux, pour les voyageurs qui n'avaient pas leur propre équipage. Le coche, dépourvu de suspension, offrait un confort très sommaire. Les *coches volants* du XVIIe siècle disposaient d'un bon attelage qui faisait « une plus grande diligence que les autres » (Furetière), et cette rapidité, toute relative, a fourni le nom d'une nouvelle voiture, la *diligence*.

Rater ou *manquer, louper le coche* s'explique ainsi : il s'agissait de respecter les horaires du relais de poste. Il faut saisir l'occasion quand elle se présente, de même qu'il fallait être à l'heure au départ du véhicule, car le *cocher* n'attendait pas les retardataires. Nos voisins anglais, quant à eux, disent « manquer le bateau » *(to miss the boat),* insularité oblige.

C'est ce même coche que La Fontaine évoque dans la savoureuse fable où une mouche s'agite auprès de « six forts chevaux » peinant à tirer le véhicule le long d'un « chemin montant, sablonneux, malaisé ». Piquant les chevaux de l'attelage, bourdonnant à leurs oreilles, la *mouche du coche* s'attribue le mérite de les faire parvenir en haut du chemin, alors qu'elle n'a fait que les gêner.

Visant un type d'individus assez répandu, ceux qui s'agitent beaucoup en pure perte, la fable a fait mouche*. Même si le coche a disparu, il importe toujours de ne pas laisser passer sa chance en le ratant. Pour écarter les mouches importunes, sans plus de coches ni de cocher, on dit encore : *fouette cocher !*

Le mot du Petit Robert

coche
[kɔʃ] nom masculin
ÉTYM. 1545 ♦ probablement du hongrois *kocsi*, de *Kocs*, nom d'un relais entre Vienne et Pest, par l'allemand *Kutsche* ou le vénitien *cochio*
1. ANCIENNEMENT Grande voiture tirée par des chevaux, qui servait au transport des voyageurs.
[...]

Coiffer quelqu'un au poteau

battre quelqu'un de justesse

Depuis qu'ils posent dénudés pour des calendriers, les joueurs de rugby sont peut-être devenus coquets. Mais on n'a jamais vu un rugbyman s'arrêter au poteau pour se faire faire un brushing. De même, si l'on rectifie parfois la coupe de cheveux des condamnés à mort, c'est pour les mener à la guillotine et non au poteau d'exécution. Alors, d'où vient cette étrange expression ?

Le poteau dont il s'agit est celui des hippodromes. Le cheval qui est déclaré vainqueur est celui qui passe le premier la ligne d'arrivée, matérialisée par un poteau placé en bord de piste. Remporter la victoire *sur le poteau* ou *au poteau,* c'est battre son adversaire en le dépassant à la toute fin d'une course. Par extension, l'expression s'applique à toute compétition où la victoire est emportée sur le fil (fil qui, lui, marque la fin d'une course à pied).

Quant à *coiffer,* qu'il s'agisse d'arranger la chevelure ou d'enfiler un bonnet, il est question de tête. Au figuré, *coiffer un concurrent,* c'est littéralement parvenir à placer sa tête avant la sienne : c'est le battre d'une courte tête. Ce qui n'est pas sans rappeler l'évolution du verbe *chapeauter* : d'abord « coiffer d'un chapeau » puis « être à la tête de quelque chose ou d'un groupe d'individus ».

Coiffer quelqu'un au poteau, c'est à la fois le battre de peu (d'une tête) et au dernier moment (au poteau d'arrivée). Autrement dit, c'est gagner d'un cheveu, à un poil près, pile-poil au bon moment.

Le mot de Stéphane De Groodt

Les apprentis coiffeurs qui ne possèdent pas suffisamment de moyens pour s'offrir un salon digne de ce nom aménagent des espaces dans la rue où ils reçoivent leurs clients qu'ils coiffent au pied de poteaux. Pour plus de visibilité ce sont généralement des poteaux roses car on tombe souvent sur eux...

Être frappé, marqué au coin du bon sens

être plein de bon sens

Le bon sens, qui est, selon la formule de Descartes dans le *Discours de la méthode*, « la chose du monde la mieux partagée », serait donc la caractéristique de l'esprit humain. Quand elle s'impose avec la simplicité d'une évidence, on pourra dire d'une réflexion qu'elle est *marquée,* ou *frappée, au coin du bon sens*. Mais on ne voit vraiment pas en quoi le bon sens serait en rapport avec un coin de table ou de rue.

Le coin est bien un angle formé par l'intersection de deux lignes ou de deux plans, mais *coin* désigne surtout des objets concrets, par exemple l'outil qu'on enfonce dans la faille d'un tronc ou dans une bûche pour les fendre. Du temps où l'on « battait » la monnaie (on la battait vraiment, avec un marteau), le coin était le sceau métallique gravé avec lequel on frappait les pièces pour en identifier l'origine. Les numismates appellent *monnaie à fleur de coin* une monnaie en parfait état, aussi nette qu'à sa sortie de l'atelier, ce qui en fait le prix. C'est ce *coin* français qui a donné l'anglais *coin*, drôlement prononcé, signifiant « pièce de monnaie ».

Au XVIIe siècle, selon Antoine Furetière, grand greffier de la langue française d'alors, en conservant l'idée de valeur inhérente à la monnaie de métal, « on dit figurément d'un homme qui a plusieurs bonnes qualités, qu'il est *marqué au bon coin* ». Même idée dans l'expression *frappé au coin de* pour « caractérisé par, qui porte la marque de ». Boileau évoque des « vers marqués au coin de l'immortalité ».

La fabrication des pièces de monnaie a changé, mais l'expression est toujours connue, car si les techniques sont condamnées à évoluer, les concepts et leurs signes semblent marqués au coin de l'éternité.

Le mot du Petit Robert

coin
[kwɛ̃] nom masculin
ÉTYM. v. 1179 ; « angle » v. 1160 ♦ latin *cuneus*
[...]
2. Morceau d'acier gravé en creux qui sert à frapper les monnaies et les médailles. [...]

Être **collet** monté

affecter l'austérité, la pruderie

Affecté, guindé, compassé : il existe bien des manières de dire d'une personne qu'elle manque de naturel et fait montre d'une gravité excessive. *Collet monté* figure au nombre de ces manières de dire. *Être collet monté*, c'est se donner des airs de vertu, adopter un comportement étudié qui manque de franchise. La vie en société est une comédie dans laquelle le jeu des apparences tient un bien grand rôle, comme en témoigne l'origine de cette formule.

Si le mot *collet* s'emploie encore de nos jours pour désigner la partie d'une bête de boucherie comprise entre la tête et les épaules ou le nœud coulant utilisé par les braconniers pour prendre les animaux au cou, ce diminutif de *col* a permis aussi de nommer, dès la fin du Moyen Âge, la partie d'un vêtement qui entoure le cou, dentelle ou fourrure, amovible ou non.

Au sens propre, le collet monté fut un col rigidifié par l'empois et dressé par du fil de fer ou des renforts de carton. Cet ornement fort incommode, qui fit fureur sous

Catherine de Médicis, donnait à celle qui le portait un air engoncé et hautain. La mode en passa vite puisque le premier *Dictionnaire de l'Académie* mentionne, en 1694, la formule *c'était du temps des collets montés* pour dire « du vieux temps ».

On a pu prêter à la personne ainsi affublée un caractère allant de pair avec son apparence, mélange de pruderie et d'affectation frôlant le ridicule. Au temps de Molière, la femme arborant un collet monté est le revers de la femme légère ou de la courtisane, qui ne craint pas de dénuder son cou, réfutant ainsi l'adage selon lequel *l'habit ne fait pas le moine*.

Passent les modes et les époques, les expressions restent. Les collets montés et les cols cassés ont disparu, mais la raideur arrogante des êtres qui se veulent supérieurs peut toujours être dénoncée ainsi : « trop collet monté pour moi ! »

« – Il faut se mettre en tenue pour l'oncle Hubert ? – Non. Ce que j'en dis... Moi, je te trouve très bien comme ça. Mais l'oncle Hubert est un peu collet monté. »

Jean-Louis Curtis, *Le Roseau pensant*, 1971.

Avoir quelqu'un dans le **collimateur**

> surveiller étroitement quelqu'un, attendre l'occasion de l'attaquer

Connaissez-vous la *collimation*, ce mot savant apparu au XVIIe siècle et qui désignait l'orientation donnée à la visée par un instrument d'optique ? Vous êtes deux fois excusés. D'abord, parce que ce terme est rarissime, ensuite parce que c'est une faute, qui francisait assez mal le latin *collineatio*. Ce dernier, dérivé de *co-lineare*, avait été mal écrit *collimare,* alors qu'il faisait référence à *linea*, la ligne.

Viser en droite ligne, c'est ajouter le tir à la visée. Le mieux pour y parvenir est d'employer un instrument précis et c'est ainsi que, vers le milieu du XIXe siècle, on invente le collimateur. Instrument utile aux astronomes et aux tireurs d'élite, sans doute, et, paraît-il, aux aviateurs, mais peu répandu dans les supermarchés. Faute d'avoir à faire avec les collimateurs et la collimation, nous risquions fort d'oublier l'un avec l'autre et ce mot, qui pour beaucoup n'évoque guère que les colimaçons, risquait de disparaître.

Et pourtant… Il n'est pas de jour où l'on n'entende, dit d'un air menaçant ou moqueur : «celui-là, je l'ai, je vais le prendre, je le garde… dans mon collimateur», autrement dit «je vais le surveiller de près, l'avoir à l'œil». Ou bien, en politique, «ce ministre est dans le collimateur du fisc», allez savoir pourquoi. Grâce à quoi, les collimateurs trop techniques et la collimation oubliée conservent une vie discrète dans le monde imaginaire des métaphores.

> « Donc, nous laissons provisoirement s'agiter tout ce joli monde, en le gardant dans notre collimateur. »
>
> Pierre Nord, *Miss Péril jaune*, 1970.

Convoler en justes noces

se marier

La métaphore de l'amour comme une envolée à deux ne peut que séduire tous ceux qui souhaitent *convoler en justes noces*. Le verbe *convoler*, spécialisé pour désigner le mouvement qui pousse deux amoureux au mariage, n'apparaît plus que dans cette expression.

C'est dans un contexte moins romantique que ce verbe est apparu. Signifiant « accourir ensemble », le latin *convolare* devient en bas latin un terme juridique, dans *convoler en secondes noces* « se remarier », et dans une utilisation qui avait plus à voir avec la fiscalité et les droits de succession qu'avec les sentiments.

Le verbe *convoler*, attesté en français depuis le XVe siècle, conserve le sens latin « aller rapidement vers », « accourir », quel que soit l'objectif. Ernest Renan a même évoqué la tentation des âmes désespérées à *convoler au suicide*.

Étymologiquement, chacun « vole » vers l'autre et vers son destin. *Convoler* signifie aussi « changer d'état » : on peut convoler à l'état de mariage, tout comme à celui de religion. La jolie métaphore de l'envol est à peu près oubliée.

Et si les noces sont *justes* dans cette expression, c'est parce que seul le mariage en bonne et due forme pouvait sanctionner les amours légitimes. La formule, aujourd'hui désuète ou comique, signifie donc au sens propre « donner forme légale à un amour par le mariage ».

De nos jours où le mariage – bien qu'il soit « pour tous » – n'est plus l'unique norme, l'expression est le plus souvent ironique, et toujours figée : pas d'injustes noces, ni de juste pacs !

❰❰ le père présumé n'a jamais voulu reconnaître l'enfant, ni convoler en justes noces avec la jeune mère, sa maîtresse officielle depuis déjà deux mois au moment de la conception ❱❱

Alain Robbe-Grillet, *La Reprise*, 2001.

S'en tamponner le coquillard

s'en moquer

Dire *je m'en tamponne le coquillard* est plus familier que *je m'en moque* et plus expressif que *je m'en fous*. Mais aussi plus mystérieux : quel est donc ce coquillard qui exprime l'indifférence ou le mépris ?

Au Moyen Âge, on nommait *coquillards* les mendiants qui se faisaient passer pour des pèlerins de Saint-Jacques en fixant une *coquille* à leur vêtement. Nous n'avons heureusement pas oublié les coquilles Saint-Jacques. *Les coquillards* fut aussi le nom d'une bande de voleurs, ce qui donna au mot le sens de « malfaiteur ». Mais le coquillard qui nous intéresse n'a rien à voir avec eux. Pas plus qu'avec le *coquillart,* ce calcaire renfermant des coquilles fossiles et dont le nom se termine par un *t*.

Venu de la *coquille* de pieux pèlerins, *coquillard* a été pourtant affublé de sens érotiques et argotiques. Il a désigné le membre viril puis le sexe féminin. Et c'est en tant que synonyme du mot *œil* qu'il figure dans notre expression car ce mot est glosé dans les dictionnaires anciens par « trou du fondement ». On trouve encore ce sens dans *se fourrer le doigt dans l'œil* « se tromper grossièrement » et dans une autre expression synonyme de *s'en moquer* : *s'en battre l'œil*. De même, *mon œil !* est un euphémisme pour *mon cul !*

Littéralement, *s'en tamponner le coquillard* est donc un équivalent de *s'en torcher*. *Tamponner* a ici le sens de « essuyer, nettoyer avec un tampon » mais il est lui-même assez expressif pour qu'on l'emploie parfois sans complément pour dire que l'on s'en moque. On s'en tamponne, de l'étymologie !

« Bien sûr qu'on s'en tamponne le coquillard que ce pigeon de corbac se fasse chourer son calendos par ce faux derche de goupil. »

Daniel Picouly, *Fort-de-l'Eau*, 1997.

À cor et à cri

en insistant bruyamment

Demander quelque chose à *cor et à cri* c'est, on le sait, le revendiquer avec insistance. L'expression, qui doit sa longévité à sa sonorité, était à l'origine à *cry et à cor* et l'inversion des deux termes demeure inexpliquée. Mais quel est donc ce *cor* qui depuis le XVIe siècle s'accompagne de cris pour réclamer ? Bien que la confusion avec *corps* soit fréquente, nul besoin de soumettre un corps à des sévices pour protester. La douleur d'un *cor* au pied peut sans doute faire pousser des cris, mais l'expression n'est pas liée non plus à des problèmes podologiques.

C'est de l'instrument à vent qu'il est question. Dans sa version rudimentaire, le cor était une corne évidée permettant aux montagnards d'appeler leur troupeau et à Roland de prévenir Charlemagne de l'invasion des Sarrasins. Devenu un instrument en métal, contourné en spirale et terminé par une partie évasée, il a engendré plus tard le *cor d'harmonie*. Mais c'est dans l'art de la vénerie (ou chasse à courre) que les cris des chasseurs et de la meute répondent au son du cor, d'ailleurs toujours appelé *trompe de chasse*.

À cor et à cri, c'est donc littéralement « avec le cor et les chiens » : Maurice Genevoix évoque dans *Forêt voisine* « la belle chasse traditionnelle, des chevauchées à cor et à cris ». L'expression s'est étendue au droit et *poursuivre un procès à cor et à cri,* ce fut le mener avec énergie, faisant autant de bruit qu'une meute de chiens et des sonneurs lancés à la poursuite d'une bête. Attirer l'attention, afin que tout le monde entende ce que l'on est en droit de réclamer. À croire que pour avoir gain de cause, il suffit de se faire entendre.

« Je sais que le parti socialiste réclame sa tête à cor et à cri, ainsi que l'élargissement immédiat du prisonnier [*Dreyfus*] de l'île du Diable. »

Proust, *Le Côté de Guermantes,* 1920.

Courir le **cotillon**

chercher la compagnie des femmes

Bien des dons juans vous le diront : nul besoin de recourir aux confettis pour courir le cotillon. La formule contient pourtant un mot qui désigne aujourd'hui les accessoires de fête.

Pour éclairer cette expression, il suffit de la comparer à une autre de sens proche : on dit aussi d'un homme qui cherche à séduire les femmes qu'il est un *coureur de jupons*. Le cotillon, précisément, est un jupon. Dérivé de *cotte* « tunique » qui apparaît dans *cotte de maille*, *cotillon* est un mot de la Renaissance qui désignait traditionnellement une jupe de dessous portée par les femmes du peuple. Ainsi, Perrette, celle du pot au lait, portait dans la fable de La Fontaine « cotillon simple et souliers plats ». Par une figure de style fréquente, et comme pour *jupon*, le nom du vêtement a servi ensuite à désigner la gent féminine.

Comment diable le mot *cotillon* est-il passé de ce sens vestimentaire à celui que nous connaissons aujourd'hui, attaché à des réjouissances collectives ? Peu après 1700, le cotillon est devenu le nom d'une danse qui faisait virevolter les robes. Par la suite, *cotillon* a simplement désigné le moment où l'on danse dans une réunion mondaine, puis le divertissement, les jeux et les accessoires à la fin du bal. C'est enfin à l'ensemble de ces accessoires – serpentins, confettis et autres langues de belle-mère – que renvoie le mot aujourd'hui.

L'expression a vieilli mais l'on aurait tort de la laisser disparaître, ne serait-ce que pour conserver aux opérations de séduction des allures de fête.

Le mot du Petit Robert

cotillon
[kɔtijɔ̃] nom masculin
ÉTYM. 1461 ♦ de *cotte*
1. ANCIENNEMENT Jupon. [...]

Avoir les **coudées** franches

avoir la liberté d'agir

Lorsque l'on se lance dans une entreprise, on aime bien *avoir les coudées franches*, ne pas rencontrer d'entraves ou de contraintes, se sentir toute liberté pour agir. Dans cette expression bien connue, on reconnaît le mot *coude,* mais on ne voit pas le rapport entre le coude et la franchise ou un sentiment de liberté.

La coudée est une unité de mesure « dont usaient les Anciens » nous dit Furetière, et qui correspondait à « la longueur ordinaire du bras de l'homme depuis le coude jusqu'au bout de la main ». Sur le même modèle existaient, et existent encore en Grande-Bretagne, des unités comme le pouce ou le pied. La coudée valait en moyenne un pied et demi, avoisinant cinquante centimètres.

Pris dans un sens plus large, *coudée* désigne l'espace nécessaire pour se mouvoir sans être gêné. *Avoir les coudées franches*, c'est, littéralement, pouvoir bouger les coudes sans rencontrer d'obstacle. Au XVIIe siècle, « On le dit surtout des libertés qu'on prend à table, quand on a les coudes sur la table, et qu'on est assis au large. » Qu'il est agréable de prendre ses aises et de lever le coude sans heurter son voisin de table ! On peut aussi penser au geste spontané qui consiste à remuer les épaules et plier les coudes lorsque l'on essaye un vêtement, pour vérifier son aisance.

Avoir les coudées franches, c'est ne pas avoir à composer avec une restriction ou une limite. Oubliant son origine concrète, l'expression ne s'emploie plus qu'abstraitement. Montaigne l'utilisait déjà dans son éloge de la solitude, dont il écrit : « que cherche-t-elle tant que ses coudées franches ? ». Les plus chanceux se trouveront sans effort dans des situations où ils auront toute latitude. En revanche, la plupart d'entre nous devront *jouer des coudes* pour se frayer une place au soleil.

Le mot du Petit Robert

coudée
[kude] nom féminin
ÉTYM. 1850 ; *couldée* 1530 ; *codee* XIIIe ♦ de *coude*
1. ANCIENNEMENT Mesure de longueur de 50 cm.
[...]

Battre sa coulpe

témoigner son repentir ; s'avouer coupable

On dit souvent de quelqu'un qui reconnaît ses fautes qu'il *bat sa coulpe*. Pourtant, dans les manuels d'anatomie, on ne trouve nulle trace de cette partie du corps que l'on frapperait en signe de repentir.

En réalité, le mot *coulpe* n'a jamais rien désigné de concret. Il vient du latin *culpa*, « faute », qui est à l'origine d'un vocabulaire qui nous est plus familier : *culpabilité*, *inculper*, *disculper* ou encore *coupable* (où le *l* a disparu). Dans le vocabulaire religieux, *culpa* et son équivalent français *coulpe* sont des mots importants qui désignent le péché volontaire, celui qui prive le pécheur de la grâce divine. Au Moyen Âge, la *coulpe charnelle* renvoyait au péché de chair. *Dire sa coulpe* et *faire sa coulpe*, c'était confesser sa faute. Du péché, on est passé à l'aveu du péché.

Dans la prière appelée *Confiteor* (« Je confesse »), le chrétien fait son acte de contrition et se reconnaît pécheur devant Dieu en disant *mea culpa, mea culpa, mea maxima culpa*, « c'est ma faute, c'est ma faute, ma très grande faute ». Quand le prêtre prononçait à haute voix ces paroles au cours de la messe, il alliait le geste à la parole en se frappant la poitrine. La gestuelle met en scène la confession publique : se frapper permet de manifester l'aveu, de reconnaître sa culpabilité. D'où l'emploi de *battre*.

On peut désormais *battre sa coulpe* sans se donner des coups. L'expression est abstraite et veut simplement dire « avouer et regretter sa faute ». Chose rare, l'équivalent latin s'est maintenu dans l'usage moderne, puisque l'on dit encore fréquemment *faire son mea-culpa* en dehors de tout contexte religieux. Et sans forcément joindre le geste à la parole.

« Des milliers et des milliers d'amoureuses battaient leur coulpe, se ruaient à la pureté et aux bonnes œuvres [...] se mettant finalement à carreau et à coi dans une vie de chasteté, de travail, d'abnégation. »

Marcel Aymé, *Le Passe-muraille*, 1943.

Être sous la **coupe** de quelqu'un

être dans la dépendance de quelqu'un

Être *sous la coupe* de quelqu'un n'est pas agréable : on se sent écrasé sous le poids d'une autorité parfois abusive, au point de se dire que *la coupe est pleine*. Si l'on comprend la métaphore du récipient plein pour évoquer le ras-le-bol, le lien entre le mot *coupe* et l'idée de soumission à une autorité est beaucoup moins évident. C'est que ces deux *coupe* n'ont aucun rapport.

Il ne s'agit pas d'être mis sous cloche par un supérieur hiérarchique : *coupe* désigne ici l'action de couper. Mais aucun risque de coupure ou d'amputation. Pas de rapport avec les coups ni les coupures. La coupe, c'est la division d'un jeu de cartes en deux paquets : à la fin du XVIIe siècle, *être sous la coupe* c'était « être le premier à jouer, après le joueur qui a coupé ». Et venir après pouvait être mal ressenti. Furetière, dans son *Dictionnaire universel,* nous explique que « Les joueurs ont cette sotte croyance, qu'il y a des gens qui ont une *coupe* malheureuse, qui ne veulent point être sous leur *coupe* ».

L'emploi figuré a suivi, et l'origine de l'expression s'est perdue. La confusion avec le récipient, soutenue par des explications fictives, s'est alors imposée. À tel point qu'au XIXe siècle on a parlé d'*être sous la coupelle de quelqu'un* ! Et Marcel Proust, qui se moquait volontiers des travers langagiers de ses contemporains, fait dire à l'un de ses personnages dans *Sodome et Gomorrhe* : « Je trouve du reste qu'ils ont raison […]. Il nous met trop sous la coupole de l'Allemagne ». Il est vrai que certains écrivains cherchent à être sous la coupole académique !

« Il est tout entier sous ta coupe. À dix-huit ans, il t'obéit comme un garçonnet. »

Antoine Blondin, *Quat'saisons*, 1975.

Coupe sombre

suppression importante

Cette expression se rencontre fréquemment dans le discours économique ou journalistique, pour produire un effet, car il s'agit de couper, de tailler dans le vif. En effet, qui ne frémirait, en contexte de crise, quand une entreprise annonce des coupes sombres parmi ses effectifs ? Qui ne tremble en entendant que des coupes sombres sont à prévoir dans le budget ? Quel auteur, enfin, n'appréhende que son éditeur ne lui impose des coupes sombres dans son manuscrit ? Et pourtant, on fait erreur sur le sens qui n'est pas aussi noir qu'il y paraît.

Comme *mettre en coupe réglée,* qui signifie « exploiter systématiquement (une personne, une collectivité) » – la coupe réglée étant l'abattage régulier d'une portion de bois – l'expression *coupe sombre* appartient au langage technique de la sylviculture. C'est l'abattage, au sein d'un massif forestier, de quelques arbres, afin de favoriser le semis naturel de nouveaux plants. Aussi la coupe est-elle dite *sombre* parce qu'elle est légère et conserve l'ombre du sous-bois. Un jardinier parlerait d'*éclaircissage,* admirez la logique. La coupe *claire,* au contraire, est plus sévère puisqu'elle consiste à abattre un assez grand nombre d'arbres pour que la lumière pénètre le massif et favorise le développement des jeunes pousses. Une coupe *claire* est en toute logique davantage à redouter qu'une coupe *sombre*.

Mais il se trouve que la nuance de l'adjectif *sombre*, avec ses connotations funestes, a favorisé le contresens. *Coupe sombre* a été sentie comme l'expression juste pour désigner une suppression drastique, aux conséquences désastreuses. La métaphore forestière n'est plus comprise mais la menace du couperet inspire toujours la crainte.

Le mot du Petit Robert

2. coupe
[kup] nom féminin
ÉTYM. 1283 ♦ de *couper* [...]
I. 2. SYLV. Action d'abattre des arbres, dans une forêt. [...]
– *Coupe sombre* ou *coupe d'ensemencement* : opération qui consiste à n'enlever qu'une partie des arbres pour permettre l'ensemencement de nouveaux arbres. [...]

Pendre la **crémaillère**

fêter son installation dans un nouveau logement

Quand on vient de s'installer dans un nouveau logement, on invite ses amis à *pendre la crémaillère*. C'est un moment convivial et une occasion de faire découvrir son nouveau chez-soi aux invités. L'expression est attestée dans le *Dictionnaire de l'Académie* (1694), signifiant « qu'on ira se réjouir, et faire bonne chère » chez celui qui change de logis. On a oublié qu'il s'agit d'un acte symbolique d'appropriation, initialement lié au feu, symbole du foyer.

Support garni de crans, la crémaillère permet d'ajuster la hauteur d'un objet en fonction de l'usage souhaité. On l'utilise aujourd'hui pour varier la hauteur des rayonnages d'une bibliothèque. Le mot remonte au grec tardif *kremastêr* qui signifiait « qui suspend » et désignait certains muscles (le *crémaster* est le muscle suspenseur du scrotum) et une perche où l'on accrochait des grappes.

À l'époque où l'on faisait mijoter soupes et ragoûts dans l'âtre, la crémaillère était cette tige de fer crantée, ou cette chaîne, accrochée au mur et comportant un bout recourbé auquel on suspendait la marmite. Les crans permettaient d'ajuster la hauteur du récipient et donc la puissance de la flamme. *Pendre la crémaillère,* l'accrocher dans la cheminée de manière à pouvoir cuisiner dans sa maison, était le signe qu'on y habitait et marquait l'appropriation du lieu comme espace de vie. La dimension symbolique de l'opération a conduit à l'accompagner d'un moment festif. Cette tradition perdure, même si marmites et crémaillères font aujourd'hui le bonheur des brocanteurs.

Cette symbolique du feu se retrouve dans l'équivalent anglais *housewarming party,* littéralement « fête de chauffage de maison » : au cours de cette *party,* chaque invité apportait traditionnellement un peu de bois pour allumer le premier feu. Le *réchauffement de la maison* comme la *pendaison de crémaillère* ont conservé de leurs origines la chaleur qui caractérise les fêtes réussies.

> « Georges Zarnitzine pendait la crémaillère, dans son nouvel appartement de quatre pièces... [...] tant d'invités que les quatre pièces les contiennent à peine »
>
> Zoé Oldenbourg, *La Joie-Souffrance*, 1980.

Avoir des atomes **crochus** avec quelqu'un

> avoir des affinités avec quelqu'un qui font naître la sympathie, l'attirance

Bien que le mot *atome* se porte à merveille ainsi que la physique atomique et subatomique, on est surpris par le fait que notre langue familière connaisse une expression saugrenue qui prétend que certains atomes sont crochus.

L'atome, si l'on en croit son nom grec *atomos* « indivisible », est ce qui ne se laisse pas découper. Le premier philosophe adepte du matérialisme fut Démocrite, relayé par un penseur qui était un grand poète, Lucrèce. Toute matière étant faite d'atomes minuscules, invisibles et insécables, il fallait bien que des familles se reconnaissent et s'accrochent les unes aux autres pour former les corps matériels. Démocrite supposa donc que ces ultimes grains de matière étaient crochus.

On s'aperçut beaucoup plus tard, grâce aux découvertes des chimistes et des physiciens, que les atomes étaient en fait très complexes et on les découpa en particules. Mais on conserva en de nombreuses langues ce nom grec, attribuant sa traduction latine *in-sectum* (de *secare*

« couper ») à des animaux aussi étranges que familiers, les deux mots *atome* et *insecte* se mettant à mentir en annonçant leur insécabilité.

Cependant, les amateurs de philosophie n'oublièrent pas Démocrite et Lucrèce. La doctrine des atomes qui s'accrochaient entre eux fut retenue à propos des êtres humains, non plus pour expliquer que les parties de leurs corps formaient un tout, mais pour expliquer que des analogies pouvaient être à l'origine d'attirances réciproques. Nul atome dans la nature ne pouvant être imaginé comme crochu, la formule devint indispensable en matière sentimentale.

Voici pourquoi, lorsqu'on se sent attiré par quelqu'un, on peut dire, sans connaître la philosophie matérialiste des Anciens, qu'on a avec lui ou elle des atomes crochus. On peut même avoir ou pas des atomes crochus avec des idées, des activités ou des attitudes politiques. Ceux qui n'en ont aucun avec les maths se disent allergiques, ce qui est encore une façon de dire que nos tendances sont inscrites dans notre corps.

> « Entre elle et moi il n'y a pas de ces atomes crochus qui font les relations suivies. Je crains que mes atomes à moi perdent tout leur pouvoir accrochant. »
>
> Prosper Mérimée, Lettre à Mme de La Rochejaquelein, 1870.

à croquer

très joli

Il est des êtres d'une beauté si *exquise* qu'on est pris d'une irrépressible envie de s'en saisir sur-le-champ. Après l'avoir *dévorée* des yeux, avoir *bu* ses paroles, l'amoureux, pris d'un désir *insatiable*, tentera de *croquer* la belle à *pleines dents*. L'amour est dévorateur.

Ce sens cannibale de *croquer* est peut-être à l'origine de l'expression, et c'est souvent ainsi qu'on la comprend. Balzac évoquait cependant une hypothèse plus artistique dans *Un début dans la vie* :

« On appelle, en termes d'atelier, croquer une tête, en prendre une esquisse, dit Mistigris d'un air insinuant, et nous ne demandons à croquer que les belles têtes. De là le mot : *Elle est jolie à croquer.* »

Par l'intermédiaire du sens de « connaître superficiellement », aujourd'hui disparu, *croquer* a en effet reçu le sens de « dessiner sur le vif ». D'où le mot *croquis* pour désigner une esquisse rapide. Dire d'un enfant qu'il est *mignon à croquer* signifierait qu'il faut se hâter d'en dessiner les traits en quelques coups de crayon ou de pinceau pour en conserver le charme fugace.

Car s'il faut faire vite, c'est que la beauté est éphémère et qu'elle peut s'évanouir comme un bonbon *croqué* quand ceux qu'elle fait craquer – ne la *croquent* pas à temps. Les verbes *craquer* et *croquer* sont tous deux nés d'une onomatopée qui évoque un bruit sec. Une femme *craquante*, un beau gosse *craquant* (puisque existent les *croque-monsieur*) sont à croquer au plus vite. Mais gare aux *croqueuses* de diamants, prêtes à dévorer votre fortune !

> « Mais convenez que son père a bien raison de ne pas vouloir qu'elle porte cet habit d'amazone ; elle est à croquer comme la voilà ! »
>
> Jean-Baptiste Louvet de Couvray,
> *Amours du Chevalier de Faublas*, 1797.

Tailler des **croupières** à quelqu'un

susciter des difficultés à quelqu'un, faire obstacle à ses projets

Les habitués des maisons de jeu ont déjà rencontré des croupiers et des croupières, ces professionnels des casinos chargés de tenir le jeu, de payer et surtout de ramasser l'argent pour le compte de l'établissement. Mais l'expression n'a pas de rapport avec les jeux d'argent ; plutôt avec l'équitation. La croupière qu'il est question de tailler est en effet une pièce du harnachement.

Dérivé de *croupe,* qui désigne la partie postérieure des équidés, *croupière* est le nom d'une longe de cuir que l'on passe sous la queue du cheval (partie joliment nommée *culeron*) et qui, fixée à la selle (ou au bât), l'empêche de remonter sur le garrot de l'animal. Concrètement, tailler une croupière, c'est couper cette longe de manière à déstabiliser le cavalier. Dans le combat, cela supposait être assez près de l'adversaire pour sectionner la croupière de sa monture d'un coup d'épée. Les guerres ayant changé, l'occasion de cette taillade se perdant, on ne taille plus de croupières qu'au figuré.

Et quant au rapport entre le croupier du casino et le postérieur d'un cheval, il est bien réel. On appelait autrefois *cavalier croupier* celui qui montait en croupe derrière quelqu'un. Avec cette idée de « personne assise derrière », *croupier* a pris le sens de « personne qui, à certains jeux, est associée à un autre joueur et se tient derrière lui ». Veillant au bon déroulement du jeu, le croupier, qui peut être une croupière, doit s'assurer qu'aucun joueur ne taille des croupières à ses adversaires !

Le mot du Petit Robert

croupière
[kʀupjɛʀ] nom féminin
ÉTYM. 1155 *crupiere* ◆ de *croupe*
1. Longe de cuir que l'on passe sous la queue d'un cheval, d'un mulet, et qui, fixée au bât, empêche celui-ci de remonter sur le garrot. [...]

Au (grand) dam de quelqu'un

au détriment de quelqu'un

Gardons-nous d'écrire le mot avec un e final : ce *dam* – que les puristes font rimer avec *dans* et *dent*, alors que les autres le prononcent comme *dame* – n'en prend pas. C'est un très vieux mot puisqu'il apparaît dans les *Serments de Strasbourg*, texte fondateur de la langue française, signé en 842 par les héritiers de Charlemagne.

À cette époque, *dam* a le sens de « préjudice (matériel ou moral) », comme le mot latin *damnum* dont il est issu. L'ancien français avait *estre a dam* « être dans le malheur » et la *peine du dam* correspondait à la *damnation*, le châtiment éternel qui prive les réprouvés de la vue de Dieu : ceux-là sont *condamnés*. Dans l'usage courant, le mot *dam* s'efface dès la Renaissance et ne se maintient guère que dans l'expression *au (grand) dam de*, car il a été évincé par un mot de la même famille, *dommage*, dont la forme primitive, *damage*, est passée en anglais au XIVe siècle. *Dommage* a le sens de « tort », de « préjudice porté à quelqu'un ou à quelque chose », comme dans *dommages et intérêts*.

D

Pourtant, si vous vous faites *damer le pion,* « surpasser », ce qui a de fâcheuses conséquences, ce préjudice est tout différent. Il n'est pas question de damnation mais, plus légèrement, du jeu d'échecs et du jeu de dames.

Lorsqu'un simple pion atteint la rangée de départ de l'adversaire, sa valeur change. Aux dames, le pion, modeste piéton, se transforme en une pièce plus puissante appelée *dame.* Aux échecs, on peut lui donner les caractéristiques d'une autre pièce, notamment la reine, qui offre les possibilités de déplacement les plus nombreuses. On dit alors que ce pion est *damé.* Si la partie n'est pas gagnée, elle est du moins bien engagée, car le joueur qui détient cette nouvelle pièce prend un net avantage et l'adversaire auquel on dame le pion pourrait bien être condamné à perdre.

« J'entends bien qu'il y aura toujours des gens pour jouir de certains privilèges et pour en jouir au grand dam et à la colère des non-nantis. »

Georges Duhamel, *Manuel du protestataire,* 1952.

Au débotté

à l'improviste

Vous rentrez d'une longue journée de travail. Vous posez vos clés tout en ôtant votre manteau. La porte n'est pas même fermée que le postier se présente, une pile de calendriers à la main, vous prenant *au débotté*. Il vous aborde à l'improviste, sans vous laisser le moindre temps de vous préparer. Apparue au début du XIXe siècle, cette expression moderne est formée à partir d'un joli mot qui a perdu ses entrées dans la langue actuelle, *débotté* (écrit aussi *débotter,* à l'occasion).

Le débotté renvoie à un petit cérémonial qui rythmait la vie quotidienne des monarques et des princes. Lorsque le roi rentrait de la chasse ou de promenade, des valets tiraient ses bottes, devant les mêmes courtisans qui étaient autorisés à assister à son lever. Saint-Simon, dans ses *Mémoires,* évoque cette réunion de privilégiés : « On était à Marly, et le roi avait couru le cerf. M. de Chevreuse, que je trouvai au débotté du roi, me proposa d'aller avec lui chez M. de la Rochefoucauld ».

Le débotté c'est donc le moment où l'on ôte ses bottes, celui où l'on rentre chez soi. Bien que la formation du mot réserve peu de surprise, on peut noter que ce *débotté* ne renvoie pas tant au fait d'ôter ses bottes qu'au moment et aux circonstances de cette action. En effet, le moment où l'on rentre, où l'on se déchausse, est l'instant où l'on se prépare à se reposer dans une forme d'intimité : tout évènement qui surgit nous saisit et nous surprend.

Cueillir quelqu'un au débotté, c'est le surprendre à un moment où il ne s'y attend pas. Sans préparation, il lui faut réagir *au pied levé*.

« il avait pris cette habitude d'arriver régulièrement avec des retards ou des avances de plusieurs jours, de façon à pincer son monde au débotté »

Courteline, *Les Gaietés de l'escadron*, 1886.

Défrayer la chronique

faire parler de soi, souvent en mal ; faire grand bruit

Commettre un acte ou tenir des propos au fort retentissement, défrayer la chronique, c'est faire grand bruit, que ce soit dans la presse, sur Internet ou dans les conversations. De quoi faire fonctionner le bouche à oreille et enfler la rumeur. Cette chronique aurait-elle engagé tant de frais que seules d'importantes retombées médiatiques pourraient les rembourser ? Telle n'est pas l'explication. Si certains chroniqueurs sont payés en *notes de frais,* ce n'est pas non plus à ce *défraiement* qu'on doit l'expression.

Mondaine, villageoise ou historique, la chronique est un ensemble de nouvelles vraies ou fausses, souvent défavorables, qui circulent sous forme de cancans et potins. *Défrayer* vient de l'ancien français *frayer* « faire les frais, dépenser ». Or, au figuré, faire les frais de quelque chose, c'est bien en être la principale victime. *Défrayer la compagnie de bons mots,* qui ne se dit plus, c'était la distraire, la faire rire, même à ses dépens. Dans son *Dictionnaire,* Furetière donne l'exemple : « Ce mauvais poète a défrayé la compagnie pendant tout le repas ».

Plus largement, *défrayer* s'est dit pour « être le principal sujet de ». Qui fait l'objet de toutes les critiques ou, au contraire, est le héros du jour défraye la conversation.

Aujourd'hui, ce sont de courts messages qui colportent la rumeur et alimentent les réseaux sociaux, version moderne de la chronique. La personne qui, autrefois, défrayait la chronique, fait aujourd'hui le buzz sur Internet. Hier comme aujourd'hui, elle fait grand bruit, mais on ne dit pas qu'elle défraie les médias. *Défrayer* ne résiste que grâce à la bonne vieille *chronique* : c'est la loi des expressions.

« Ensuite mon oncle évoqua pour moi deux célèbres affaires de zombisme. Dans le passé elles avaient défrayé la chronique judiciaire du pays. »

René Depestre, *Hadriana dans tous mes rêves*, 1988.

Il y a péril en la demeure

il peut être dangereux d'attendre, il faut agir vite

Avoir un logis où demeurer, c'est en principe être à l'abri d'un danger. Pourtant, on dit depuis le XVIIe siècle qu'il y a *péril en la demeure*. Comment, les « belles demeures de France » seraient en danger ? Pardon, « en péril », car ce mot est plus noble, moins banal.

Les demeures en péril, qui mériteraient entretien ou restauration, n'ont cependant rien à voir avec cette mise en garde. La cause de cette étrangeté réside dans le mot *demeure* lui-même, qui a tout pour tromper son monde. Lorsqu'on est *mis en demeure* de régler une dette, on n'est nullement logé dans une grande et belle maison. *Mettre en demeure*, c'est être placé juridiquement dans la situation du retardataire, car *demeurer*, en son sens premier et latin (*demorari*), c'est rester sans rien faire. *Demeure* étant à *demeurer* ce que *chasse* est à *chasser*, *bouffe* à *bouffer*, un substantif exprimant l'action du verbe.

Or, nous savons bien que *demeurer* est « rester longtemps en un lieu ». La *demeure* peut être repos, durée, perpétuation mais aussi refus de bouger, de changer. À certains moments, des menaces interviennent : rester immobile et inactif peut présenter un réel danger. C'est ce que dit cet étrange péril en une demeure qui n'est pas une imposante architecture, ni un logis douillet, mais une inaction devant le danger. Qui demeure sans réagir quand l'orage menace, risque au mieux la grosse pluie, au pire la foudre. Sauve qui peut, péril en la demeure !

Ne rêvons pas. On continuera à employer cette expression sans en comprendre le sens, et en lui donnant un sens différent – et imparfait. *En la demeure* nous semble être une façon de s'exprimer assez chic, accordée au terme *péril,* pour *ça craint un max, bougez-vous.* Pour être rationnel, « sortez de chez vous ! »

> « L'auscultation met les nerfs à l'épreuve. Pendant tout le temps qu'elle dure, on scrute du regard la physionomie du médecin. Quand on le connaît, on apprend à interpréter ses airs soucieux qui ne signifient pas forcément qu'il y ait péril en la demeure. »
>
> Jacques Laurent, *Les Bêtises*, 1971.

Être au trente-sixième **dessous**

être dans une très mauvaise situation ; être très déprimé

Qui se sent *au trente-sixième dessous* se trouve en mauvaise posture. Le moral est au plus bas. Mais de quoi parle-t-on ? Avec cette expression, l'on n'est pas *au-dessous* de quelque chose mais à tel niveau des *dessous*. S'agit-il de lieues sous les mers ? De pieds sous terre ? De profondeurs de l'enfer ?

Il existe un monde où parcourir le troisième, quatrième ou sixième dessous n'a rien d'accablant : c'est celui du théâtre. Car ces dessous sont les étages situés sous la scène, où s'activent les machinistes et se manipulent les décors. Dans son ouvrage consacré à la vie parisienne, Maxime Du Camp les décrit :

« Sous la scène où s'agitent les acteurs, voici les trois dessous superposés, séparés les uns des autres par une forêt d'étançons qui supportent les planchers. Dans les féeries, dans les grands ballets, les dessous ont une extrême importance : c'est de là que s'élèvent subitement les bosquets improvisés sous la baguette du bon génie, que sortent tout à coup les tables chargées de mets ; c'est là que s'enfonce le diable lorsqu'il retourne aux enfers, et que disparaissent les navires brisés par la tempête. »

Quand une pièce était sifflée et les acteurs hués, on pouvait dire qu'ils étaient *tombés dans le troisième dessous*, refuge ultime. Ces dessous en sont venus à symboliser l'échec cuisant. Ainsi, *descendre au dernier dessous*, c'est s'abîmer en un gouffre qui s'ouvre sous les pieds des artistes pour y faire plonger des univers éphémères, c'est tomber plus bas que terre, toucher le fond.

Trente-six étant devenu un extrême – comme dans *voir trente-six chandelles* –, *être au trente-sixième dessous* fait sortir l'expression du théâtre pour en faire la métaphore de la dégringolade. Qu'on se rassure : le trente-sixième dessous théâtral n'existe nulle part. À l'Opéra-Bastille, à Paris, on peut sombrer à vingt-cinq mètres sous la scène et au sixième dessous, mais pas plus.

« Hier matin la boulangère était en miettes et le voisin du dessus au trente-sixième dessous. Vous vous rendez compte, dit-il, voilà que je suis endetté de 30 000 euros. »

L'Humanité, 2014.

Un joyeux drille

un joyeux compagnon, un homme jovial

Lorsque l'ambiance est à la fête ou qu'on évoque de bons et gais camarades, on peut célébrer les *joyeux drilles*. Mais quand on ignore le sens du mot *drille*, un constat nous intrigue : pourquoi cette expression ne concerne-t-elle que les hommes ? Tout simplement parce que le terme *drille* renvoie à une profession masculine.

À la fin du XVIIe siècle, le premier *Dictionnaire de l'Académie* nous apprend qu'un *drille* est un fantassin, un soldat à pied et qu'il s'agit d'un « terme de raillerie », disant le mépris pour la piétaille. *Drille* désignait en ancien français un chiffon, une guenille. Le mot venait d'un verbe allemand signifiant « déchirer ». Une autre hypothèse propose comme origine le verbe *driller*, « courir çà et là », d'origine néerlandaise celui-là. Les drilles seraient soit des soldats allemands vêtus de guenilles, soit des mercenaires hollandais errants… Ces vagabonds débandés pillaient et volaient sans vergogne et on les imagine ripaillant de leur butin. C'est à cette figure haute en couleur que sont comparés les *joyeux drilles*.

Les soldats sont-ils toujours joyeux et contents ? Certes non, et du XVIIIe siècle jusqu'à la Seconde Guerre mondiale, on parlait aussi de *pauvre drille,* équivalent militaire du *pauvre diable.* De nos jours, un drille est forcément joyeux. L'image du soudard ivre et débauché a pris le dessus sur d'autres réalités moins réjouissantes de la vie de combattant. L'expression *un vieux drille* était également utilisée pour désigner un libertin âgé. Image croquée par ces vers du *Faust* de Goethe, traduit par Nerval : « Au signal du plaisir, Dans la chambre du drille Tu peux bien entrer fille, Mais non fille en sortir. »

Joyeux drille ou boute*-en-train, on peut toujours compter sur eux pour mettre l'ambiance à la fête. *Faire le zouave,* pour évoquer des militaires plus récents.

Le mot du Petit Robert

1. drille
[dʀij] nom masculin
ÉTYM. 1628 mot d'argot ◆ mot d'origine controversée
1. VIEUX Soldat vagabond, soudard. [...]

Payer son écot

payer sa quote-part pour un repas à frais communs

À l'issue d'un dîner entre amis, au moment de réclamer celle que l'on nomme familièrement *la douloureuse*, chacun des commensaux sort son porte-monnaie pour *payer son écot* afin de participer aux frais. À moins d'être réglée entièrement par l'un des convives, l'addition peut donner lieu à de complexes divisions pour déterminer cet écot, la somme exacte qu'il revient à chacun de payer.

Le mot francique *skot*, à l'origine de *écot*, signifie « impôt, contribution ». Littéralement, *payer son écot*, c'est s'acquitter de son dû, de sa quote-part. Si les poches d'un convive sont vides, on disait dans un langage argotique qu'il était *à l'écot de quelqu'un*, qu'il dînait aux frais d'un autre. Inversement, lorsque le montant qui échoit excède ce que l'on a réellement consommé, on parlait de *subrécot* (du provençal *sobre*, « sur ») : ce que l'on payait en plus de sa part.

L'expression ne se cantonne pas au domaine des dîners partagés. Au figuré, elle a signifié « prendre sa part dans un divertissement en commun » ou, dans des contextes moins festifs, « supporter la peine, les inconvénients », « prendre sa part de travail ». De manière abstraite, *écot* se disait de ce qui revient à quelqu'un. *Avoir un mauvais escot* se disait pour « être maltraité ».

Encore aujourd'hui, *apporter son écot* s'emploie au sujet d'une contribution à une œuvre collective, l'écot étant la participation de chacun. Dans une situation pénible, *chacun son écot* fut utilisée pour dire que chaque membre d'un groupe doit assumer sa part d'ennuis. Autrement dit, chacun sa croix ou, vulgairement, chacun sa merde !

« Stephen dînait avec eux en payant son écot pour ne pas être à charge à ces bonnes gens »

Alphonse Karr, *Sous les tilleuls*, 1832.

Sous l'**égide** de

sous la protection de

Des manifestations prestigieuses se déroulent *sous l'égide* de grandes organisations ou institutions. Mais savent-elles qu'elles se placent sous la protection d'une peau de bique ? Il est vrai que le dieu suprême de l'Olympe en faisait autant.

C'est en effet dans la mythologie qu'il faut chercher l'origine de l'expression. Du mot grec signifiant « chèvre » est dérivé *aigis, aigidos* « peau de chèvre », désignant aussi le bouclier de Zeus recouvert de cette peau. Rhéa, la mère de Zeus, ayant dû soustraire son dernier-né à l'appétit féroce de son époux Cronos, le confia à une nourrice animale : ce fut la chèvre Amalthée qui, a sa disparition, fournit sa dépouille. Zeus, surnommé le « porte-égide », armé de ce bouclier et de la foudre, triompha des Titans. Il confia son arme défensive à sa fille préférée, Athéna, déesse de la guerre et de la sagesse, qui l'orna de la tête de Méduse, l'une des Gorgones, au regard pétrifiant, lui conférant un aspect effrayant et accroissant encore son pouvoir protecteur. Avec le casque et la lance, c'est un attribut caractéristique des représentations antiques de la divinité.

Ce bouclier merveilleux, l'égide, symbolise la puissance souveraine du dieu et l'invulnérabilité qu'elle procure. Son nom est devenu un synonyme littéraire de *protection*. « Ma fierté est une trompeuse égide, je suis sans défense contre la douleur » écrit Balzac dans un roman trop oublié, *Béatrix*. Aujourd'hui, l'allusion mythologique n'est plus sentie et, en cas de conflit, on sollicite l'armement des Casques bleus de l'ONU plutôt que celui d'Athéna.

> « Dacosta était à sa casse, il composait un carton de publicité et boudait un peu, parce qu'il s'agissait d'une manifestation, au profit des prisonniers, sous l'égide du Maréchal. »
>
> Vercors, *Le Silence de la mer et autres récits*, « L'imprimerie de Verdun », 1951.

Bouché à l'émeri

particulièrement borné et fermé

Pour dire qu'une personne manque d'ouverture d'esprit ou fait preuve d'une intelligence assez limitée, on emploie l'adjectif *borné* et la métaphore est parlante : contenu dans des limites trop étroites, l'esprit dépourvu d'horizon est privé de compréhension. Depuis la fin du XIXe siècle, une autre expression permet d'exprimer la même idée de limitation : *être bouché à l'émeri,* autrement dit être incapable de comprendre, voire être complètement idiot.

Dès le siècle de Louis XIV, *bouché* servait à désigner un esprit étroit. Au bouchage, est venu s'ajouter un procédé technique. L'émeri est une variété impure de corindon, composée d'alumine cristallisée. Dans sa version noble et colorée, le corindon, minéral dense et très dur, compose une famille de pierres précieuses utilisées en joaillerie sous le nom de *rubis* ou *saphir*. Sous une forme plus commune, ce matériau sert depuis l'Antiquité comme abrasif pour polir les pierres, le verre, le cristal et les métaux. Réduit en poudre, il se présente souvent sous forme de papier ou de toile et sert notamment à polir le goulot et le bouchon des flacons en verre, de manière à ce qu'ils s'emboîtent parfaitement. Hermétiquement clos, le flacon bouché à l'émeri ne laisse rien sortir ni entrer.

Empruntée à l'univers technique, l'expression a su endosser un sens figuré reposant sur une image familière. Toutefois, quand ce procédé technique disparut, la langue oublia l'émeri mais conserva l'expression : la poudre s'est volatilisée, mais l'individu aux vues courtes et à l'esprit étriqué n'en demeure pas moins bouché !

> « Je suis peut-être bouché à l'émeri, mais je ne puis comprendre qu'un monsieur puisse employer trente pages à décrire comment il se tourne et se retourne dans son lit avant de trouver le sommeil ! »
>
> Lettre des Éditions Ollendorf à Marcel Proust, 1913, dans Proust et Gide, *Autour de* La Recherche.

Être frais **émoulu** (d'une école)

être récemment sorti (d'une école)

En ces temps de méfiance à l'égard des élites dirigeantes, une expression dont on ne sait plus si elle est élogieuse ou péjorative s'entend souvent : *être frais émoulu*. Elle s'emploie à propos d'une personne récemment diplômée d'une école, souvent réputée : *il est frais émoulu de l'ENA, elle est frais* (ou *fraîche*) *émoulue de Polytechnique...*

Cet *émoulu* gêne notre œil orthographique, et nous sommes tentés d'écrire *frais et moulu,* ce qui serait pertinent pour un diplôme en *meunerie*. On pense au *moulin,* à la *meule* et à la farine – peut-être celle dans laquelle les élèves pensent être roulés. Cette version fantaisiste n'a rien d'absurde, car les deux adjectifs ont la même racine. Le verbe latin *molere* « moudre » a servi à former un autre verbe, *emolere* « moudre entièrement », qui a donné *émoudre,* « aiguiser » en français perdu, dont le participe passé *émoulu* a été sauvé (avec le *rémouleur*).

Un sabre émoulu est redoutable car sa lame vient d'être aiguisée sur une meule. L'emploi figuré est ancien :

Rabelais employait déjà *fraîchement émoulu* et on parla plus tard d'un *gentilhomme frais émoulu,* c'est-à-dire récemment anobli. L'adjectif *émoulu* a laissé place à *aiguisé* et *affûté,* et il perdure dans la langue courante uniquement grâce à l'expression imagée.

Les étudiants fraîchement émoulus des grandes écoles ou de l'université n'ont donc pas été formés pour devenir de bonnes pâtes, mais pour avoir l'esprit affûté, ce qui leur permet de trancher quand il faut prendre une décision et faire les coupes qui s'imposent.

Le mot de Stéphane De Groodt

Rien de tel dans la cuisine que de préparer un plat à base de poivre frais et moulu.

Être gêné aux entournures

**être mal à l'aise, se sentir gauche ;
être incommodé dans son activité**

Gênés aux entournures, nous voilà mal à l'aise, gauches, embarrassés. Que sont donc ces *entournures* qui incommodent au point d'engendrer une gêne ?

Aucun manuel d'anatomie n'indique une partie du corps ainsi nommée, pas plus qu'il n'existe de posture portant ce nom. La gêne occasionnée aux entournures est plutôt due aux vêtements que l'on porte. C'est donc chez un tailleur ou une couturière qu'il faut chercher la clé de cette expression familière. Eux savent que l'entournure est l'échancrure du vêtement dans la partie qui touche à l'épaule. *Entournure*, « ce qui entoure », est dérivé de l'ancien verbe *entourner* « mettre autour ». C'est la partie qui fait le tour du bras, l'espace où la manche est ajustée ou qui est laissée libre pour permettre le passage du bras. C'est la même chose qu'*emmanchure*.

L'entournure est l'endroit exact où, quand les hommes portaient un gilet, il était possible de glisser ses pouces pour montrer combien on était à l'aise. Trop étroites, les entournures risquent d'entraver les mouvements, de réduire la liberté d'action. Trop grandes, elles flottent ou permettent aux avocats, dont les robes ont de grandes entournures, de faire des effets de manches spectaculaires. Partie délicate du costume, qu'un tailleur malhabile peut ruiner ainsi que le remarque Furetière : « Cet habit serait bien, sans l'*entournure* des manches qui va mal ».

Au XIXe siècle, *être à l'aise aux entournures* signifiait l'aisance matérielle. À l'inverse, celui qui est *gêné aux entournures* est un peu juste financièrement. Que la métaphore porte sur la difficulté à mouvoir ses bras ou à finir le mois, la situation est tout aussi embarrassante.

LE MOT DU PETIT ROBERT

entournure
[ɑ̃tuʀnyʀ] nom féminin
ÉTYM. 1538 ♦ de l'ancien français *entourner*, de *en-* et *torn* → 2. tour
■ COUT. Partie du vêtement qui fait le tour du bras, là où s'ajuste la manche. [...]

À l'envi

à qui mieux mieux ; en rivalisant, en cherchant à l'emporter sur l'autre

On pourrait croire que cet *envi* est une faute d'orthographe. On interprète souvent à *l'envi* comme synonyme de « autant qu'on a en envie ». Et beaucoup écrivent à *l'envi* avec un e final fautif. Car si ces deux mots sont homonymes, ils n'ont aucun lien de parenté.

Le nom *envie,* de sens proche de *désir,* vient du latin *invidia.* C'est un mot de la famille du verbe *voir* (qui envie veut aller y voir). *Envi,* en revanche, appartient à la famille de *vouloir.* Il est dérivé d'un autre *envier,* verbe d'ancien français « convier, inviter à ». Cet *envier* était issu du latin *invitare.* On s'en débarrassa en reprenant la forme latine, pour en faire *inviter.*

Avec cette idée d'invitation, *envier* a signifié « inciter », « pousser », « provoquer (au jeu) » : on invite quelqu'un à relever un défi. Au XVIIe siècle encore, c'est un terme de jeu : « enchérir sur quelqu'un, mettre sur une carte une plus grosse somme qu'on n'y avait mise d'abord » écrit le *Dictionnaire* de Furetière.

Au Moyen Âge, l'*envi* sans *e* est donc un défi, une provocation au jeu, et *jouer à l'envi de* voulait dire « jouer sur le défi de l'adversaire ». C'est pourquoi *à l'envi* a d'abord signifié « en enchérissant » avant de prendre le sens de « sans retenue » puis de « à qui mieux mieux ».

Aujourd'hui, *envi* ne s'emploie plus que dans cette expression trompeuse, car son homonymie avec *envie* en fait l'un de ces nombreux pièges du français que les auteurs de dictées exploitent à l'envi.

« les femmes, coiffées de plumes et les cheveux lustrés comme des ailes d'oiseau, imitant toutes, à l'envi, l'impératrice Eugénie dans leur allure et leur toilette »

Anatole France, *La Vie en fleur*, 1923.

Prendre la poudre d'escampette

s'enfuir, déguerpir

Il existe donc une jolie manière de dire que l'on prend la fuite : *prendre la poudre d'escampette*. On a dit aussi *prendre l'escampette*. Cette expression contient un terme apparu à la fin du XVIIe siècle et qui n'a survécu que dans ce contexte.

Escampette, qui signifiait « fuite », est le diminutif de *escampe,* venant du verbe *escamper* « s'enfuir, s'esquiver », en usage dans le sud de la France. *Escamper* a pour origine le latin *campus*, qui a donné au français *champ* et *camp*. Quitter le champ, cela évoque une autre formule poétique, *prendre la clé des champs*. Le contexte militaire du *camp*, n'est pas à écarter : *décamper,* c'est « lever le camp » et par un curieux paradoxe, *ficher, foutre le camp*.

L'emploi de *poudre* fait également l'objet d'une hésitation entre la sphère militaire et l'univers champêtre. Pour certains, il s'agit de la poudre qui explose sur le champ de bataille et fait détaler les soldats. Pour ceux qui n'ont pas oublié le sens premier, c'est la poussière du chemin que l'on soulève en courant : c'est le cas de la *poudre* aux yeux*.

Il est inutile de trancher entre ces deux interprétations. Après tout, le poète qui court après la liberté ne manque pas de faire appel aux métaphores guerrières pour évoquer l'amour. Et il est bien difficile de savoir si Verlaine avait en tête l'une ou l'autre de ces hypothèses lorsqu'il écrivit, dans ses *Chansons pour elle :* « Voulant te fuir (fuir ses amours ! Mais un poète est si bête) J'ai pris, l'un de ces derniers jours, La poudre d'escampette. »

Le mot de Stéphane De Groodt

Prendre la poudre des scampettes revient à utiliser la femelle du scampi comme condiment pour relever certains plats ou rabattre certains plis.

Tomber dans l'escarcelle de quelqu'un

être perçu, touché par, revenir à quelqu'un

L'avarice serait-elle le secret de la richesse ? C'est en tout cas ce que pourrait laisser entendre le mot *escarcelle* dans cette expression encore bien vivante.

À l'origine, *escarcelle* désigne une grande bourse en cuir que l'on portait suspendue à la ceinture jusqu'au XVIe siècle. Ce joli mot a été emprunté, peut-être par l'intermédiaire du provençal, à l'italien *scarsella*, de même sens. Or, *scarsella* est le diminutif de *scarso* « avare ». L'escarcelle est littéralement une « petite avare » ! Elle garde, conserve, ne perd ni ne dépense. Il est certain qu'un grippe-sou délie les cordons de sa bourse avec parcimonie.

Cette petite avare ne veut que recueillir la monnaie sans débourser la moindre piécette. Tout le contraire de l'*aumônière*, bourse qui se portait aussi à la ceinture et dont le nom, dérivé de *aumône*, semble plutôt la destiner à la charité. On n'est pas forcé d'y croire ! Mais l'usage du mot est en tout cas plus généreux que celui de *escarcelle* : on a continué à l'employer pour désigner un petit sac en forme de bourse et même, par analogie de forme, un petit sac de crêpe ou de feuille de brick bien connu des cordons-bleus.

Escarcelle n'a pas connu le même sort, la même « fortune », mais le mot survit fort bien dans l'expression courante en politique, où l'on dit par exemple qu'une ville ou une circonscription peut tomber dans l'escarcelle d'un parti. Si la bourse portée à la ceinture n'existe plus, les préoccupations de gain, de bénéfice, font toujours recette.

> « Au contraire des bandits ordinaires, nous rançonnons d'abord : nous enlevons après si la rançon ne tombe pas dans notre escarcelle »
>
> Goron, *L'Amour à Paris*, 1890.

À bon escient

avec discernement, à raison

Le sens de cette expression est clair : lorsque l'on agit ou que l'on parle *à bon escient*, c'est que l'on se conduit avec discernement, que l'on intervient à raison. Il n'en reste pas moins que le mot *escient* est mystérieux. Et pour cause : il ne s'emploie plus que dans cette expression.

Pour le comprendre, il faut remonter le temps jusqu'aux limbes séparant le latin médiéval de l'ancien français. Les latinistes reconnaîtront dans *escient* le verbe *scire* « savoir », à l'origine du mot *science*. En latin classique, *me (te, eo) sciente* peut se traduire par « moi (toi, lui) le sachant ». Au Moyen Âge, cette formule se retrouve sous la forme *meo sciente* et en français, *à mon, à son escient*, « en pleine connaissance de ce qu'on fait ». Montaigne affirme ainsi dans ses *Essais* : « J'en sais qui à leur escient ont tiré profit et avancement du cocuage ». Pécher, mentir à son escient, c'était le faire tout en sachant qu'on agissait mal. L'adverbe *sciemment*, formé de la même façon, conserve ce sens.

Escient s'est employé librement jusqu'au XVIIe siècle au sens de «discernement, sagesse». Il entrait dans plusieurs expressions dont cet *à bon escient* apparu vers 1150, la seule à nous être parvenue. Sa forme négative, *à mauvais escient,* est plus rare, mais rien n'interdit de l'employer. Encore faut-il savoir le faire à bon escient !

> « On voyait bien qu'il avait souffert autrefois, qu'il avait été trompé et qu'il ne voulait plus aimer qu'à bon escient »
>
> Théophile Gautier, *Fortunio*, «La toison d'or», 1845.

Mettre en exergue

mettre en évidence, faire ressortir

Si les expressions construites avec le verbe *mettre* sont souvent transparentes : *mettre de côté, dehors, à l'épreuve, en cause…*, *mettre en exergue*, qu'on utilise lorsqu'on veut souligner et mettre en avant quelque chose, nécessite quelque explication.

Apparu au milieu du XVIIe siècle, *exergue* s'emploie en numismatique pour désigner « un petit espace hors d'œuvre qui se pratique dans la médaille pour y mettre quelque inscription, chiffre ou devise » selon Furetière. « Hors d'œuvre » n'est pas seulement réservé au repas. Ce petit espace réservé correspond au sens étymologique, du grec *ex* « hors de » et *ergon* « travail, œuvre ». Le mot a ensuite servi à dénommer l'inscription elle-même.

Employé au figuré, le mot *exergue* n'est plus guère prononcé que dans l'expression *mettre en exergue*, dans le sens de « présenter, expliquer ». On dit d'un proverbe utilisé à titre de légende qu'il est mis en exergue à un tableau, ou d'une citation d'auteur, lorsqu'elle est placée en tête d'un livre ou d'un chapitre pour en indiquer l'esprit, qu'elle est mise en exergue à un roman. Certains préfèrent dire *épigraphe*.

Indépendamment de ces contextes artistique et littéraire, l'expression est utilisée en général pour exprimer qu'on souligne quelque chose pour le faire apparaître clairement, le mettre au premier plan.

« Vivre, c'est s'obstiner à achever un souvenir. » S'étant inspiré d'une citation de René Char pour en faire l'exergue de son roman *Livret de famille,* Patrick Modiano a mis en exergue l'une des raisons qui l'ont poussé à écrire : achever ses propres souvenirs, malgré la perte et l'oubli.

❮❮ **Une exposition sur le thème de la Seconde Guerre mondiale mettra principalement en exergue l'armée française, le début de la guerre, les bombardements sur Belfort, le nazisme et l'occupation.** ❯❯

L'Est républicain, 2015.

Sans coup férir

sans rencontrer la moindre résistance, sans difficulté

En contexte guerrier, *entrer sans coup férir dans une ville*, c'est y pénétrer sans difficulté. Et l'on atteint un objectif *sans coup férir* lorsque l'on y parvient sans encombre.

Aujourd'hui, *férir,* qu'on ne sait plus conjuguer, ne se rencontre plus que dans cette expression. Mais ce verbe avait jusqu'à la Renaissance un sens très concret : « frapper, donner un coup ». C'était pour *férir* que les chevaliers des romans médiévaux dégainaient leurs armes. *Férir la quintaine,* c'était s'exercer au combat en prenant pour cible un mannequin fiché sur un poteau. *Sans coup férir* signifie donc « sans porter le moindre coup, sans combattre ».

Tout chevalier le savait, il est rare de ne rencontrer aucune résistance. Qui attaque un adversaire est susceptible d'être frappé en retour, et d'être *féru*, « blessé », de manière plus ou moins métaphorique. Ainsi, *être féru de quelque chose* à voulu dire dans la bouche d'un médecin « être frappé d'un mal, atteint de quelque pathologie ».

Mais la blessure, conformément à la tradition qui associe l'amour au modèle de la guerre, peut être celle d'un cœur qui saigne et Furetière précise qu'un *cœur féru* est blessé par l'amour. Cette passion excède même le domaine des sentiments : *être féru* d'une idée ou d'un écrivain, c'est s'en enticher.

Ce verbe *férir* aujourd'hui recroquevillé dans une seule expression a donc voyagé du champ de bataille à des sphères abstraites. Il a même traversé les frontières : c'est de l'ancien verbe *s'entreferir*, « échanger des coups », qu'est issu l'anglais *to interfere*, qui, dans un mouvement inverse, a suscité *interférer*. L'évolution de la langue suit parfois une ligne sinueuse, faite de chocs et d'interférences, en général sans coup férir.

Le mot de Stéphane De Groodt

Cette expression est à la source d'une moquerie, celle de rire aux dépens de celui qui a eu la malchance de naître sans cou.

Être sous la **férule** de quelqu'un

être dans l'obligation d'obéir à quelqu'un

Si on apprécie d'être placé sous l'égide* ou la houlette* de quelqu'un, on aime beaucoup moins *être sous la férule* d'un tiers – dont on n'est pas vraiment féru, en vérité. On serait tenté de reconnaître en *férule* le *fer* de la main qui commande, même dans son gant de velours. Mais, en dépit des apparences, la férule n'a aucun rapport avec le fer.

Comme le latin *ferula*, *férule* désigne une plante qui pousse sur les coteaux arides du bassin méditerranéen. Cette plante possède des tiges épaisses et creuses, qui deviennent très dures en séchant. De ces tiges, les Romains firent des *ferulæ*, aussi bien des attelles pour contenir les membres fracturés que des baguettes dont se servaient les pédagogues pour punir leurs élèves.

C'est ainsi qu'en français, à partir du XIVe siècle, on nomma *férule* la petite palette et la règle de bois ou de cuir avec lesquelles les maîtres frappaient la main de l'écolier récalcitrant. Au XVIIe siècle, *férule* a signifié plus généralement « autorité ». C'est ainsi que l'expression *être sous la férule de quelqu'un* évoque une domination brutale.

Il a fallu attendre la fin du XIXe siècle pour que le sens de *férule* perde sa valeur concrète tandis que les brimades réservées aux cancres ont peu à peu disparu. Mais si le bonnet d'âne ou le piquet ne sont plus de mise et si les élèves ne se font plus tirer les oreilles, certains enseignants n'en continuent pas moins de mener leur classe à la baguette !

Le mot du Petit Robert

férule
[feʀyl] nom féminin
ÉTYM. 1372 ♦ latin *ferula*
1. Plante herbacée (*ombellifères*) aux racines énormes, dont une espèce fournit l'assa fœtida.
[...]

Ne pas faire long feu

ne pas durer longtemps

Curiosité : une histoire d'amour qui *n'a pas fait long feu* et une histoire d'amour qui *a fait long feu*, cela revient au même. Du moins pour les amants. Ceci n'est pas une réflexion oiseuse sur la vanité des sentiments, c'est une réalité lexicale de notre langue pleine de surprises. En effet, *ne pas faire long feu* n'est pas la forme négative de *faire long feu*. La première idylle s'est rapidement terminée, ce n'était qu'un *feu de paille*, tandis que l'autre s'est soldée par un échec.

L'origine de *faire long feu* ne fait aucun doute. Parmi ses nombreux sens, *feu* désigne notamment une décharge de matière fulminante, comme dans *faire feu* ou *coup de feu*. Du temps du *bâton à feu*, une *arme à feu* appelée aujourd'hui *carabine*, il pouvait arriver que l'amorce d'une cartouche brûle trop lentement, de sorte que l'explosion ne se produisait pas et que le coup manquait son but. Alfred de Vigny raconte ainsi dans *Cinq-Mars* qu'un « pistolet avait fait long feu ». La métaphore du coup manqué est passée dans la langue courante. On dit alors qu'un projet a fait long feu quand il a été abandonné ou qu'une farce a fait long feu quand elle ne prend plus.

Cependant, l'expression négative *ne pas faire long feu*, « ne pas durer », a une origine incertaine. Il pourrait s'agir d'une confusion sur le sens de *feu* : l'origine de *faire long feu* étant oubliée ou mal comprise, la métaphore porterait sur la brièveté de la flamme. Alors, l'expression serait trompeuse : elle voudrait dire « durer longtemps ». Selon d'autres théories, *ne pas faire long feu* serait issu d'une image différente, celle du foyer allumé dans un âtre trop peu fourni pour brûler longtemps.

Les érudits auront beau faire feu de tout bois, ils ne connaîtront sans doute jamais l'origine de cette incongruité. Mais on s'amusera toujours du fait que l'on puisse faire long feu tout en ne faisant pas long feu !

« Toto Sépulture ne fit pas long feu ; au deuxième round Jacques l'étendit à terre d'un direct à la mâchoire de derrière les fagots. »

Raymond Queneau, *Loin de Rueil*, 1944.

Conter **fleurette** à une femme

courtiser une femme

Jolie fleur, que la fleurette. Elle est surtout fleur de rhétorique puisque *conter fleurette,* c'est d'abord faire usage de langage amoureux et galant. Rousseau évoque ainsi dans ses *Confessions* un certain M. Simon qui était « grand conteur de fleurettes » : non pas jardinier ou botaniste mais amoureux bavard.

D'où vient cette « fleurette » ? Son suffixe en fait une « petite fleur », simplement. On trouve dès le XIIe siècle une *florette* de même sens, encore proche du latin *flos, floris,* qui devint par métaphore une galanterie, un propos tendre et amoureux, d'autant plus apprécié qu'il s'accompagne d'un beau bouquet.

Fleur, ainsi que le rappelle Furetière, « se dit aussi de ce qui est le plus excellent et le plus à choisir dans chaque chose » et la fleur, la *fine fleur,* représente ce qu'il y a de meilleur. Au XIIe siècle, la fleur est une farine très fine, et ce sens est passé en anglais où *flour* se traduit par *farine.* Depuis, modes et publicités ont rivalisé d'ingéniosité pour nous vendre ces quintessences en pots et en flacons. Tandis que la *fleur de sel* vient assaisonner nos plats avec finesse, la *crème fleurette* est la partie la plus fluide de la crème du lait. La fleurette est aussi la meilleure partie d'une ligne de pêche, c'est-à-dire la languette de peau de poisson utilisée pour appâter.

S'il sait que son élue est donc fleur parmi les fleurs, que celui qui conte fleurette ne songe pas trop vite à aller *fleureter* ! Certes, ce mot est devenu au XIXe siècle synonyme de notre *conter fleurette,* par l'influence de l'anglais *flirt* (et non l'inverse, comme on le croit souvent). Il signifiait pourtant au XVIe siècle « aller de fleur en fleur », comme le bourdon qui butine. Ou comme le diseur de fleurette qui papillonne...

> « Il resta auprès d'elle jusqu'à la nuit, car, encore qu'il n'osât lui conter fleurette, il en était si épris et il prenait tant de plaisir à la voir et à l'écouter parler, qu'il ne pouvait se décider à la quitter un moment. »
>
> George Sand, *La Petite Fadette,* 1849.

Faire florès

obtenir des succès, de la réputation

Une rapide recherche sur Internet nous apprend que, de nos jours, le développement durable, les contrats précaires, les cafés littéraires, les cybermarchands font florès. *Faire florès* se dit d'une personne et plus encore d'un objet, d'une invention, d'un genre, d'une expression, qui connaît une réussite brillante et suscite de l'engouement. C'est en quelque sorte le contraire de *faire long feu**, qui marque un échec rapide.

L'expression évoque la floraison, symbole de l'épanouissement dans plusieurs expressions, des *jeunes filles en fleurs* de Proust au teint *fleuri* des paysannes et surtout à la *fleur de l'âge,* cet âge auquel on atteint une pleine maturité avant de commencer à « se faner ». Au-delà de la plénitude des corps, la floraison est souvent associée à la prospérité, qu'il s'agisse d'évoquer une économie ou un commerce *florissant,* ou de faire de *Que cent fleurs s'épanouissent* le slogan trompeur de la Révolution culturelle maoïste.

Faire florès est selon toute vraisemblance apparenté au latin *flos, floris,* « la fleur » : il pourrait être issu de son dérivé *floridus*, « fleuri », peut-être via le provençal *faire flori*, « être dans un état de prospérité ». De manière un peu pédante, on évoque parfois « faire comme *Florès* », du nom de Florès de Grèce, brillant et vaillant chevalier, héros du roman éponyme de Nicolas de Herberay paru au milieu du XVIe siècle.

L'expression apparaît au XVIIe siècle, dans un sens éphémère et moqueur que rapporte Furetière : « faire de la dépense qui éclate, qui donne l'avantage sur les autres de même condition ». Du flambeur on est passé au succès mondain. Il ne s'agit pas de « jeter de la poudre* aux yeux » pour l'emporter mais plutôt de « se répandre comme une traînée de poudre », par l'effet non de la force de la nature qui fait éclater les bourgeons, mais de celle du bouche-à-oreille et de l'imitation, qui, elle, ne connaît pas de saison.

> « Puis, s'adressant à Emma qui portait une robe de soie bleue à quatre falbalas : – Je vous trouve jolie comme un amour ! Vous allez faire florès à Rouen. »
>
> Flaubert, *Madame Bovary*, 1857.

En son **for** intérieur

dans la conscience, au fond de soi-même

Est-il fort ou faible, ce *for,* qu'il faut écrire sans *t,* ce qui perturbe nos réflexes orthographiques. *Forts* des Halles et châteaux *forts* viennent en droite ligne du latin *fortis,* qu'on peut traduire par « solide » ou, pour les humains et leur caractère, « courageux ». Le *for,* de son côté, vient d'un autre mot latin que, pourtant, tous les touristes qui vont visiter Rome connaissent bien, *forum*.

Évidemment, ce forum, dans l'Antiquité, n'était pas un beau champ de ruines, mais une place publique animée, où se traitaient les affaires, où l'on rendait la justice. Le côté commercial du forum se retrouve très discrètement dans un mot qui n'a survécu que dans une autre expression, le *fur* de *au fur* et à mesure*.

Le côté juridique, il est dans *for*. On parlait au XVIIe siècle du *for extérieur* lorsqu'un tribunal ecclésiastique avait à s'occuper d'une affaire laïque, et, en contraste, du *for intérieur*. Puis les deux sortes de *for* ont exprimé, l'extérieur, le jugement de la société, l'intérieur, celui de la conscience individuelle. *Dans son for intérieur*, ce fut d'abord « selon sa conscience », puis « dans le secret de sa pensée ». Il est des constats que l'on ne fait que face au tribunal de sa conscience.

Aujourd'hui, le mot *for* n'étant plus compris, on pense plutôt au château fort et au secret de ce qu'on garde pour soi. À l'époque où l'adjectif *intérieur* s'appliquait beaucoup à certaines automobiles aussi appelées *conduites intérieures,* on fit une plaisanterie assez cocasse, disant, pour cette pensée intime, *dans ma Ford intérieure.*

« Nous pénétrons si mal, si peu avant, dans le for intérieur d'autrui. Il y a ce que l'on voit, ce que l'on entend. Tout l'intime demeure un mystère. »

André Gide, *Ainsi soit-il,* 1952.

Déclarer **forfait**

ne pas participer à la compétition, abandonner, se retirer

En sport, il n'est pas rare d'entendre qu'un des concurrents a *déclaré forfait*, pour dire qu'il s'est retiré de la compétition. L'expression s'emploie aussi pour parler de quelqu'un qui abandonne un projet, qui « jette l'éponge ».

Ce *forfait* a un homonyme de sens différent qui désigne la clause d'un contrat déterminant un prix. Il a en revanche un rapport étroit avec un autre *forfait*, qui signifie dans la langue littéraire « crime énorme ». Au Moyen Âge, ce mot est emprunté par la langue anglaise qui en fait *forfeit*. Il prend alors le sens de « prix, peine » puis, plus spécifiquement, celui de « dédit » : c'est l'indemnité à payer lorsqu'on ne respecte pas son engagement. Cette idée de trahison, de manquement grave, se retrouve dans *forfaiture*, autre dérivé du verbe *forfaire*.

Au XIXe siècle, *forfait* traverse une nouvelle fois la Manche… mais à cheval ! C'est dans l'univers des courses hippiques que le mot réapparaît en français, retrouvant sa forme écrite d'origine. Il désigne alors l'indemnité que doit payer le propriétaire pour retirer d'une course un cheval déjà engagé. Ce sens s'est étendu à tous les sports, et c'est dans ce contexte qu'apparaît l'expression *déclarer forfait*, bientôt employée au figuré.

Les échanges entre l'anglais et le français ont toujours été nombreux. Avec ce va-et-vient, *forfait* s'est éloigné du sens qu'il avait au Moyen Âge, au point de devenir un autre mot : l'abandon d'un compétiteur n'a rien d'un crime affreux.

« Cela ajoutait à ma conviction, s'il en était besoin. Avant d'être écrasé, liquidé, à terre, vidé de son sang, on ne déclare pas forfait. »

Françoise Giroud, *Si je mens...*, 1972.

Ce n'est pas un **foudre** de guerre

il n'est pas très malin

Le seul *foudre* masculin que l'on connaisse aujourd'hui est un tonneau de grande taille. Ce qui n'explique pas ce *foudre de guerre* : il y a peu de rapport entre la guerre et les barriques.

Contre toute attente, c'est de la foudre qui se produit par temps d'orage qu'il est question dans cette expression. Dans la rhétorique classique, il était d'usage d'employer ce mot au masculin : *fulgur*, l'étymon latin, est neutre, et sa forme plurielle *fulgura* (qui nous conduit à *fulgurant*) a été prise pour un féminin.

La force, la violence et la soudaineté ont toujours été associées à la foudre : n'est-elle pas, avec l'égide*, l'un des attributs de Zeus, le plus puissant des dieux de l'Olympe ? Le stoïcien Cléanthe, dans son *Hymne à Zeus*, évoque « l'auxiliaire que tu tiens en tes mains invincibles, Le foudre à double dard, fait de feu ». Cette arme divine est à l'origine de l'expression *foudre de guerre*, qui désigne dès le XVIIe siècle un grand capitaine, un guerrier redoutable, capable de susciter la terreur, de frapper fort et vite. Un *foudre d'éloquence* désignait un adversaire habile de sa langue comme le *foudre de guerre* l'est de son épée.

Est-ce l'évolution de l'art de la guerre qui explique celle de l'expression ? L'image du guerrier puissant s'est effacée devant celle du général de génie, de l'habile stratège : l'idée d'intelligence s'est substituée à celle de force. L'expression est progressivement sortie du domaine militaire. Elle ne s'emploie plus qu'à la forme négative et par plaisanterie, pour évoquer les individus peu agiles d'esprit et inefficaces. Mais on doit se garder de les cataloguer trop vite : on a déjà vu des imbéciles touchés par un éclair de génie.

> « Lui, l'air con, même veule, je dirais : j'ai tout de suite vu que c'était pas un foudre de guerre. »
>
> Pierre-Jean Remy, *État de grâce*, 2001.

Faire un **four**

subir un échec complet

La Grange, comédien et comptable de la troupe de Molière, écrivait régulièrement dans son cahier de comptes que la représentation avait *fait un four,* nous rappelant ainsi que la gloire de l'Illustre Théâtre n'est pas née en un jour. Mais il n'expliquait pas le rapport entre la comédie et la cuisson.

La formule est apparue au XVIIe siècle, d'abord sous la forme *faire four.* Dans son *Dictionnaire,* Furetière affirme que « En termes de comédiens, on dit faire un four pour dire qu'il est venu si peu de gens pour voir la représentation d'une pièce, qu'on a été obligé de les renvoyer sans la jouer ».

Deux explications ont été avancées, basées sur une même constation : le mot *four* était déjà une métaphore répandue pour exprimer l'obscurité d'un lieu. L'expression est peut-être née d'un jeu de mots basé sur un sens disparu du verbe *éclairer :* il signifiait « payer ». Une pièce de théâtre qui ne faisait pas recette n'était pas « éclairée ». Et avec le sens habituel du verbe, si la scène et la salle ne sont pas éclairées, les voilà sombres comme un four éteint. L'autre explication est plus simple. Faute de spectateurs en nombre suffisant, la représentation n'étant pas rentable, on l'annulait. On faisait ainsi l'économie des lumières, ce qui plongeait le théâtre et le spectacle dans l'obscurité.

C'est toujours à propos de productions artistiques que l'on emploie le mot *four* pour exprimer un échec. Mais que les saltimbanques victimes de ces infortunes se rassurent : comme Molière et sa troupe, il faut souvent essuyer bien des revers avant de *faire un carton**.

《 Échaudé par une précédente maîtresse qui, en exigeant le rôle titre d'une de ses pièces, en avait fait un four, il professait maintenant que, pour un auteur dramatique, il n'était pas de pire péril que de coucher avec les actrices 》

Félicien Marceau, *La Terrasse de Lucrezia*, 1993.

Passer sous les fourches caudines

subir des conditions dures ou humiliantes

On pouvait lire récemment que « le budget de l'Union européenne devait passer sous les fourches caudines des États ». Cette perspective présageait des contraintes, des épreuves qui mettaient en cause ce budget, mais auxquelles il faudrait se soumettre. C'est une manière d'indiquer qu'il va falloir se plier, contre son gré, à des conditions drastiques.

D'où sortent ces fourches menaçantes ? Qui les brandit ? Il n'est pas question ici d'instrument agricole fourchu, mais d'un épisode de l'histoire romaine. Au IVe siècle avant notre ère, la conquête de l'Italie par les Romains se heurte à des résistances. Il leur faut trois guerres pour venir à bout des Samnites, peuple sabellien d'Italie centrale. La deuxième se termina en 321 par une défaite romaine mémorable, près de Capoue, non loin de Naples. Les *Fourches caudines* tirent leur nom du site de la bataille : montagneux, il comporte un défilé, formé de deux étroites gorges se rapprochant en forme de fourche, et le qualificatif rappelle le nom du lieu, *Caudium*.

F

Les Romains, s'étant laissé enfermer dans ce défilé, furent forcés de se rendre malgré leur nombre, leur technique militaire éprouvée et la présence de deux consuls à leur tête. Magnanime, le général samnite accepta de laisser partir les vaincus non sans les avoir dépouillés de leur équipement et contraints à passer sous le joug. Chacun, des plus hauts dignitaires aux simples soldats, dut subir cette humiliation publique et les Samnites, s'ils n'ont pas pris Rome, ont ce jour-là pris « la bravoure et la fierté des Romains » rapporte Tite-Live, qui ajoute que c'est « un titre de guerre beaucoup plus important ».

L'expression, apparue à la fin du XVIIe siècle avec son sens figuré, rappelle cet affront. À cette époque, l'histoire romaine était une référence évidente. Aujourd'hui, les fourches de Caudium sont un mystère. Si l'expression n'a rien à voir avec une fourche, arme potentielle associée aux jacqueries ou au diable, la douleur qu'elle évoque est tout aussi cuisante.

LE MOT DU PETIT ROBERT

fourche
[fuʀʃ] nom féminin
ÉTYM. XIVe ; fin XIe *forches* (plur.) « gibet » ♦ latin *furca* […]
II. 3. (*forc* XIIIe) Endroit où un chemin se divise en plusieurs directions. […]

À la bonne franquette

sans façon, sans cérémonie

Plutôt sympathique, ce diminutif. Mais on ne s'en sert pas. Ce pourrait être une « bonne petite franchise », car *franquette* n'est autre que la version normande et picarde de *franchette*, la « petite franche ».

Même en pays de Caux ou chez les Ch'tis, le mot *franquette* n'eut aucun succès, à notre connaissance, du moins. Mais voici qu'au XVIIe siècle, on se mit à dire, pour exprimer la franchise d'un propos, *à la franquette*. Apparemment, Normands et Picards appréciaient mieux que d'autres une parole franche et directe (peut-être pour remédier au proverbial « p'têt ben qu'oui, p'têt ben qu'non »), sans quoi on eût dit en terre françoise *à la franchette*. Mais il est vrai que l'adjectif *franc* continue de s'écrire avec un *c*, par fidélité au latin médiéval *francus*, qui vient des Germaniques appelés les *Francs*, « les hommes libres », d'où les *affranchis*, qui n'étaient pas devenus les truands du film de Martin Scorsese.

F

Nous pourrions encore dire *à la franquette* dans ce sens de « bien franchement, sans hésitation ni détour », puisqu'on peut l'entendre quand des comédiens jouent la pièce de Molière *Le Médecin malgré lui* : « confessez à la franquette que vous êtes médecin ». Et l'on continuera à parler, à s'exprimer, à dire avec franchise et simplicité, c'est-à-dire « à la bonne franquette ».

Il faut croire que la simplicité et l'absence de chichis l'emportèrent sur la sincérité, car, peu à peu, l'expression s'appliqua non plus aux paroles, mais au comportement. On s'invita désormais à manger à la bonne franquette, et ce fut « sans cérémonie ».

« Les invités finissaient de s'installer en désordre, qui sur des fauteuils de décor, qui sur des chaises de fortune ou sur des caisses, à la bonne franquette »

Anne-Marie Garat, *Dans la main du diable*, 2006.

Ronger son frein

contenir difficilement sa colère, son impatience, son dépit

Quel rapport entre le dispositif qui permet à un véhicule de ralentir et de s'arrêter et le fait d'user ou de détruire avec les dents ? Aucun, et nul automobiliste n'est capable de mettre à mal ainsi les freins de sa voiture, même avec l'aide de son dentiste.

Ronger est l'affaire d'une famille animale appelée pour cela les *rongeurs*. Ils n'ont en général pas de relation privilégiée avec les freins. Mais les mots aussi sont des rongeurs, de sens. *Ronger* vient du latin *rumigare*, qui se disait de l'action des ruminants lorsqu'ils écrasent l'herbe avec leurs dents. *Frein (frenum)* ne concernait pas les vaches mais les chevaux. Il servait à les tenir immobiles ou bien, trottant ou galopant, à les retenir… Ce frein antique des chevaux pouvait être un *mors*, et ce mot est en rapport avec *mordre* : on dit d'ailleurs *prendre le mors aux dents* pour s'emballer.

Passer entre les dents du cheval la pièce de métal appelée *frein* fait partie du harnachement. L'association du frein avec la bride est restée sensible dans la langue : *freiner* est en rapport avec *brider*. Mais ce frein hippique, à la différence de tous les freins techniques qui font pression sur les roues de nos véhicules, agit sur la bouche du noble animal. Impatient de galoper, mais retenu par son cavalier, le cheval ne peut s'en prendre qu'au frein qui lui scie les commissures. La seule réaction qui lui est permise, faute de pédale de frein, est de mâchonner son frein à lui, jusqu'à l'user, ce qui s'appelle *ronger*.

L'image est devenue incohérente, depuis que les véhicules terrestres, dont on dit d'ailleurs qu'ils représentent un certain nombre de ces montures mythiques appelées *chevaux fiscaux,* sont munis de dispositifs techniques de ralentissement et d'arrêt nommés obstinément des *freins*. La bizarrerie de nos expressions est souvent le témoin de l'entêtement de notre langage, qui refuse le changement, quitte à manifester une certaine impatience : la langue veut bouger. On peut dire qu'elle aussi ronge ses freins.

« Au lieu de la perdrix et du lapereau que j'avais fait mettre à la broche, on m'apporta un petit pain bis avec une cruche d'eau, et on me laissa ronger mon frein dans mon cachot. »

Alain René Lesage, *Histoire de Gil Blas de Santillane*, 1715-1735.

Et tout le saint-frusquin

et tout le reste

Comme *et tout le tralala, et tout le saint-frusquin* fait partie de ces formules expressives qui peuvent remplacer *et cætera,* « et tout le reste », à la fin d'une énumération. Mais si l'on se doute que la première vient d'une onomatopée, on aimerait bien savoir quel est ce *frusquin* qui dans la seconde peut évoquer tant de choses.

Le mot a désigné aussi bien une pièce de vêtement qu'une pièce de monnaie. Dans l'argot de l'époque de Louis XIV, un frusquin était un habit. C'est de ce mot que vient *frusques,* encore bien connu pour parler péjorativement des vêtements. Si quelqu'un avait perdu tout son frusquin, c'est qu'il avait égaré tout ce qu'il possédait d'effets personnels et d'argent.

C'est peut-être grâce à l'adjectif *saint* que ce nom s'est maintenu jusqu'à nous : par ce pied de nez lexical, de petites choses sans importance accèdent au rang d'objets sacrés. Et ce *saint* est sans doute apparu sous l'influence de *saint crépin,* qui désignait l'ensemble des outils des cordonniers, Crépin étant le patron de leur corporation.

On disait *porter tout son saint-crépin* pour « transporter tout ce que l'on possède », à la manière des cordonniers se déplaçant de ville en ville avec leur matériel. Par analogie, *saint-frusquin* a désigné les économies et l'on pouvait *boire* ou *manger tout son saint-frusquin*, c'est-à-dire dilapider tout son bien.

Aujourd'hui encore, *et tout le saint-frusquin* renvoie à tout ce que l'on n'a pas cité et qu'on laisse imaginer. Et avec *Frusquin, Glinglin* ou *Nitouche**, on peut s'inventer une hagiographie des plus comiques.

> « Gervaise aurait bazardé la maison [...] Tout le saint-frusquin y passait, le linge, les habits, jusqu'aux outils et aux meubles. »
>
> Zola, *L'Assommoir*, 1877.

Au fur et à mesure

en même temps et proportionnellement ou successivement

Quelle formule illustre mieux que celle-ci le fait qu'on peut employer fréquemment une expression sans connaître le sens des mots qui la composent ? Qui, aujourd'hui, est capable d'expliquer cet énigmatique *fur* ?

Il est en effet difficile de faire le lien avec le *forum* antique, centre de la vie publique, place du marché et lieu de promenade, carrefour de la vie politique, religieuse et judiciaire. Le côté juridique se retrouve dans *for**. Sa fonction commerciale donnera au mot latin *forum* le sens de « affaires qui se font au marché », puis en latin médiéval celui de « prix, valeur (d'une marchandise) ». L'ancien français *fuer,* « prix, taux », se rencontre notamment dans *à nul fuer* « à aucun prix, en aucune façon » et dans la formule *al fuer de,* utilisée dans les contrats de vente.

L'expression *au fur (de),* « à proportion (de) », était courante, mais son sens s'est peu à peu perdu. Au XVIIe siècle on prend l'habitude de lui adjoindre *et à mesure,* qui l'explicite non sans créer une redondance, que Littré commente en ces termes : « C'est à la vérité un pléonasme, mais il est consacré par l'usage, et il conserve ce vieux mot de *fur,* effacé partout ailleurs. On remarque que ce pléonasme est assez récent ; dans le XVIe siècle, on ne dit que *au fur,* sans y joindre *mesure. Mesure* aura été joint quand, le sens de *fur* s'étant obscurci, on l'a complété par l'addition d'un mot usuel et compris. » De nos jours, le pléonasme n'est plus perçu, et pour cause, puisque *fur* n'apporte plus aucune information.

Comme quoi un pléonasme peut devenir, aujourd'*hui* et au *fur* et à mesure de l'évolution de la langue, une expression courante, tout en gardant le mystère de ses origines !

> « Une locomotive, roulant sur les rails de la veille, apportait les rails du lendemain, et courait à leur surface au fur et à mesure qu'ils étaient posés. »
>
> Jules Verne, *Le Tour du monde en 80 jours,* 1873.

Amuser la galerie

divertir, épater son auditoire

« La ligne courbe amuse la galerie, mais ne l'instruit pas », écrivait Baudelaire dans ses *Conseils aux jeunes littérateurs*, prônant un style qui va droit au but. En d'autres termes, il met en garde contre la tentation de faire l'intéressant en usant d'affèteries. *Amuser la galerie*, on s'en doute, n'est pas faire le pitre dans une galerie d'art. Mais alors, d'où vient cette expression ?

L'origine du mot *galerie* est étrange et mystérieuse. Il nous vient de l'italien *galleria* qui trouve son origine dans la *galilaea*, désignant le porche d'église de monastère, littéralement une « Galilée », qui est le lieu où se tient le peuple à convertir (par opposition à l'église elle-même). *Galilée* est dans la Bible le pays qui se distingue de la Judée, patrie du peuple élu. En français, la galerie fut un lieu servant d'accès ou de poste d'observation et, au XVIe siècle, celle des salles de jeu de paume était une longue allée couverte d'où l'on suivait et commentait la partie. On se préoccupait de l'opinion de ceux qui regardaient les joueurs et on pouvait faire appel à eux pour juger un coup litigieux. De là à désigner tout endroit où se tiennent des spectateurs, puis le public lui-même, il n'y eut qu'un pas – franchi au XVIIIe siècle. On dit alors qu'on s'agite *pour la galerie*, mais on pouvait aussi *faire galerie*, tenant alors le rôle de témoin passif.

Le jeu de paume disparaît, et ceux qui cherchent à séduire un public commencent à *amuser la galerie*. Le *Dictionnaire de l'Académie* relève en 1835 : « Il se dit encore, figurément et familièrement, Du monde, des hommes considérés comme jugeant les actions de leurs semblables. *Je ne me soucie point d'amuser la galerie. On doit faire le bien, sans s'occuper de la galerie.* » Depuis, amuseurs, plaisantins et autres boute*-en-train du spectacle n'ont plus besoin de connaître les règles du jeu de paume pour amuser la galerie.

LE MOT DU PETIT ROBERT

galerie
[galʀi] nom féminin
ÉTYM. 1316 ◆ italien *galleria*, du latin médiéval *galeria* [...]
4. (d'abord au jeu de paume) Emplacement réservé aux spectateurs ; les spectateurs eux-mêmes. [...]

Vouer aux gémonies

accabler publiquement de mépris, d'opprobre

Ça ne se dit pas tous les jours, mais enfin, lorsqu'on a envie d'accabler quelqu'un, de le « stigmatiser », mot à la mode, c'est une expression chic, qui donne à penser qu'on a une solide culture classique. Car le mot *gémonies*, sans rapport avec *hégémonie*, qui commence comme *gémir* et dont la fin peut paraître dé-*moniaque*, est en lui-même une petite leçon de droit criminel antique, et précisément romain.

En latin, *gemoniæ*, au pluriel, signifie « gémissements », et l'expression *gemoniæ scalæ* « l'escalier des gémissements » s'appliquait à l'endroit sinistre où l'on exposait les corps des condamnés étranglés, avant de les jeter dans le Tibre. Quand on commence à en parler au figuré – c'est le cas du poète Lamartine – on a en tête cet équivalent horrible du gibet. *Vouer, traîner, mettre* quelqu'un *aux gémonies*, c'est dire qu'il ou elle est digne non seulement d'être condamné, mais supplicié et exposé au mépris horrifié du public. Autant dire que le droit pénal moderne, un peu plus humain, n'est pas en cause.

Oubliées les rigueurs impitoyables de la justice romaine, avec ses pals et ses croix, les *gémonies* sont devenues pour nous un lieu abstrait, peut-être imaginaire, une sorte d'enfer. On ne peut pas les prendre très au sérieux, mais, l'horreur du traitement n'étant plus ressentie, le mot a gardé de la force – et du mystère. Quand on voue aux gémonies un adversaire, quelqu'un que l'on déteste, c'est pire que de l'envoyer au diable.

« Les réputations éphémères meurent du soir au matin ; grand homme la veille, on est un sot le lendemain, et tandis qu'une gazette fait votre apothéose, une autre gazette, à la même heure, vous traîne aux gémonies. »

Chateaubriand, *Mémoires d'outre-tombe*, 1848-1850.

En goguette

de sortie, en promenade

Près d'un site touristique ou dans un cadre bucolique, on ne manque pas de croiser des promeneurs *en goguette*. *Être en goguette,* c'est d'abord, avant toute frasque, être de sortie, avec cette idée que l'escapade en question est un moment des plus agréables.

Goguette vient de l'ancien français *gogue* qui signifiait « plaisanterie, raillerie » ou « réjouissance, bonne humeur ». On parlait aussi de *goguer* « railler, plaisanter ». Certains évoquent un radical *gog* exprimant la joie que l'on retrouverait *à gogo* « abondamment » et dans *goguenard*.

De toute façon, *goguette* est associé dès l'origine à la notion de plaisir. Déjà au XVe siècle, faire *goguettes* c'était « se régaler, faire ripaille » et *être à goguette* « en être aux caresses, avec une femme » car c'est surtout une affaire d'hommes. Plus tard apparut *être en ses goguettes*, « être de bonne humeur ». Au début du XVIIIe siècle, *être en goguette* ne garde que la notion de réjouissance. Avec cette idée, *goguettes* prit le sens de « propos joyeux » dans *conter goguettes*. Au XIXe siècle, on donna le nom de *goguette* à des sociétés chantantes ou à des cabarets, sens qui ont parfois entraîné une confusion avec *guinguette*.

L'expression *en goguette* a résisté au temps, mais elle a évolué. Du sens initial on est passé à « émoustillé, légèrement ivre », puis à « d'humeur réjouie » et enfin à « en promenade », par mimétisme avec *en balade* et *en vadrouille*. Mais rassurons-nous, ces promeneurs en goguette toujours émoustillés seront encore disposés à faire la fête !

« il flaire le journaliste cafteur, l'humanitaire à embrouilles et préfère nettement les bandes de militaires en goguette »

Frédéric Mitterrand, *La Mauvaise Vie*, 2005.

Pour ta **gouverne**

pour te servir de règle de conduite

Nul besoin d'être gouvernante pour employer l'expression *pour ta gouverne*. Quand ce n'est pas par plaisanterie, elle est proférée d'un ton péremptoire par quelqu'un qui entend rappeler qu'il possède un savoir dont son interlocuteur est dénué.

Gouverne vient du verbe *gouverner*, qui veut dire « exercer le pouvoir politique » mais aussi « diriger une embarcation » et, plus largement, « diriger la conduite de quelque chose », « administrer, commander ». Contrairement à *gouvernement* et à *gouvernance*, mot à la mode, *gouverne* est dépourvu de connotation politique. L'idée principale de *gouverne* est celle de « conduite », et en particulier de « bonne conduite », comme en témoigne une expression aujourd'hui disparue, *être de haute gouverne*, « bien se conduire ».

La gouverne, c'est donc ce qui sert de règle de conduite mais aussi l'action de diriger le comportement de quelqu'un ou de gérer quelque chose. George Sand évoque dans sa *Correspondance* « la gouverne de [ses] enfants et celle de [son] petit patrimoine ». Ce n'est qu'au XIXe siècle que le mot a renoué avec l'univers nautique et avec son sens étymologique, le latin *gubernare* pouvant être traduit par « diriger un navire » : la gouverne devient alors l'action de diriger une embarcation, à l'aide d'un objet concret, *l'aviron de gouverne,* disposé comme une godille.

Avec l'apparition des engins volants, *gouverne* prend le pas sur *gouvernail,* sans doute trop associé à la navigation. Un pas de plus dans la modernisation et ce sera la *cybernétique,* qui n'est autre que le mot grec pour la gouverne.

Le mot du Petit Robert

gouverne
[guvɛʀn] nom féminin
ÉTYM. 1292 « gouvernement, conduite » ♦ de *gouverner*
1. (1723 comm.) VIEUX Ce qui doit servir de règle de conduite. [...]

Lâche-moi la grappe

laisse-moi en paix, tranquille

À quelqu'un qui nous harcèle et nous titille, on peut ordonner brusquement *lâche-moi la grappe !* On pourrait aussi répondre sportivement *lâche-moi les baskets,* mais l'énervement fait que la grossièreté l'emporte.

Grossièreté en effet, car cette *grappe,* même pudiquement couverte d'une feuille de vigne, n'est pas la tige qui supporte les grains de raisin, mais le sexe masculin et les testicules. On comprend comment cette signification déshonnête est apparue en lisant la définition précise du mot : « assemblage de fleurs ou de fruits portés par des pédoncules étagés sur un axe commun ». L'analogie de forme, l'axe et les pédoncules, ont fait naître le sens figuré.

Ce détournement sémantique n'est pas surprenant, car la langue familière excelle à donner des noms imagés à l'organe masculin : le *moineau,* le *robinet* ou la *bistouquette* pour le pénis, les *bijoux de famille,* les *bonbons* ou les *valseuses* pour les testicules, sans compter des dizaines d'autres mots imaginés par l'argot. *Lâche-moi la grappe* nous rappelle que, pour évoquer une même idée, les expressions familières ont recours à des parties du corps telles que les mains, les pieds ou le dos, alors que la langue vulgaire sollicite joyeusement les organes génitaux.

Si quelqu'un vous *casse les pieds,* vous pourrez lui dire *lâche-moi les baskets* parce que vous en avez *plein le dos.* Mais à qui vous *casse les couilles* – surtout si vous êtes une femme, car le langage se moque de l'anatomie – vous dites *lâche-moi la grappe,* parce que vous en avez *plein le cul.*

« File-moi un cachet.
— Prends mon chewing-gum et lâche-moi la grappe. »

Yann Queffélec, *Disparue dans la nuit,* 1994.

Faire le pied de grue

attendre longtemps debout

Lorsqu'on considère *faire le pied de grue*, quelle image surgit ? L'oiseau migrateur aux longues pattes, la prostituée ou l'engin de manutention dominant les chantiers ?

L'expression *faire le pied de grue* apparaît au début du XVIIe siècle, succédant à *faire la jambe de grue* et *faire de la grue*. D'après cette forme, certains ont supposé que *grue* était un dérivé d'un verbe *gruer* signifiant « attendre ». Mais la jambe et le pied appartiennent certainement au bel échassier, qui se tient fréquemment sur une seule patte.

Notre oiseau avait déjà pondu au XVIe siècle de nombreuses expressions, toutes péjoratives : *suivre la multitude comme les grues* (« comme des moutons »), *s'en aller comme des grues* (« sans savoir où l'on va »), *être planté comme une grue* (« attendre »). De cet homme « longtemps debout en quelque lieu, et particulièrement quand on le fait attendre », on dira qu'il *fait le pied de grue* parce que, selon Furetière, « les grues ont coutume d'avoir un pied en l'air quand elles font sentinelle ».

Mais d'autres oiselles s'encanaillent dès le XVe siècle, lorsqu'elles attendent au coin des rues. Dès lors, *grue* désigne une femme faisant commerce de ses charmes. À l'âge classique, la grue s'assagit. C'est alors une sotte, qui rejoint la basse-cour peuplée de ses niaises consœurs ailées, *bécasse, buse, dinde* et *oie*. Elle retrouvera au XIXe siècle son caractère libertin. L'expression *faire le pied de grue,* ne pouvant ignorer l'existence de la volaille de trottoir, a connu un nouvel envol et s'est alors appliquée aux femmes « de mauvaise vie ». Curieusement, lorsque c'est un mâle qui fait le pied de grue, il se contente d'attendre : plus d'allusion sexuelle !

« Faisant le pied de grue à la porte du ministre, j'ai maraudé un rhume et un enrouement qui me fatiguent beaucoup »

Petrus Borel, *Champavert*, 1833.

Courir le guilledou

aller en quête d'aventures galantes

Courir le jupon, le cotillon* ou la prétentaine sont autant de manières imagées d'évoquer la recherche et la multiplication d'aventures galantes. Il en est une autre plaisante et volontiers archaïsante, *courir le guilledou*.

Parmi les plus anciennes formes, *courir le guildron* voulait dire « courir l'aventure » et *courir le guildrou* « fréquenter de mauvais lieux ». Au XVIIe siècle, Furetière qualifie ce terme de burlesque et dit « qu'une femme court le *guilledou* lorsqu'elle se dérobe à son domestique [à son ménage], et qu'on ne sait où elle va, ce qui fait présumer que c'est en de mauvais lieux ». Une femme qui délaissait les affaires de sa maison ne pouvait que mal tourner ! Quant aux hommes qui courent le guilledou, ils fréquentent les lieux de débauche.

On a pensé que le mot dérivait de l'occitan *aguillodo*, correspondant au mot *aiguillette*, dont on connaît les connotations érotiques : c'était le lacet qui fermait la braguette. Il s'agit plutôt d'un composé de *guil(l)er*, « tromper, ruser », et de l'adjectif *doux*. Les dérivés régionaux de ce verbe conservent l'idée de séduction par la ruse. *Conter guillette* à une femme signifie « la séduire », de même que *enguilbauder,* qui se disait en Normandie et dans le Poitou. Dans la Somme, une *guilebeute* est une femme de petite vertu.

Le verbe *courir,* quant à lui, est à prendre au sens de « fréquenter assidûment », comme dans *courir les magasins*. Mais il est possible que le sens de « poursuivre, chercher à attraper » ne soit pas étranger à son succès, la langue, fort machiste, comparant volontiers la conquête amoureuse à une partie de chasse.

> « Moi, je vous croyais des maîtresses à la douzaine, des danseuses, des actrices, des duchesses, rapport à vos absences [...] Qu'en vous voyant sortir, je disais toujours à Cibot : Tiens, voilà monsieur Pons qui va courir le guilledou ! »
>
> Balzac, *Le Cousin Pons*, 1847.

Crier **haro** sur le baudet

dénoncer quelqu'un ou quelque chose à l'indignation de tous

La langue française n'est pas toujours tendre avec les animaux. Quand on *crie haro sur le baudet,* on identifie un responsable, on désigne à l'indignation collective un âne déguisé en *bouc émissaire.* Il y a pourtant longtemps que les rues ne résonnent plus du cri de *haro, haro !*

Ce *haro* vient de l'ancien français *hare,* cri d'origine germanique, par lequel on excitait les chiens de chasse. Dans le droit coutumier normand, *haro* servait à la victime d'un forfait, qui, en poussant ce cri, signalait le coupable d'un flagrant délit et obligeait ceux qui l'entendaient à intervenir et à prêter main-forte à la justice.

Crier haro sur quelqu'un conserve le sens de « dénoncer à l'indignation de tous » : si l'auditeur ne se trouve plus contraint à agir par une règle de droit, il est appelé à s'élever moralement contre la cause du méfait. L'expression évoque moins la solidarité avec la victime qui dénonce que la vindicte populaire, inique lorsqu'elle s'en prend aux faibles et aux innocents.

Le plus souvent, c'est sur le baudet que l'on crie. Mais pourquoi s'en prendre à cette pauvre bête ? La faute en revient à Jean de La Fontaine ! Dans sa fable *Les Animaux malades de la peste,* les animaux réunis avouent les fautes qu'ils ont commises, dans l'espoir de trouver le coupable qui pourrait justifier le fléau et donc la colère divine qui l'aurait causé. Après les confessions cyniques des puissants, habiles à dégager leur responsabilité, vient le tour de l'âne, qui avoue un forfait minuscule : il a grignoté quelques brins d'herbe dans le pré d'un couvent. « On cria haro sur le baudet », heureux de se défausser sur une victime commode, qui n'a pas les moyens de se défendre.

« Selon que vous serez *puissant ou misérable,* Les jugements de Cour vous rendront blanc ou noir » conclut durement La Fontaine, dénonçant une justice à deux vitesses qui s'en prend aux faibles plus volontiers qu'aux grands de ce monde. En désignant ce doux animal à la réprobation générale, La Fontaine a sauvé une clameur séculaire, vouée à l'oubli, et un nom familier de l'âne, qui n'est pas sans charme.

LE MOT DU PETIT ROBERT

haro
['aRO] interjection et nom masculin invariable
ÉTYM. XIIe ♦ de *hare* → harasser
■ ANC. DR. Cri d'appel à l'aide, poussé par la victime d'un flagrant délit, rendant obligatoire l'intervention des auditeurs. [...]

Sous la **houlette** de quelqu'un

sous la conduite de quelqu'un

Les groupes sociaux tendent à répéter un même scénario : un meneur se distingue et prend l'ascendant, alors que les autres membres font figure de suiveurs. On peut les appeler *des moutons,* parce qu'ils se contentent d'avancer sous la houlette de leur guide. Sans forcément savoir que cette houlette est l'instrument de travail du berger.

La houlette était en effet un bâton permettant au berger de rassembler plus facilement son troupeau. Le mot vient de l'ancien verbe *houler,* qui signifiait « jeter, lancer ». Munie d'une extrémité en fer travaillée en forme de gouttière, la houlette permettait d'attraper et de jeter des mottes de terre ou des pierres pour empêcher les brebis de se disperser.

Dans les Évangiles, les métaphores du berger pour évoquer Jésus, le bon Pasteur qui ramène la brebis égarée, sont nombreuses. Pour cette raison, la crosse des évêques, recourbée en volute, s'inspire de la forme du bâton pastoral et portait parfois le nom de *houlette.*

Cet humble instrument en est venu à symboliser la modestie et l'humilité. Au XVIIe siècle, la formule *depuis le sceptre jusqu'à la houlette* évoquait l'étendue des conditions sociales, « depuis ce qu'il y a de plus grand parmi les hommes, jusqu'à ce qu'il y a de moins considérable », précise l'Académie.

Lorsque son origine est reconnue, l'expression prend une tournure peu flatteuse, faisant de qui est sous une houlette un mouton docile. Mais le mot évoque aussi l'univers bucolique des pastorales de Boucher et du Petit Trianon. La houlette a aussi revêtu des atours poétiques sous la plume de Proust, qui évoque dans *Jean Santeuil* des aubépiniers « dont les rameaux étaient pomponnés comme des houlettes Louis XVI ». On aurait aimé se reposer sous ces houlettes-là.

LE MOT DU PETIT ROBERT

houlette

['ulɛt] nom féminin
ÉTYM. 1278 ♦ de l'ancien français *houler* « jeter », du moyen néerlandais *hollen* [...]
1. ANCIENNEMENT Bâton de berger, muni à son extrémité d'une plaque de fer en forme de gouttière servant à jeter des mottes de terre ou des pierres aux moutons qui s'écartent du troupeau. [...]

À huis clos

sans que le public soit admis

Lorsqu'une réunion se déroule *à huis clos,* cela signifie aujourd'hui qu'elle se déroule en petit comité, que le public en est exclu. Si *huis* ne s'emploie plus que dans cette expression, il a laissé des traces dans notre langue.

Les artisans et les bricoleurs le savent bien : c'est au rayon *huisserie* qu'ils trouveront le nécessaire pour construire et garnir les portes et les fenêtres. *Huis* désignait à l'origine la porte du logis et provient d'une déformation du latin *ostium* « entrée, ouverture », qui a donné aussi *oral, orée* et *orifice.* Avant que le mot soit évincé par *porte,* on *frappait à l'huis* pour se faire admettre dans la maison et on *ouvrait l'huis* pour entrer et sortir. Quant à l'*huissier,* c'était d'abord le gardien d'une porte.

L'expression date du XVIe siècle et n'est entrée dans la procédure judiciaire que bien plus tard, s'appliquant à un procès où personne d'autre que les parties adverses, leurs avocats et les magistrats ne sont autorisés à assister : circonstance qui s'oppose en effet à la règle de la publicité des débats. Au-delà du sens juridique, *à huis clos* puis le substantif *un huis clos* ont reçu des emplois métaphoriques dont la pièce de Sartre est un exemple célèbre. L'expression a même donné lieu à son contraire, *à huis ouvert,* « manifestement, ouvertement », aujourd'hui disparu.

Le *huis clos* signifie donc au sens propre que toutes les portes de la salle d'audience se doivent d'être fermées : élémentaire précaution pour garantir le secret et, de nos jours, pour éviter l'intrusion de journalistes indiscrets.

> « Les plaidoiries seront publiques, excepté dans le cas où la loi ordonne qu'elles seront secrètes. Pourra cependant le tribunal ordonner qu'elles se feront à huis clos, si la discussion publique devait entraîner ou scandale ou des inconvénients graves »
>
> *Code de procédure civile,* art. 87.

Mettre à l'index

signaler comme dangereux, condamner, exclure

Non, il ne s'agit pas de passer la bague à ce doigt de son âme sœur ! D'ailleurs l'anneau du mariage se porte à l'annulaire, et il n'a jamais été question de lui assigner une autre place. Et pourtant, l'index en question tire bel et bien son nom du doigt ainsi nommé.

L'index est le doigt qui, pointé, sert à montrer, à *indiquer*. C'est aussi l'auxiliaire de la lecture et de la recherche documentaire, le doigt avec lequel on tourne les pages. Au figuré, on a utilisé le mot pour désigner un petit repère, une sorte de marque-page permettant d'organiser un fichier. À cause de cet objet, le fichier lui-même fut appelé *index*. Par extension, toute liste alphabétique de mots ou de noms est ainsi appelé : index d'auteurs, index géographique, etc.

C'est de ce type d'index qu'il s'agit dans notre expression, mais d'un index très particulier. De son nom complet, il s'appelle *Index librorum prohibitorum*, « index des livres interdits ». Inquiet des conséquences de l'invention de l'imprimerie, le Saint-Office établit au XVIe siècle ce catalogue à l'usage des fidèles catholiques, dans le but de répertorier les ouvrages au contenu jugé dangereux dont la lecture était interdite par l'Église.

La Congrégation de l'Index interdit jusqu'au milieu du XVIIIe siècle les ouvrages traitant du mouvement de la Terre, l'Église ayant contraint Galilée à se rétracter. Rabelais, Descartes, Balzac et Sartre, parmi tant d'autres, furent ainsi « montrés du doigt » et leur œuvre fut *mise à l'index*. L'Index fut abrogé en 1966 par Paul VI, après trente-deux éditions officielles. Mais cette liste sulfureuse, par la fascination qu'elle exerçait, à l'instar de l'« Enfer » de certaines bibliothèques, est devenue proverbiale.

On emploie surtout *mettre à l'index* lorsqu'il s'agit d'exclure, de condamner quelqu'un ou quelque chose, d'écarter ce qu'on pense dangereux. Reste à savoir si cette exclusion est efficace. Que deviennent les personnes mises à l'index ? S'il en va des individus comme des livres, ce pourrait être le meilleur moyen d'assurer involontairement leur célébrité…

> « Si quelqu'un ici savait que vous avez fait le voyage dans la même voiture, vous seriez mise à l'index par le monde que vous voulez voir. »
>
> Balzac, *Illusions perdues*, 1837-1843.

Avoir la science **infuse**

prétendre tout savoir

Il ne suffit pas d'avoir macéré dans les allées des bibliothèques et les couloirs des universités pour avoir *la science infuse* : le savoir, contrairement au thé, ne se diffuse pas ainsi et, sans ouvrir un livre, il y a peu de chance que l'esprit y trouve profit.

Pourtant, l'*infusion* de verveine des soirées d'hiver et la science *infuse* ont même origine : le verbe latin *fundere* signifiant « verser ». Autre point commun : les deux mots viennent du vocabulaire théologique. L'adjectif *infus* qualifie ce qu'on pensait « répandu naturellement dans l'âme ». On parlait de *don infus* ou de *vertu infuse*. L'infusion était la pénétration dans l'âme des facultés et de qualités remarquables.

Si le mot *infusion* se porte assez bien, l'adjectif *infus* a disparu, sauf dans *science infuse*. Cette expression, vieille de deux siècles, désigne à l'origine une connaissance innée, obtenue sans étude ni expérience. Seul Dieu, pensait-on, pouvait infuser au jeune Mozart le génie de la musique. L'expression renvoie en effet à la connaissance qu'Adam reçut lors de sa création, au souffle divin, à l'Esprit.

Qui dit aujourd'hui *avoir la science infuse* prétend tout savoir sans avoir jamais rien appris : la référence religieuse n'est plus perçue et l'expression s'emploie ironiquement. La suite de l'histoire est connue : pour avoir goûté le fruit de la connaissance, Adam et Ève se coupèrent de cette inspiration divine et furent chassés du jardin d'Éden. Ainsi s'explique – parmi quelques autres conséquences fâcheuses – la nécessité d'acquérir le savoir à la sueur de son front.

« **Une génération qui, croyant avoir la science infuse, se dispense de rien étudier** »

Albert de Broglie, *La Diplomatie et le Droit nouveau*, 1868.

Un(e) faux jeton

un(e) hypocrite

L'affaire des jetons est ancienne. On a dit d'un vieillard, pour peu qu'il fût entêté et obtus, que c'était un *vieux jeton*. Mais l'expression a elle-même pris de l'âge. En revanche, on dit toujours d'un hypocrite que c'est un *faux jeton*. On en fait même un adjectif et le bon oncle Gabriel de la gamine Zazie dit dans le célèbre récit de Raymond Queneau : « il était même un peu faux jeton sur les bords, votre Jules ? »

On sait bien – ou l'on croit savoir – ce qu'est un jeton, pour peu qu'on aime les jeux de hasard. Les jetons et les plaques, au casino, ne sont ni des billets ni des pièces d'argent ou d'or, mais ils les représentent. Ce sont donc toujours de faux signes monétaires, qui n'ont aucune valeur hors du cadre du jeu.

Au début du XIXe siècle, la valeur fictive des jetons par rapport aux pièces a suscité l'expression *faux* (ou *fausse*) *comme un jeton,* employée pour qualifier un menteur ou une menteuse. Mais la langue est économe et se contente parfois de l'inexactitude des raccourcis : pour faire court, on a traité plus brièvement les hypocrites de *faux jetons*.

Avec cette ellipse, l'expression devient absurde et trahit son origine : on qualifie de faux ce qui est déjà une fausse monnaie. C'est le vrai jeton qui ne vaut que ce qu'il est, du carton, du plastique, du caillou, des haricots. Peanuts, quoi ! Ce qui donne raison à Cocteau, qui disait d'un fieffé menteur : « c'est un vrai jeton ! »

> « Est-ce qu'ils n'avaient pas convenu de toute cette mise en scène quand ils étaient restés seuls en face l'un de l'autre, avec ce faux jeton de docteur Schmitt ? »
>
> Jean-Paul Sartre, *Le Sursis*, 1945.

Être vieux jeu

être peu en accord avec la mode, le goût du jour

Dire de quelqu'un qu'il est *vieux jeu,* c'est une manière polie de le traiter de ringard. Les anciennes générations sont parfois dépassées par les jeux de leurs descendants et par les mots qui en parlent : les consoles, les jeux en ligne et les applis ludiques des téléphones dernière génération ont depuis longtemps renvoyé le jeu de l'oie et les petits chevaux au rayon des antiquités. Mais ce n'est pas de ces jeux-là qu'il est question.

Le mot *jeu* a de nombreuses acceptions. En tant qu'activité réglée, il s'emploie dans le domaine du théâtre, désignant la manière dont un comédien interprète un rôle, le *jouant* bien ou mal. On appelle *jeu de scène* l'ensemble d'attitudes qui concourent à un effet scénique. Ce jeu, comme toute technique, évolue. Il peut donc être nouveau ou vieux.

La formule, d'abord apparue sous la forme *c'est le vieux jeu,* a dû s'appliquer à la manière de jouer des vieux comédiens, à base de plaisanteries éculées, ou bien à la manière ancienne, celle qui ne fait plus rire, qui semble désuète et ridicule. Du jeu à l'ancienne mode, l'expression, hors de tout spectacle, s'est appliquée aux habitudes de vie ou de pensée surannées ou aux manières datant d'une époque révolue.

Le vieux jeu est donc « passé de mode ». Mais comme la mode, nous affirme Jean Cocteau, peut se définir comme ce qui se démode, on est toujours le vieux ringard d'un plus jeune, qui le deviendra. Et on n'ose pas parler de *jeune jeu,* sans doute pour éviter l'allitération.

> « Il est assez amusant, avec sa manière de parler un peu vieux jeu, un peu solennelle. »
>
> Proust, *Le Côté de Guermantes*, 1920.

À tire-larigot

beaucoup, en quantité

Un homme politique en campagne organise des réunions à tire-larigot pour se faire connaître. Un auteur qui publie à tire-larigot est prolifique. Des amateurs de vin boivent à tire-larigot s'ils vident de nombreuses bouteilles, se rapprochant sans le savoir de l'origine de l'expression. Les contextes sont variés. Que signifie ce curieux *larigot* qui, une fois *tiré*, évoque l'abondance ?

Il ne s'agit ni d'une déformation de *haricot*, ni d'un cousin de *à gogo*, qui signifie aussi « abondamment ». Le larigot était une petite flûte rustique, une variété de pipeau. L'instrument a aujourd'hui disparu, mais son nom désigne encore un des jeux de l'orgue dont le son rappelle celui de ce flûtiau. Quant à l'origine du mot, elle est mystérieuse. On sait seulement qu'il figure dans des refrains de chansons, comme ce « Larigot va Larigot », d'un poème de Christine de Pisan, au XVe siècle.

L'expression *à tire-larigot* semble donc née du refrain d'une chanson à boire. La formule apparaît dans *boire* à *tire-larigot,* « boire d'un trait, en vidant une bouteille après l'autre ». En *sifflant* les bouteilles, comme on dit. Ce rapprochement entre la musique et les plaisirs du vin n'est pas rare et *flûter,* au sens figuré, s'est dit jadis pour « boire beaucoup ». Au XVIIe siècle, le *Dictionnaire universel* de Furetière rappelle que *boire à tire-larigot* avait pour synonyme « jouer de la flûte de l'Allemand, par comparaison à ces verres longs et étroits dont les Allemands se servent dans leurs débauches, qu'ils nomment *flûtes.* » Les Allemands ont bon dos.

Ce n'est qu'à partir de la fin du XVIe siècle que la locution a été utilisée seule pour « abondamment ». Mais son origine nous rappelle que la flûte est un symbole de l'ivresse. Dans la mythologie grecque, déjà, Pan accompagne de sa flûte le cortège de Dionysos (Bacchus), le dieu du vin.

> « il faut vous marier convenablement, et vous ne vous marierez convenablement que si vous faites défiler devant vous des messieurs convenables, à tire-larigot, comme on fait défiler devant soi des étalons au Tattersall. »
>
> Henri de Montherlant, *Les Jeunes Filles,* 1936.

L'occasion fait le **larron**

les circonstances peuvent amener à mal agir

L'expression proverbiale *l'occasion fait le larron* justifie l'acte de qui n'a fait que profiter des circonstances. Comme on ne sait plus très bien ce qu'est un larron, il arrive même que certains écrivent *fait le lard rond* ou *le lardon*. Le larron n'a pourtant rien d'un porc.

Larron vient du latin *latro* « voleur », comme l'espagnol *ladrón* et l'italien *ladrone*. Les Évangiles rapportent la présence de deux malfaiteurs crucifiés en même temps que Jésus-Christ, et distinguent le *bon larron*, qui se repent avant de mourir, du *mauvais larron*, qui ne regrette rien.

Selon notre expression, on devient voleur parce que l'occasion de voler se présente et que, selon Furetière, « la faculté *[la possibilité]* de dérober invite à le faire ». Plus généralement, ce sont les circonstances, plus que le tempérament, qui poussent à agir d'une manière ou d'une autre. On retrouve cette idée dans la fable de La Fontaine *Les Voleurs et l'Âne,* dans laquelle deux voleurs se disputent au sujet d'un âne qu'ils viennent d'enlever et qu'ils se font ravir par un *troisième larron,* la tierce personne qui profite du différend.

Lorsque deux larrons s'entendent, ce ne peut être que pour préparer un mauvais coup. *S'entendre comme larrons en foire* évoque la complicité de tire-laine, ancêtres des pickpockets, profitant de la cohue des foires pour détrousser marchands et clients. L'expression ne signifie plus que « s'entendre à merveille », parfois pour commettre quelque méfait, mais parfois aussi en toute innocence.

Les *larronneaux,* qui avec le temps devenaient de grands larrons, ont disparu, tout comme les jolies *larronnesses* de cœur. Ne nous reste que ce larron, prompt à saisir l'occasion lorsqu'elle se présente, à l'image du *kairos,* concept grec représenté sous les traits d'un jeune homme qu'il fallait attraper par sa touffe de cheveux au moment où il passait. Le larron et l'occasion jouent à qui est le plus vif.

« quand il me voulut caresser, je ne me montrai pas si facile. Il pensait que l'occasion faisait le larron, et qu'étant en un lieu fort secret je me laisserais aller. »

Charles Sorel, *La Vraie Histoire comique de Francion,* 1623.

S'endormir sur ses lauriers

se contenter d'un premier succès et ne plus agir

Si quelqu'un, fort d'un premier succès, *s'endort sur ses lauriers,* ce n'est pas qu'il trouve le repos sur un lit de feuilles aromatiques : on ne prête au laurier aucune propriété anesthésiante, aucune vertu dormitive, pour parler comme les médecins de Molière.

Le laurier est l'arbre consacré à Apollon. Dans la mythologie grecque, le dieu poursuivait de ses ardeurs la nymphe Daphné, dont le nom signifie en grec «laurier». Pour lui échapper, elle demanda l'aide de Zeus (ou de son père), qui la transforma en arbuste. À défaut de voir triompher son amour, Apollon s'appropria l'arbre. Souvent représenté sur la lyre du dieu, le laurier est consacré à la poésie et au chant, et récompense la valeur et la vertu. Tressées en couronnes, les feuilles de laurier ceignent le front des poètes célèbres, des athlètes victorieux, des guerriers vainqueurs et de tous les *lauréats* (du latin *laureatus,* «couronné de lauriers»). La récompense est devenue le symbole du succès. Ainsi, la victoire voit le héros *couvert de lauriers.*

Au XVIIe siècle, celui qui avait connu la gloire pouvait jouir d'un repos bien mérité et *se reposer à l'ombre de ses lauriers*. L'expression s'est modifiée en *se reposer sur ses lauriers* et son sens s'est restreint. Du repos mérité à la satisfaction qui empêche l'action, il n'y a qu'un pas. Ainsi, se repose-t-on sur ses lauriers quand, fort d'une première victoire, on ne veut plus fournir d'effort et on se contente de jouir des bénéfices du succès passé. Ce qui peut-être dangereux car la gloire est parfois éphémère. Ainsi, dans *Le Cid* de Corneille, Don Diègue, ce personnage âgé, honoré, respecté, se lamente de « voir en un jour flétrir tant de lauriers » pour avoir reçu un soufflet, affront humiliant.

> « À trente-deux ans, la jeune femme ne compte pas s'endormir sur ses lauriers. Elle a déjà écrit un second roman, [...] dont l'action se déroule à Malaga »
>
> *Le Figaro*, 2015.

Être légion

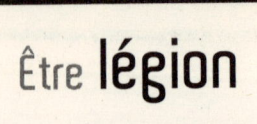

être nombreux

Les récipiendaires de la Légion d'honneur sont triés sur le volet* et rares sont les élus. Alors pourquoi dit-on *être légion* pour exprimer une grande quantité ?

Il faut remonter à l'Antiquité et se souvenir que la légion était l'une des divisions de l'armée romaine. Le mot vient du latin *legio,* « choix, faculté de choisir (en latin *legere*) ». On peut comprendre que les soldats étaient choisis parmi les meilleurs. Il est également possible que cette étymologie soit liée au fait que les soldats romains étaient libres de se choisir un compagnon d'armes.

Toujours est-il que la légion était la division la plus importante, et, bien qu'on ignore précisément le nombre de fantassins et de cavaliers qui la constituaient, on peut imaginer qu'elle en comportait plusieurs milliers. En effet, la centurie, comme son nom l'indique, comprenait une centaine d'hommes. Deux centuries formaient un manipule, division de la cohorte, qui était la dixième partie de la légion. Cela pouvait représenter environ six mille légionnaires.

L

La langue a retenu ce nombre important de soldats. D'abord dans le discours religieux, où il est question des Armées célestes, et où *légion* est employé à propos des anges et des démons : ce sont les *célestes légions* et les *légions infernales*. « Mon nom est Légion », a dit Satan. *Légion* devient synonyme de *multitude* et dans *être légion*, le mot a presque une valeur d'adjectif.

L'histoire a retenu que les puissantes légions de César firent le siège d'Alésia mais on a oublié l'origine de cette expression courante. Elle fait pourtant partie de la série exprimant une grande quantité, aux côtés de *armada*, *armée*, *cohorte* et *troupe*. Dans notre vocabulaire quotidien, les mots d'origine militaire pour dire la foule sont vraiment légion !

LE MOT DU PETIT ROBERT

légion

[leʒjɔ̃] nom féminin.
ÉTYM. 1155 ◆ latin *legio, onis*, famille de *legere* « choisir », les légionnaires étant, à Rome, recrutés au choix
1. Dans l'Antiquité romaine, Corps d'armée composé d'infanterie et de cavalerie. [...]

À la queue leu leu

l'un derrière l'autre

« À la queue, Monsieur Leleu ! Attendez, comme tout le monde ! » Non, ce n'est pas ça du tout. Cette *queue* exprime bien le fait d'être « à la file », l'un derrière l'autre, mais en même temps, c'est une vraie queue d'animal. C'est ce *leu* répété qui intrigue. Ce petit mystère n'empêche pas de trépigner en se tenant par la main en chantant à tue-tête : « à la queue leu leu ». On entend *le le* et on peut se demander ce qui vient après ces articles. Le quoi ? Répondre *le leu* ne nous éclaire pas.

Cette expression, en fait, nous montre que la langue bouge. La langue tout entière, les mots et la grammaire. Les mots, d'abord. Quand le latin *lupus,* désignant un animal remarquable et redouté, a été « avalé » par l'ancien français, on le prononçait *léw* et on l'écrivait *leu* ou *lou,* sans se gêner. Au XIIIe siècle, nos ancêtres ont eu des scrupules. Ceux, assez nombreux, qui savaient le latin ont ajouté à *lou* un *p,* comme dans *lupus* : le *loup* ainsi écrit a fini par faire oublier le vieux *leu.* La grammaire, ensuite. « À la queue loup loup » fait une étrange phrase où deux articles ont été oubliés. Cette *queue loup,* c'est la même chose que *hôtel-Dieu,* qui signifie « la maison de Dieu ». De même, les habitants de Bourg-la-Reine n'ont pas besoin de préciser qu'il s'agit « *du* bourg *de* la Reine ».

Donc, *leu leu* du Moyen Âge, qui serait devenu *loup loup,* c'est en fait « à la queue *du* loup, *le* loup », ou, si l'on préfère l'article indéfini, puisque le *loup* de l'expression n'est pas précisé, « à la queue d'un loup, un loup ». Et cela exprime parfaitement le sens que nous donnons à une expression dont on ne connaît que le début : « à la suite, à la file ». Il arrive que nous parlions vieux français sans le savoir, comme Jacquouille la Fripouille dans *Les Visiteurs.*

« Ils cheminent à la queue leu leu, menés par des guides à casquette d'uniforme qui hurlent dans un porte-voix pour dominer le bruit des mécaniques »

Georges Duhamel, *Scènes de la vie future,* 1930.

Entrer en lice

s'engager dans une lutte, une compétition ; intervenir dans un débat

Les chasseurs savent que la femelle du chien de chasse s'appellent *la lice*. Quand on *entre en lice* pour s'engager dans une lutte, combat véritable ou joute oratoire, nous avons affaire à un homonyme : il ne s'agit pas de lâcher les chiens ni les chiennes. Gardez-vous par ailleurs d'écrire *lisse,* par confusion avec un homophone.

Le mot *lice*, d'origine germanique, désigne primitivement une barrière. Au XIIe siècle, c'est la palissade entourant un château, puis le champ clos où s'organisent les tournois et les joutes. À la Renaissance, le mot s'étend à l'espace – délimité par des barrières – réservé aux courses de chevaux et aux compétitions.

On entre en lice, comme on entre dans l'arène, pour affronter un adversaire, pour livrer un combat. Dans *Le Cid* de Corneille, le roi accorde à Chimène qu'elle choisisse un chevalier qui se battra en duel contre Rodrigue, qui a tué le père de la jeune femme, et formule ainsi sa proposition : « Il suffit qu'une fois il entre dans la lice, Choisis qui tu voudras, Chimène, et choisis bien, Mais après ce combat ne demande plus rien. »

Au XVIIe siècle, la métaphore est transposée dans le domaine de la parole. Les discussions en société sont alors de véritables joutes oratoires, et *entrer en lice* signifie « intervenir dans un débat ». Il faut du courage pour descendre dans l'arène publique et prendre part à une *polémique,* mot relevant d'une métaphore semblable puisqu'il vient du grec *polemikos,* « qui concerne la guerre ». À l'inverse, *fuir la lice* se disait pour « éviter la dispute ».

Lorsque Mirabeau dit « Je rentre dans la lice, armé de mes seuls principes et de la fermeté de ma conscience », il s'apprête à livrer bataille et à porter des coups. Seul le vainqueur *restera en lice.*

LE MOT DU PETIT ROBERT

1. lice

[lis] nom féminin
ÉTYM. 1155 ♦ francique °*listja* « barrière »
1. ANCIENNEMENT Palissade.
– PAR EXTENSION Espace circonscrit par cette clôture, réservé aux exercices ou aux compétitions.
– PAR ANALOGIE Champ clos où se déroulaient des joutes, des tournois. [...]

Être en **liesse**

manifester publiquement et bruyamment son allégresse

Quel dommage ! Pourquoi avoir laissé se perdre un mot aussi plaisant ? La triste histoire du mot *liesse* dénonce l'insensibilité et l'indifférence de nous tous, qui parlons sans trop réfléchir, à nos richesses de langage. Il n'y aura jamais assez de mots pour exprimer la joie débordante, le plaisir, l'allégresse, l'exultation, qui plus est partagée. C'est d'ailleurs à propos de la joie publique manifestée collectivement qu'on emploie encore l'expression *une foule, un peuple en liesse,* souvent dans la langue littéraire, comme André Gide lorsqu'il écrit dans *Si le grain ne meurt* « une étrange liesse emplissait la ville ».

Pourtant le mot latin d'où vient au Moyen Âge le français *ledece*, puis *lëece, liesce,* on l'a conservé comme superbe prénom féminin, Lætitia. Autre femme, mais dans le culte religieux de Marie, cette *Notre-Dame de Liesse* dont Littré disait que c'était le seul emploi vivant de ce vieux mot. Ce fut un mot d'amour et Charles d'Orléans, dont la renommée de poète a dépassé sa notoriété de prince, se désolait, disant « Adieu ma Dame, ma liesse ! » En ancien français il s'appuyait sur un adjectif complètement oublié aujourd'hui, *lié*. Oubli normal car dire *je suis lié* évoquait fâcheusement le lien et le saucissonnage, plutôt que l'allégresse.

Encore employée, l'expression *en liesse* n'évoque plus tant un bonheur qui peut être intense, mais aussi intime, que des manifestations débridées, la grosse joie. Les foules en liesse ont tendance à brailler et à boire, alors qu'elles devraient, si l'on avait respecté le mot, ressembler aux foules sentimentales d'une belle chanson.

« Aux noces d'un tyran tout le peuple en liesse
Noyait son souci dans les pots.
Ésope seul trouvait que les gens étaient sots
De témoigner tant d'allégresse. »

La Fontaine, *Fables*, VI, 12, 1668.

Être bien, mal luné

être de bonne, de mauvaise humeur

Le vocabulaire le plus familier est parfois issu de croyances très anciennes. C'est le cas de cette expression qui décrit l'humeur agréable ou maussade de chacun. *Luné* s'emploie rarement en dehors de cette formule qui évoque la *lune*. C'est bien le nom du satellite de la Terre qui en est à l'origine.

L'adjectif *luné*, au XVIe siècle, sert à qualifier ce dont la forme rappelle celle du croissant de lune. Mais cet astre hautement symbolique, depuis l'Antiquité, influence les humains. Apparu au XIXe siècle, *bien, mal luné* signifie littéralement « bien, mal influencé par la Lune ». Conformément à l'idée d'une concordance entre le macrocosme (l'univers) et le microcosme (l'être humain), on a toujours pensé que les astres, la Lune, ont une influence décisive sur le caractère humain et sur la nature, ce que confirme la science avec le phénomène des marées.

Ce que la Lune a certainement influencé, c'est notre vocabulaire. Le satellite étant lointain, une personne *lunaire*, tel Pierrot, est un être rêveur, toujours *dans la lune*. Comme la forme éclairée du satellite, vue de la Terre, est changeante, on a qualifié de *lunatiques* ceux dont le caractère est instable. Le mot désignait auparavant les individus victimes d'accès de folie, sens qu'a gardé l'anglais *lunatic*.

Les Italiens disent d'une personne de mauvaise humeur qu'elle a « la lune de travers » *(la luna storta)*. La formulation, qui rappelle que l'astrologie détermine ses prédictions à partir du calcul de l'alignement des astres, est en tout cas plus expressive que notre *mal luné* !

> « Comment est-il luné aujourd'hui ? De son humeur, toute la journée allait se ressentir. »
>
> Raymond Guérin, *L'Apprenti*, 1946.

Il y a belle lurette

il y a bien longtemps

Cela fait un bail, comme on dit, que nous employons l'expression *il y a belle lurette* pour évoquer ce qui remonte au déluge. Et comme cette expression n'est pas récente – bien qu'elle ne date pas de Mathusalem –, on n'en connaît pas toujours l'origine, même en sachant bien l'employer. Qu'est-ce donc qu'une *lurette*, surtout quand elle est belle ? En a-t-on jamais vu de laide ?

L'expression venant de la langue orale, il est difficile d'en retracer l'évolution exacte, et même de dater son apparition. Mais on suppose, grâce aux patois du nord et de l'est de la France qui employaient encore récemment l'équivalent *il y a belle heurette*, que *lurette* serait une déformation de l'ancien français *hurete*, la « petite *heure* ». De même que les enfants qui entendent « un avion » disent « le navion », fourrant l'article dans le mot, la consonne finale de l'adjectif *belle* a été perçue comme le premier son du nom suivant. En outre, le son *lure*, celui de *turelure*, fréquent dans les refrains de chansons, a pu influencer cette transformation. Si on ne connaît pas de *bellure*, on a trouvé en Bourgogne des attestations de *bellurette*.

Par cette déformation, *lurette* s'est éloigné du sens de « petite heure », évoquant aujourd'hui un laps de temps « joliment » long. Combiné à l'adjectif *beau* (comme dans *il y a beau temps que* pour « il y a longtemps que »), cette petite heure exprime l'idée d'un temps important comme dans *il y a un sacré bout de temps*. C'est peut-être la curiosité qui rend si belle cette lurette !

> « Titi, ses dents, ça faisait belle lurette qu'il les avait perdues les unes après les autres ! »
>
> Jean-Claude Izzo, *Le Soleil des mourants*, 1999.

Ça fait des lustres

ça fait longtemps

Une tendance naturelle à l'exagération nous pousse à amplifier la durée des bons ou des mauvais moments que nous vivons. Ainsi, à un ami qui revient d'un long voyage, on dit encore que *ça fait des lustres* qu'on ne l'a pas vu. Pourquoi des lustres ? Pourquoi pas des luminaires, des candélabres ou des lampadaires ?

Si vous étiez scrupuleux en parole, vous ne devriez employer cette expression que si la durée avait atteint cinq ans exactement. Car le lustre dont il est question ici n'a aucun rapport avec l'appareil d'éclairage : il vient du nom d'un sacrifice expiatoire, en latin *lustrum*, cérémonie purificatrice que les Romains de l'Antiquité pratiquaient tous les cinq ans lors du recensement.

En passant de l'Antiquité à la période actuelle, le mot français a désigné une période de cinq ans. On lit dans le *Gil Blas* de Lesage : « il avait deux enfants, un garçon qui achevait son cinquième lustre, et une fille qui commençait son troisième ». Autrement dit, un fils de vingt-cinq ans et une fille d'environ dix ou onze ans. Cet emploi ne survit que dans la langue littéraire, *lustre* n'évoquant plus dans le langage courant qu'une période longue et indéterminée, quand ce n'est pas l'appareil d'éclairage homonyme.

On peut s'émerveiller que la langue française ait su emprunter, depuis le Moyen Âge, un mot latin qui désignait une durée précise, pour créer une expression si vague. Mais si son origine est souvent méconnue, elle rivalise sans peine avec d'autres, plus claires : *des lustres*, ce sont *des siècles* ou même *une éternité*.

Le mot de Stéphane De Groodt

Conséquence de l'assemblage de plusieurs ampoules accrochées les unes aux autres.

Avoir **maille** à partir avec quelqu'un, avec quelque chose

avoir un différend avec quelqu'un, une difficulté avec quelque chose

Quand on emporte un pull à grosses *mailles* pour *partir* à la montagne, ce n'est pas forcément une source de conflit. Rien n'explique, à première vue, le rapport entre maille et départ. La langue est facétieuse, et il s'agit de tout autre chose.

Le latin *medius,* « demi », est à l'origine de nombreux mots français, ceux de la famille de *moyen,* et aussi ce *maille* qui désignait sous les Capétiens la plus petite monnaie, valant un demi-denier. Cette faible valeur a motivé plusieurs emplois disparus, comme *pince-maille* désignant une personne très avare, l'ancêtre du grippe-sou, *faire la maille bonne* pour souligner que le compte y est jusqu'à la plus petite pièce et *ne pas valoir la maille* qui équivaut à ne rien valoir. Ce mot est peut-être en rapport avec le synonyme familier d'*argent* même si *avoir de la maille* est tout différent d'*avoir ni sou ni maille,* et il n'a aucun rapport avec la boucle du tricot.

Quant à *partir,* il ne s'agit pas de se mettre en mouvement. Le verbe dans cette expression est plus ancien. Apparu dès le Xe siècle, il signifiait « diviser en parties ». Il a été évincé par son dérivé *partager,* mais il a donné *partie, répartir* et *départir,* ainsi que le verbe *partir* « s'en aller » que nous employons aujourd'hui, où survit l'idée de séparation.

Ainsi, *avoir maille à partir avec quelqu'un,* c'est littéralement avoir un demi-denier à partager avec lui, ce qui ne peut manquer d'entraîner des querelles car la maille est indivisible. C'est sans doute la confusion avec les homonymes qui a assuré la survie de l'expression. Quelle autre formule évoquerait mieux un conflit insoluble ? Essayez de partager avec quelqu'un un centime d'euro !

LE MOT DU PETIT ROBERT

maille

[mɑj] nom féminin
ÉTYM. *meaille* XIIe ♦ latin populaire °*medialia,* de *medius* « demi »
HIST. Sous les Capétiens, La plus petite monnaie qui valait un demi-denier [...]

Faire la manche

faire la quête (après une prestation), mendier

« Bonjour Mesdames et Messieurs, pardonnez-moi de vous déranger pendant votre trajet, si je fais la manche ce n'est pas par plaisir… » Tel est le fond sonore de nombreux trajets en métro, à Paris et ailleurs. Dans un contexte moins désolant, un musicien, un acteur ou un jongleur de rue fait aussi la manche en présentant, après son spectacle, un chapeau à remplir, et dans ce cas il fait la *quête*, du verbe *quérir* qui signifie « demander ».

Coup de théâtre. L'expression a des origines fort nobles, chevaleresques même. Au temps de l'amour courtois, lorsqu'une dame choisissait le champion qui aurait l'honneur de jouter pour elle au tournoi, elle lui offrait parfois une manche de sa robe que le preux paladin attachait à son heaume. Dans *Perceval ou le Conte du Graal,* Chrétien de Troyes relate l'histoire de la Pucelle aux Petites Manches qui, pour s'opposer à Mélian de Lis, le champion de sa méchante sœur, choisit le chevalier Gauvain à qui elle remit « une manche longue et large », taillée dans « une pièce de soie vermeille ». C'est ce qu'on appelait « défendre les couleurs » de sa dame.

M

C'est ainsi que *manche* prit le sens de « gratification, cadeau ». À la Renaissance, époque d'échanges intenses entre la France et l'Italie, le mot franchit les Alpes sous la forme *mancia,* « pourboire, aumône », qu'on doit prononcer *mantcha*. Il fut réintroduit en français, avec sa forme d'origine, à la fin du XVIIe siècle. La formule *faire la manche* appartenait alors à l'argot des saltimbanques et des mendiants, avant de se généraliser.

Notre expression, qui fait le grand écart entre le héros courtois et le SDF, a donc pour origine la partie du vêtement appelée *manche* qui, tout comme le *manche* du balai, vient du latin *manus,* « main ». Mais entre *le* manche et *la* manche, qui peut être un « bras de mer », c'est une autre paire de manches.

« Bon, c'est vrai, il ne faisait pas la manche comme tous ces jeunes qu'il voyait dans le métro, ou devant le bureau de poste. Lui, il avait encore de quoi se faire à bouffer, et boire quelques pastis chez Jeannot. »

Jean-Claude Izzo, *Vivre fatigue*, 1998.

Être de **mèche** avec quelqu'un

> être d'accord en secret avec quelqu'un
> dans une affaire qui doit être tenue cachée

Des salons de coiffure prennent pour enseigne *De mèche avec vous* pour rappeler d'un clin d'œil la complicité entre l'artiste capillaire et ses clients. Ces *mèches* de cheveux sont sans rapport avec notre expression qui évoque des ententes secrètes, des arrangements louches, dans l'intérêt des deux partis. Une personne *de mèche* avec une autre partage avec elle des intérêts peu avouables. C'est précisément l'idée de partage qui se cacherait derrière cet étrange emploi de *mèche*.

L'origine de l'expression, apparue à la fin du XVIIIe siècle, est discutée. Pour certains, cette *mèche* est le cordon imprégné de combustible que l'on fait brûler pour obtenir une flamme de longue durée. Dans une autre expression, *vendre la mèche,* « trahir le secret d'un complot », la mèche est la métaphore du mauvais coup en préparation, de l'arrangement préalable à quelque action malhonnête.

Pour d'autres, cette *mèche* serait apparentée au latin *medius,* et issue du provençal *mech,* « demi », proche de l'italien *mezzo,* « moitié » et « moyen ». On retrouve dans cette langue une expression de même sens, *esser di mezzo con qualcuno*. Celui qui est de mèche serait alors pour moitié dans l'affaire.

Quoi qu'il en soit, le mot apparaît d'abord en français dans l'expression *à mèche d'affut,* pour *affure,* « opération qui procure un bénéfice ». Elle était employée par les typographes pour indiquer le partage égal des bénéfices dans une coopérative d'imprimeurs. Dans l'argot des artisans de l'imprimerie, il était courant de poser la question *y a-t-il mèche ?,* pour demander s'il y avait du travail à partager, à laquelle on répondait *il y a* ou *il n'y a pas mèche*. Cette dernière formule, négative, a pris plus tard le sens de « c'est impossible », autrement dit « y a pas moyen ».

Être de mèche, c'est donc partager un travail, un salaire – d'où « être complice » –, le partage concernant aussi bien la responsabilité et la préparation du complot que les bénéfices espérés. La connivence des auteurs d'un mauvais coup est proverbiale : on parle aussi de *s'entendre comme larrons* en foire*.

« si l'on tenait la preuve que, depuis le début, le parti militaire allemand est de mèche avec l'état-major autrichien ! »

Roger Martin du Gard, *Les Thibault, L'Été 14*, 1936.

Le miroir aux alouettes

ce qui trompe, ce qui fascine

La langue française est riche d'expressions usant de noms d'oiseaux. Si le sens de *gai comme un pinson* ou de *fier comme un paon* ne fait aucune difficulté, *le miroir aux alouettes* est moins évident. L'alouette serait-elle un oiseau épris de sa propre image et qui, tel Narcisse, voit son destin basculer en admirant son reflet ?

C'est dans le domaine de la chasse qu'il faut chercher l'explication. Si l'on ne veut pas attendre que les alouettes nous tombent toutes rôties dans le bec, il faut se lever au chant du coq pour aller chasser le volatile, et l'on peut alors utiliser un piège constitué d'une petite planche, souvent en forme de silhouette d'oiseau. Muni de petits miroirs et tournant sur un axe, l'engin scintille au soleil, attirant le pauvre oiseau vers un filet. Ce dispositif est appelé *miroir aux alouettes* (ou *d'alouette*), car il est formé de plusieurs petites surfaces réfléchissantes.

L'alouette, petit passereau au chant mélodieux, a connu autrefois divers dénigrements dans la langue populaire. Un *crâne d'alouette* désignait une petite cervelle, *manger comme une alouette* se disait avant qu'on ne préfère le moineau, le piaf. Dans les comptines, il est encore question de la plumer tout entière ou de la transformer en pâté avec cette recette qui dénonce les ruses agroalimentaires : pâté d'alouette à 50 % = un cheval, une alouette. Plus généralement, les petits volatiles sont souvent associés à la crédulité ou à la bêtise, comme dans *cervelle d'oiseau* ou *tête de linotte*, et l'alouette ne fut pas mieux lotie, malgré son chant.

Au sens figuré, la victime du miroir en question est donc l'individu qui se fait leurrer par de belles promesses. Il se transforme alors en un autre oiseau, le pigeon de l'affaire ou le dindon de la farce, qu'il ne reste plus qu'à plumer : « alouette, gentille alouette, alouette, je te plumerai ! »

« Je suis pour le progrès, [...] mais pas pour un progrès en matière plastique... Pas pour le miroir aux alouettes. »

Elsa Triolet, *Roses à crédit*, 1959.

Motus et bouche cousue

invitation faite à quelqu'un de ne pas répéter, ébruiter quelque chose

Motus et bouche cousue ! invite à ne pas *souffler mot*, à taire un fait dont on a été témoin ou confident : il ne s'agit pas même d'en parler à *demi-mot*, mais de garder un silence absolu sur ce point. En interjection, *motus !* équivaut à *silence !* ou *ferme-la !*

Bouche cousue !, que l'on trouvait déjà en ce sens dans des farces du XVe siècle, transmet une image claire. Dans cette métaphore, la « couture » de la bouche n'est pas l'indice d'un travail grossier (comme dans *cousu de fil blanc*) mais un moyen sûr de fermeture : il s'agit, au sens figuré, de se coudre la bouche, pour ne pas risquer d'ébruiter une information confidentielle. On trouve parfois *lèvres cousue*s ou, autre image, *bec cousu*.

Motus, plus mystérieux, est attesté depuis la même époque. Sa finale latine ne doit pas masquer que c'est un mot de fantaisie, notre simple *mot* latinisé par plaisanterie. Il faut rappeler que – à la manière de *mie, goutte, point* ou *rien* – *mot,* dans son premier emploi, servait à renforcer la négation des tournures évoquant la parole. On disait *ne manger mie, ne boire goutte, ne voir point,* et donc *ne dire, ne sonner mot,* « ne rien dire », ou *n'en savoir mot,* le mot valant alors pour « idée » et pour « chose ».

Renforcée par l'ajout de *motus,* l'expression *bouche cousue* est devenue une injonction familière à ne pas éventer le secret, à se taire. La fierté à être de mèche* et surtout, à être jugé digne de confiance, ne suffit pas toujours à garder pour soi une information devenue d'autant plus lourde que le secret réclamé contribue à lui donner de l'importance. *Motus,* loin d'aider à tenir sa langue, peut inciter à (trop) parler.

« Tu t'rappelleras, et pis c'est écrit. Faudra le lire, c' livret. Moi, je l' dirai à personne : pour que ça réussisse, ces coups-là, il faut motus absolu. »

Henri Barbusse, *Le Feu*, 1916.

Faire mouche

toucher juste

*A*voir les abeilles, la puce à l'oreille, des fourmis dans les jambes, une araignée au plafond… Avec leur valeur symbolique évocatrice, les bestioles, insectes, vers ou arachnides, grouillent dans notre langage.

La mouche est un insecte omniprésent. Un individu inoffensif *ne ferait pas de mal à une mouche* alors qu'une personne vexée *prend la mouche ;* on se demande *quelle mouche l'a piquée. On entendrait une mouche voler* lorsqu'un ange passe : affaire d'ailes. Les *pattes de mouche* sont difficiles à déchiffrer tandis que cet insecte insaisissable motive la *fine mouche,* vive et rusée.

On pourrait croire que cette habileté est à l'origine de *faire mouche,* alors qu'il s'agit d'une allusion à la petitesse et à la couleur de ce diptère. On a appelé *mouche* le petit morceau de taffetas noir porté autrefois par les femmes pour faire ressortir la blancheur de leur peau ou encore, chez les hommes, la petite touffe de poils au-dessous de la lèvre inférieure. Le centre d'une cible, matérialisé par un point noir, fut donc une mouche. L'excellent tireur qui place une balle ou une flèche dans ce point *fait mouche*. Il atteint sa cible, met dans le mille s'agissant pourtant d'un point singulier, le centre de la cible.

Un mot qui fait mouche atteint son but en touchant un point sensible. *Mot* et *mouche* pourraient même, selon des étymologistes, avoir la même origine : l'onomatopée *mu*, qui évoque un bourdonnement ou un murmure. Mais si les mots sont comme les mouches, on n'est jamais parvenu à les faire disparaître avec une tapette ou du papier gluant. Pas plus qu'on n'attrape les mouches avec du vinaigre, on ne fait mouche sans viser.

> « Quelle péroraison ! D'une concision, d'une violence, d'une aigreur ! Vous faisiez mouche à chaque mot. Les jurés ne respiraient plus. »
>
> Marcel Aymé, *La Tête des autres*, 1952.

Se faire du **mouron**

se faire du souci

Des parents qui s'inquiètent pour leurs enfants se font, comme on dit familièrement, *du mouron*. C'est-à-dire qu'ils se font *un sang d'encre, du mauvais sang, des cheveux blancs, de la bile*. Leur corps semble être le premier témoin et la première victime des manifestations de leur inquiétude. Somatisant leur angoisse, les anxieux s'infligent bien des tourments.

Mais quelle partie du corps le *mouron* désigne-t-il ? Quelle réaction physiologique déclenche-t-il ? La perplexité est grande puisque le mouron est une petite plante sauvage dont les graines régalent les oiseaux. Cette herbe, qu'on dit mauvaise, est une brave plante qui pousse partout, même en ville, et en toute saison. Le mouron blanc fournissait sa marchandise au *mouronnier,* petit métier perdu de gagne-misère qui arpentait les rues, hotte au dos.

Cependant, parce que cette espèce végétale produit des touffes denses s'étalant sur le sol, elle a désigné, dans l'argot de la fin du XIXe siècle, la chevelure, la pilosité.

Époque où les braves à trois poils avaient « du mouron au cul ». Et c'est ainsi que *se faire du mouron* est l'équivalent de *se faire des cheveux,* sous-entendu *des cheveux blancs*.

On constatera avec amusement que ces deux expressions n'évoquent plus aucune réaction physiologique. Elles donnent à croire que le souci fait pousser les cheveux, alors qu'il nous conduit plus souvent à nous les arracher…

> « Il y aurait toujours en elle une petite pimbêche complexée prête à se ronger les os des mains et à se faire du mouron pour rien. »
>
> Yann Queffélec, *Disparue dans la nuit*, 1994.

Se casser la **nénette**

se fatiguer

Il y a *nénette* et *nénette*. Si on peut se la casser, la nénette, à comprendre pourquoi sa nénette est partie, les deux *nénettes*, pour autant, ne doivent pas être confondues.

La nénette qui « se casse » et qui vous quitte, c'est une jeune femme avec qui vous entreteniez une relation amoureuse. Le mot *nénette*, dans ce cas, est parfois considéré comme une variante affectueuse de *nana*. Certains pensent qu'il s'agit d'un dérivé de *néné*, « sein ». D'autres y voient un diminutif de prénoms féminins *(Antoinette, Jeannette…)* ou de *pon(n)ette*, mot en vogue à la Belle Époque pour désigner une jeune fille de mœurs légères.

Quant à la nénette de l'expression, celle que l'on se casse, c'est la tête. En 1944, Céline écrit dans *Guignol's Band* que quelqu'un *perd la nénette,* mais le mot existait avant lui. Il s'agit probablement de l'abréviation de *comprenette*, mot familier dérivé de *comprendre*. En usage depuis la fin du XIXe siècle, il désigne la faculté de jugement, la capacité et la rapidité de compréhension.

Quant à *nénette,* la tête est bien considérée comme le siège de l'intelligence.

Se casser la nénette renvoie donc à la notion d'effort intellectuel, pour trouver une idée, une solution, comme dans *se triturer les méninges.* La formule rejoint ainsi la longue liste des expressions familières où l'on « se casse » quelque chose en faisant un effort : *se casser la tête,* mais aussi, sans aucune logique, *le cul, le pot, le train…* *S'échiner,* c'est se casser l'échine, *se décarcasser,* sortir de sa carcasse. Il est moins douloureux de *ne pas se fouler la rate !*

« – Te casse pas la nénette, Madeleine, je vais la ravoir, ta chaussette…
À vrai dire, ma mère risquait assez peu de se la casser. Pour se casser la nénette, il aurait fallu au moins qu'elle sache ce que c'était. Tout comme moi, d'ailleurs. Ce que je sais, c'est que chacun d'entre nous porte en lui une nénette qui, en cas de malheur, risque de se briser à tout jamais… »

Gérard Mordillat, *Rue des Rigoles,* 2002.

Une sainte nitouche

une femme qui affecte la pruderie, l'innocence

Qui est cette bienheureuse Nitouche ? Force est de constater qu'elle est absente de la liste des saints et des saintes du calendrier. Elle trompe son monde : une nitouche, canonisée ou pas, c'est une femme qui observe la plus grande réserve, qui manifeste pudeur et décence. L'expression *faire la sainte nitouche* s'emploie surtout à propos d'une femme de mœurs légères qui se cache en affichant une innocence outrée. Le mot est attesté depuis longtemps : *Saincte Nytouche !* s'exclamait déjà Rabelais en 1534 dans son *Gargantua*.

Le nom de cette hypocrite n'est qu'un calembour : la sainte nitouche est la *sainte (qui) n'y touche (pas) !* Ou du moins celle qui, sous ses airs de ne pas y toucher, n'en pense ou n'en fait pas moins. Théophile Gautier la révèle dans *Le Capitaine Fracasse* : « les prudes femmes, l'œil baissé sur la modestie, avec un air de Sainte N'y touche ». Une variante aujourd'hui disparue de l'expression était *sainte-mitouche*, où l'ancienne négation *mie* se manifeste *(elle n'y touche mie)*. Cette forme a peut-être été influencée par le mot *mitouche* par lequel on dénommait une chatte sournoise.

De même que cette coquine de Nitouche, somme toute assez peu chrétienne, d'autres saints pourtant célèbres manquent au calendrier, avec leurs fêtes, tels la saint-glinglin qui n'arrive jamais, le saint-frusquin*, qui désigne tout ce que l'on emporte, ou la sainte-touche qui célèbre le jour de paie. En matière de saints imaginaires, la langue française a toujours été féconde !

> « – Et ça ose s'habiller comme nous autres honnêtes filles de campagne, ajouta une des plus laides maritornes de la ferme.
> – Avec son air de sainte-nitouche, reprit une autre, on lui aurait donné le bon Dieu sans confession. »
>
> Eugène Sue, *Les Mystères de Paris*, 1842-1843.

Chercher des noises à quelqu'un

chercher querelle à quelqu'un

Si l'on *cherche noise* ou *des noises* à un boxeur colérique, on risque fort de prendre un marron ! La variante ancienne *chercher noises pour noisettes* pourrait vous égarer : le mot *noise* n'appartient pas à la famille de *noix,* bien que ces noisettes représentent un motif futile et indiquent qu'on se dispute pour *peanuts* !

En fait, l'origine du mot *noise* n'est pas claire. Certains le rattachent au latin *nausea,* qui a donné *nausée.* Une autre hypothèse le fait remonter au latin *noxia,* « faute, crime », mot de la famille de *nocere,* « nuire », et tire le mot vers le délit. Apparu au Moyen Âge au sens de « bruit, tumulte », le mot a évolué rapidement et *faire noise à quelqu'un* signifie « engager une querelle ». Furetière précise qu'elle « n'aboutit d'ordinaire qu'à des crieries, et il n'y a point d'effusion de sang » et que, avec le sexisme de l'époque – sous Louis XIV –, « c'est d'ordinaire la femme qui commence la *noise* ». Cette dame colérique, quand elle était fâchée, serait avantageusement rebaptisée *La Belle Noiseuse,* titre d'un film de Jacques Rivette inspiré de Balzac. Ce sens de *noise* a prévalu et le mot s'employait pour « querelle ». La Fontaine évoque dans sa fable *La Perdrix et les Coqs* « certains coqs incivils, peu galants, toujours en noise et turbulents ».

Le joli mot de *noise* tomba peu après dans l'oubli, non sans être passé en anglais où il a gardé son sens premier, prononcé autrement. Le français a conservé en lui l'idée de la bagarre dans ce *chercher des noises,* qu'on aurait tort, vu son ancienneté, de prendre pour une expression à la noix.

> « Lorsqu'ils étaient oiseaux, ils ne se querellaient que dans la saison des amours. Et maintenant ils se disputent en tous les temps ; ils se cherchent noise été comme hiver. »
>
> Anatole France, *L'Île des pingouins*, 1908.

Faire la **nouba**

s'amuser, faire la fête

« Chaque fois qu'on monte en ligne on fait la nouba toute la nuit » se souvient Maurice Genevoix dans *Ceux de 1914*. La Grande Guerre a été une grande pourvoyeuse d'expressions et de mots nouveaux. Beaucoup ont été diffusés par l'argot militaire, comme cette *nouba*, qui signifie aujourd'hui la fête, ce qu'on appelait *faire la noce*, des réjouissances débridées, sans qu'on ait conscience de son origine et de sa valeur initiale.

Le mot a été importé à la fin du XIXe siècle par les tirailleurs algériens de l'armée coloniale. C'est un mot arabe qui, à l'origine, désignait une chose assez abstraite. *Nuba*, en arabe maghrébin, correspond à l'arabe classique *nawba*, « tour », avec l'idée de « à tour de rôle », ce qui, à première vue, n'a rien à voir avec les plaisirs.

Au-delà de la Méditerranée, les militaires utilisaient le mot pour désigner un service de garde, un corps de troupe faisant son service à tour de rôle. Or, il était d'usage de jouer périodiquement de la musique devant la maison d'un officier ou d'un dignitaire. Les musiciens prenaient cette fonction, se succédant, chacun à son tour. C'est ainsi que la nouba devint le concert lui-même, puis le type de musique qui y était joué, essentiellement composé d'airs populaires d'Afrique du Nord, orchestré avec les instruments d'usage dans l'armée, notamment fifres et tambourins.

La musique, comme chacun sait, est indissociable des moments festifs, et la langue est friande de mots expressifs pour les désigner. Pas étonnant que les poilus aient pris goût à cette *nouba* siégeant – bien avant la *teuf,* verlan assourdi de *fête* – aux côtés de *bamboche, bamboula, bombe, bringue, fiesta, java* et *noce* dans la longue liste des réjouissances collectives.

Le mot du Petit Robert

nouba
[nuba] nom féminin
ÉTYM. 1897 ♦ arabe d'Algérie *nuba* « tour de rôle », désignant la musique que l'on jouait à tour de rôle devant les maisons des dignitaires
1. ANCIENNEMENT. Musique militaire des régiments de tirailleurs d'Afrique du Nord, comportant des instruments traditionnels (fifres, tambourins).
[...]

Tomber des nues

être extrêmement surpris, décontenancé par un évènement inopiné

Le problème avec la célébrité c'est qu'elle est éphémère. Un jour la presse à scandale vous *porte aux nues*, loue votre beauté, votre talent, et le lendemain, vous *tombez des nues* quand vous découvrez que le public vous délaisse. Pourtant, vous ne vous êtes pas *mis à nu* en racontant votre vie privée aux paparazzis. Vous êtes simplement tombé d'un lieu où il est difficile de se tenir de pied ferme. Et pour cause ! Le mot *nue* désigne au sens propre un *nuage*, car le nuage est aux nues ce que le feuillage est aux feuilles. Par extension poétique, la nue est le ciel tout entier : terrain meuble s'il en est !

Cet emploi s'est perdu, *nue* ayant été remplacé par ses deux dérivés, *nuage* et *nuée*, pour désigner ces phénomènes atmosphériques. Pourtant, le mot *nue* fait partie d'une importante famille qui regroupe des vocables aussi variés que *noce*, *nuptial*, *nubile* ou encore *obnubiler*. Cette diversité de sens vient du latin *nubes*, qui signifie « nuage » et, figurément, « voile » et « obscurité ». Selon la coutume romaine, la femme se couvrait d'un voile en se mariant ; aujourd'hui, un cerveau *obnubilé* est obscurci par une idée fixe. Si *nue* a vieilli, *tomber des nues* et *porter aux nues* se maintiennent, évoquant une impression de hauteur et d'instabilité extrêmes, celle que l'on ressent lorsqu'on abandonne ses certitudes ou que l'on perd brusquement ses illusions.

Au XVIIe siècle, Furetière affirme « qu'un poète, qu'un orateur s'élèvent au-dessus des *nues* quand ils ont un style élevé, des pensées sublimes ». Plus dure sera la chute. Les nues font ainsi écho aux métaphores rapprochant la renommée des astres et des sommets. *La tête dans les nuages,* on peut rêver de *décrocher la lune,* mais attention à ne pas *tomber de haut,* ce qui arrive aux rêveurs éveillés.

> « Je tombais des nues, j'étais ébahi, je ne savais que dire, je ne trouvais pas un mot. »
>
> Jean-Jacques Rousseau, *Confessions*, 1782-1789.

Ne pas être en odeur de sainteté

être mal vu

Quand une personne n'est pas *en odeur de sainteté* auprès de quelqu'un, c'est qu'elle en est mal vue. *On ne peut pas la sentir* ou encore *on l'a dans le nez*. Belle cohérence des expressions françaises – en apparence. Car si l'on se penche sur cette formule, on lui découvre une origine pieuse assez surprenante.

L'expression s'emploie à la forme négative, mais pourrait-on dire, à l'inverse, *être en odeur de sainteté* ? Ce qui laisserait entendre que la sainteté et donc les saints et les saintes échappent au sort commun en matière olfactive, surtout lorsqu'ils rendent leur âme à Dieu. Et c'est bien de cela qu'il s'agit : des récits relatent que des cadavres saints auraient exhalé une odeur suave. Cette odeur exquise était interprétée comme un signe certain de leur sanctification.

Ces petits miracles sont devenus proverbiaux : on disait d'une personne considérée, pour des raisons canoniques ou par le regard populaire, comme sainte, qu'elle avait vécu et était morte *en odeur de sainteté*, « en état de perfection spirituelle ». Il a été facile de passer de « être considéré comme un saint » à « être bien vu, apprécié ». Au XVIIe siècle, *être en odeur,* bonne ou mauvaise, signifiait « avoir telle réputation », et Furetière donne cet exemple imagé : « Une banqueroute met un marchand en mauvaise odeur sur la place. »

Ne pas être en odeur de sainteté est donc une litote qui laisse à chacun le soin de juger à quel point la personne en question est mal perçue. Implicitement, cela revient à comparer la cible de la critique avec un cadavre. En connaissant le sous-entendu de l'expression, vous voilà au parfum !

Le mot de Stéphane De Groodt

Ne pas être en odeur de sainteté signifie en d'autres termes ne pas sentir l'encens.

D'ores et déjà

dès maintenant, dès aujourd'hui

Si l'on décompose cette expression, prononcée à la va-vite *dorzédéjà*, on reconnaît *de* et *déjà*, mais l'on s'étonne de ce *ores* qui nous est inconnu. En apparence du moins… Car *ores* n'est autre que l'ancienne façon d'écrire l'adverbe *or*. À l'origine, *or* ou *ores*, du latin *hac hora* « à cette heure », c'est « maintenant ». Nous pourrions le reconnaître grâce à l'expression ancienne *d'ore en avant*, devenue *dorénavant*, qu'on n'analyse pas plus que *maintenant*, qui « tient en main » le temps.

La forme *ores* n'a survécu que dans *d'ores et déjà*. Ce *déjà* qui nous est familier contient *dès* « à partir de (un moment) » et l'ancien français *ja*, du latin *jam*, qui a le même sens, « à partir d'un instant présent ou passé ». Encore un pléonasme, un peu à la manière de *aujourd'hui* où *hui* signifie « en ce jour ». *Ja*, oublié, discret, est en réalité vivant, dissimulé dans *jadis* et dans *jamais*, autres mots curieux quand on les dévisse, mais assez logiques. En revanche, *ores et déjà* bégaie un peu, disant « maintenant et déjà maintenant ». Décidément, cet adverbe *or* ou *ores* est bien aimé, car on dit aussi *dés-or-mais* !

D'ores et déjà a remplacé *d'ores à ja* « de maintenant jusqu'à un autre maintenant », ce qui n'est ni très précis ni très sensé. *Ja* n'étant plus compris, on l'a remplacé par *dès jà*, qui marque le commencement d'une période dont on n'évoque pas la durée, et donc la fin. On pense que c'est la langue juridique qui a lancé cette façon longuette et prétentieuse de dire *déjà*. Les avocats, on le sait depuis belle lurette*, affectionnent les longs discours. Les journalistes, soucieux d'attirer l'intérêt, ont suivi. Quant à condamner l'expression, comme l'ont fait les puristes il y a une centaine d'années, cela reviendrait à condamner une bonne part de nos habitudes de langage !

« Je me donne le plus grand mal pour avoir de bons titres, d'autant plus que je ne peux travailler à un manuscrit que s'il est d'ores et déjà joliment intitulé. »

Michel Tournier, *Journal extime*, 2002.

Pousser des cris d'orfraie

pousser des cris perçants ; protester vivement

Si jamais, dans une forêt, vous avez entendu ce petit oiseau de proie qu'on appelle l'orfraie, vous aurez du mal à comprendre que ces cris aigus et brefs aient suscité une expression signifiant « hurler, crier et protester très fort ».

Le cri de ce rapace n'est ni très puissant, ni strident. Bref, aigu mais pas plus. Cela ne fait pas peur, ni ne casse les oreilles. Ce que casse l'orfraie, ou plutôt son nom, ce sont des ossements, ce qui présume qu'au moins en latin, cet oiseau était réputé charognard. Il se nommait en effet *ossifraga* « casseur d'os », et ce mot a donné en vieux français *osfraie,* puis *orfraie.* Faute ! Comme notre brave *rossignol,* qui est un *lossignol* mal prononcé.

Ainsi les cris de l'orfraie n'effraient personne. Mais son nom ressemblait beaucoup à celui d'un autre oiseau, nocturne, l'effraie, sorte de chouette au plumage clair, dont le nom traduit le fait que son cri nocturne est « moult effrayant ».

On a ainsi confondu les noms de deux oiseaux très différents et attribué à l'orfraie, injustement, le frisson d'effroi provoqué par le hululement de l'*effraye*.

Le romancier Hervé Bazin a écrit dans *L'Huile sur le feu* que l'effraie poussait « des cris perçants d'écorché vif ». De quoi changer d'oiseau dans cette expression qui assimile des cris humains, souvent de colère, de récriminations, à ceux d'un oiseau de nuit. Les cris d'orfraie que poussent nos semblables ne nous effraient plus. Ils se contentent d'être insupportables, et les deux oiseaux qui s'y rencontrent ne s'y reconnaissent pas.

Le mot du Petit Robert

orfraie
[ɔʀfʀɛ] nom féminin
ÉTYM. 1491 ; *orfres* 1200 ◆ latin *ossifraga*, proprement « qui brise les os »
■ Rapace diurne, souvent confondu avec l'effraie. […]

Être dans la **panade**

être dans la misère

S i vous n'arrivez pas à vous sortir du « pétrin », certains, qui n'envient pas votre sort, diront que vous êtes *dans la panade,* c'est-à-dire dans la misère.

Il est vrai que *panade*, mot emprunté au provençal *panado*, dérivé de *pan*, équivalent occitan de *pain*, désigne dès son apparition, au XVIe siècle, une soupe bien modeste, faite de pain, d'eau et, quand on en avait, de beurre, auxquels on ajoute, en guise de liant, un jaune d'œuf (voire du lait ou de la crème). La panade est signalée comme un plat destiné aux malades par Montaigne, qui décrit dans ses *Essais,* non sans ironie, les médecins mangeant « le melon et [buvant] le vin frais, cependant qu'ils tiennent leur patient obligé au sirop et à la panade ».

Pourtant fortifiante, cette bouillie se prête aussi à des métaphores négatives, qui tiennent autant à sa consistance pâteuse qu'à ses ingrédients, typiques de jours difficiles. On a vu dans les années 1830 *panade* désigner avec mépris un homme mou et sans énergie. Mais c'est au sein de l'expression *être dans la panade*, apparue à la fin du

XIXe siècle, que le mot survit aujourd'hui, sous l'influence du sens de « misère » ou de « manque d'argent » que recouvrait le mot *panne*.

Le langage familier a gardé d'autres métaphores culinaires de la pauvreté, comme *être dans la purée*, autre plat peu coûteux et qui peut évoquer l'idée d'enlisement. La plus proche de la panade est incontestablement la *mouise*, cette soupe de mauvaise qualité, venue de l'allemand *Mus* (« bouillie, purée »), et qui a même pu un temps renvoyer aux excréments.

Car les situations les plus difficiles sont celles où l'on s'empêtre, et qu'on a du mal à digérer. Qu'on songe aux synonymes argotiques de la malchance, véritable menu où l'on est invité à choisir selon son appétit : *bouillabaisse, confiture, marmelade, moutarde, sirop,* jusqu'aux plus qu'indigestes *poisse* ou *goudron* !

> « D'anciens amants tombés dans la panade, auxquels elle donne l'apparence d'hommes de Bourse sérieux. »
>
> Goron, *L'Amour à Paris*, 1890.

Tomber dans le **panneau**

tomber dans le piège

Les panneaux sont aujourd'hui surtout publicitaires ou de circulation. On les voit, ils nous obsèdent, pour la seconde catégorie on doit les respecter. Ce sont, depuis des siècles, des signes figurant sur un support rigide, en général plat.

Le mot, pourtant, évoque à l'origine tout autre chose, et une matière souple, car il vient du diminutif latin de *pannus* « morceau d'étoffe », grâce auquel on parle des *pans* d'une chemise. Au Moyen Âge, on s'asseyait sur le panneau de la selle, qui, heureusement pour les fesses des cavaliers, était un coussinet. Comme tout morceau d'étoffe pouvait être appelé *panneau,* le mot désigna de manière inattendue un filet tendu verticalement pour prendre le petit gibier, par exemple les oiseaux.

Tendre un panneau pour chasser se dit *panneauter* et on en a fait au figuré l'équivalent de *tendre un piège*. Si le chasseur prépare et dispose ses panneaux en les tendant, le chassé peut les éviter ou pas, et dans ce cas malheureux pour lui, comme se trouver brusquement dans cette situation lamentable est souvent exprimé par *tomber dans* (ou *en*) la situation en question, on a commencé à dire, au XVIIe siècle, pour «être pris au piège», *tomber dans le panneau*.

À l'origine, comme la chasse au panneau était courante, la métaphore était un peu différente de celle du piège : on imaginait l'animal dirigé malgré lui vers le filet qui le retenait. Les siècles passant, et les panneaux changeant de nature, l'expression est devenue peu explicable. Mais on sent bien qu'il s'agit d'autres panneaux que publicitaires lorsqu'un gogo achète cher une marchandise médiocre, tombant dans le panneau d'une publicité. Ce rattrapage un peu acrobatique est l'effet de l'oubli.

Si l'on cherche à rendre logiques et claires les manières de dire, reste à préférer *tomber dans un piège* à ce *panneau* trompeur. Le langage nous tend aussi quelques pièges et chausse-trapes et nous adorons tomber dans les panneaux qu'il nous tend.

« Non, moi, ce qui m'énerve, [...] ce sont toutes les nouvelles fêtes que la pub a inventées pour pousser les gens à consommer : j'en ai ras le bol de voir ma famille tomber dans le panneau »

Frédéric Beigbeder, *99 francs*, 2000.

Une vie de **patachon**

une vie agitée, dissipée

Mais qui est donc Patachon ? Ce prince de la fête, ce seigneur de l'ivresse, cet aventurier qui a bourlingué aux quatre coins du monde, cet homme dont la vie est passée en proverbe, à quoi ressemble-t-il ? Ce bon vivant, ce jouisseur a-t-il écrit ses mémoires ? À notre déception, nul ouvrage, en aucune bibliothèque, n'en retrace l'existence. Le sieur Patachon n'a jamais existé !

Au XIXe siècle, on appelait *patache* un petit navire de guerre préposé à la surveillance des côtes. Le mot vient de l'espagnol *pataje,* lui-même issu d'un mot arabe. Plus tard, *patache* a désigné la barque du service des douanes, bateau souvent en mauvais état, puis, par comparaison, une mauvaise diligence à deux roues, mal suspendue, et dans laquelle on voyageait à peu de frais. Cette patache brinquebalante était une mauvaise voiture, mais elle voyageait.

C'est ainsi qu'on a nommé *patacheux* ou *patachon* le cocher de cette piteuse diligence. Ce patachon, toujours sur la route, menait son piètre véhicule d'une ville à l'autre. Il avait la réputation de boire à chaque relais de poste, devenant malgré lui le patron des fêtards. Agricol Perdiguier en dresse ainsi le portrait dans ses *Mémoires d'un compagnon* :

« Vu l'état des chemins, nous jugeâmes à propos de monter dans une patache, et nous roulâmes dans l'affreuse voiture, oui, affreuse ! mais le patacheux, plus affreux encore, s'arrêtait à toutes les auberges, à tous les cabarets, à tous les bouchons qu'il rencontrait, buvant, se grisant, et se moquant des pauvres voyageurs qui se plaignaient de son peu de célérité. »

Supplanté par le patachon, ce patacheux menait donc *une vie de bâton de chaise*. Et s'il a disparu, tout comme son véhicule et comme les bâtons de la chaise à porteurs, c'est grâce à cette expression qu'il roule toujours sa bosse, menant joyeuse vie.

« la vie de patachon, les nuits trop brèves, les patates, les vestes élimées, les corvées, les métros. »

Georges Perec, *Les Choses*, 1965.

En faire tout un pataquès

en exagérer l'importance

Faire un scandale pour une broutille, en grossir les conséquences, c'est *en faire tout un fromage* ou *tout un pataquès*. Les deux expressions étant synonymes, on pourrait penser que le pataquès est une spécialité fromagère. Eh bien non : un pataquès ne se mange pas. Aucun rapport non plus avec un véhicule, malgré l'homonyme c'est *pas ta caisse*.

Des linguistes y voient une simple onomatopée, faisant un rapprochement avec des mots expressifs comme *patapon, patatras* ou *patati-patata*. Pour d'autres, il viendrait de l'occitan *patac*, qui signifie « bruit, coup ». Mais l'hypothèse la plus plausible est celle d'une formation à partir d'une phrase fautive : à l'ingénu qui demandait *n'est-ce point-z-à toi ?*, on aurait répondu ironiquement *ce n'est pas-t-à moi, je ne sais pas-t-à qui est-ce*. Cette hypothèse est d'autant plus probable qu'on a dit aussi *pataqui-pataquiès*.

Et c'est là le sens premier du mot *pataquès* : tout comme *cuir* et *velours*, c'est une faute de liaison. Faire un pataquès consiste à substituer un *s* à un *t* ou réciproquement, et de manière générale à faire entendre une consonne de liaison inexistante. L'idée de faute s'est étendue et le pataquès fut une bévue, un impair, une action maladroite. En gardant l'idée de la situation gênante, le mot a désigné toute affaire embrouillée : de là notre expression.

L'évolution de ce mot nous rappelle l'importance du discours, de la parole dans la vie : des erreurs langagières aux problèmes relationnels il n'y a qu'un pas. Dans un cas comme dans l'autre, mieux vaut éviter les liaisons dangereuses.

« La situation n'est pas catastrophique, il n'y a pas de quoi en faire tout un pataquès. Je vous rassure, on ne va pas déposer le bilan. »

Midi Libre, 2014.

Mettre la **pédale** douce

agir en douceur

Voilà une étrange mécanique que cette *pédale douce* qui permet à celui qui l'actionne d'agir en douceur. Si depuis les années 1930 *pédale* est un synonyme familier de *homosexuel*, par jeu de mots sur *pédéraste*, *mettre la pédale douce* n'est pas « être légèrement gay ». Le cyclisme, domaine d'excellence de la pédale, n'est pas non plus à l'origine de l'expression, qui nous fait décidément « pédaler dans la semoule », sinon « dans la choucroute » et dans le vide. Plutôt que de les perdre, ces pédales, rétropédalons donc pour remonter le temps.

Bien avant l'invention de la bicyclette, la pédale était déjà un organe actionné par le pied : celles de l'orgue, puis d'autres instruments de musique, tels la harpe et le piano, sont mémorables. Or, le piano comporte un pédalier permettant de moduler le jeu. À droite, la pédale forte libère le son et prolonge la note. À l'opposé, l'actionnement de la pédale de gauche, ou *pédale douce*, diminue le volume sonore. Appelée aussi *pédale sourde*, *petite pédale* ou *sourdine*, elle amortit le son d'une note, le rend plus doux. Mettre la pédale douce, c'est appuyer dessus et, dans le domaine des sentiments, en atténuer l'expression, puis « agir en douceur ».

Le vélo étant plus souvent pratiqué que le piano, on pourra continuer à penser que *mettre la pédale douce* c'est ralentir en pédalant. Et l'on continuera de dire *mets la pédale douce* pour « ralentis » ou « vas-y mollo ! » En termes musicaux, *mets la sourdine ! Doucement les basses ! Mets un bémol...* et ce sera le pied !

> « – Tu crois que toute cette histoire sera publiée dans la presse ?
> Je ne pouvais pas lui répondre qu'on m'avait déjà ordonné de mettre la pédale douce. Au ministère, on préparait un scénario plus conforme à l'idée que les citoyens devaient se faire des garants de l'ordre public. »
>
> Didier Daeninckx, *Meurtres pour mémoire*, 1984.

Envoyer quelqu'un aux **pelotes**

envoyer promener quelqu'un

Lorsque quelqu'un agace au point de *mettre les nerfs en pelote,* on peut avoir envie de *l'envoyer aux pelotes.* En d'autres termes, au diable, ou bien d'aller se faire voir chez les Grecs – ce que font d'ailleurs des millions de touristes avec bonheur. Mais on ne parle pas d'aller chez les Basques, qui aiment bien jouer à la *pelote.*

Cette pelote est sphérique. Le mot a d'ailleurs pour origine le latin *pila* « balle ». En français, le sens de « boule avec laquelle on joue », notamment à la paume, a été évincé par les mots *balle* et *ballon,* sauf dans *pelote basque.* La laine, qui se présentait naguère en écheveaux, est aujourd'hui proposée en pelotes, et *avoir les nerfs en pelote* est bien proche de *se mettre en boule.*

Quand on envoie quelqu'un *aux pelotes* cependant, ce n'est pas pour jouer à la balle, ni pour tricoter. Souvenons-nous que *peloton,* qui désigne une petite pelote de fil, un amas en forme de boule se dit au figuré d'un groupe de personnes. Ce sens a prospéré en sport, à propos des chevaux de courses et des cyclistes, alors que dans l'armée, le peloton est un groupe de soldats.

Et comme l'armée ne badine pas, les soldats indisciplinés étaient envoyés au *peloton de discipline,* bientôt abrégé en *pelote.* En argot militaire, *faire la pelote* et *aller à la pelote* signifiaient « purger sa punition ». De là vient l'expression *envoyer aux pelotes.* Cela n'a rien à voir avec les pelotes de laine, les punitions consistant plus souvent à éplucher les pommes de terre ou à faire des pompes que du tricot.

> « dès que je parle d'investir dans du neuf, là-haut on m'envoie aux pelotes ! »
>
> Gérard Mordillat, *Les Vivants et les Morts,* 2005.

Regagner ses pénates

rentrer chez soi

À moins d'être sans domicile fixe, il y a toujours un moment où, après une journée de travail ou une escapade, on finit par *regagner ses pénates,* par rentrer à la maison. En employant cette formule plaisante, on se place, sans trop le savoir, sous la protection des divinités de l'Antiquité.

Chez les Étrusques puis chez les Romains, les Pénates – en latin *penates,* de *penus* « provisions de bouche, comestibles » – étaient des dieux domestiques, veillant sur le garde-manger et le feu de cuisine. Le mot évoquait l'intérieur ; nous parlons encore de *pénétrer* dans un lieu. L'État romain avait aussi ses *Pénates publics* apportés en Italie, selon la tradition, par Énée, prince légendaire. Dans Troie en flammes, le fantôme d'Hector lui conseille de fuir : « Troie te confie ses objets sacrés et ses Pénates ; Prends-les, qu'ils accompagnent ton destin » lit-on dans l'*Énéide*.

Les Pénates, ces deux divinités, étaient représentés par des petites statuettes que les Romains disposaient à l'intérieur de la maison. Attachés à la famille, ces objets symboliques la suivaient dans ses déplacements et se transmettaient aux héritiers. C'est ce qui différenciait les Pénates des Lares, autres divinités domestiques, mais fixés en un lieu. On dit ainsi *transporter* ou *installer ses pénates quelque part* pour « changer de domicile » ou « s'installer ». « Les pénates de ma sœur sont transférés 47 rue des Martyrs » écrit Balzac dans sa *Correspondance*.

En latin déjà, le mot avait le sens figuré de « demeure ». Seul cet emploi s'est maintenu avec notre expression. On ne sait plus trop bien ce qu'étaient les pénates latins, mais la valeur du foyer n'a pas changé : aujourd'hui comme hier, on cherche à faire de son domicile un endroit accueillant et protecteur.

« Une ombre flottante anima, à moins de vingt pas en avant d'eux, la solitude morne d'une ruelle [...] ; une silhouette de pochard attardé et regagnant péniblement ses pénates »

Georges Courteline, *Le Train de 8 heures 47*, 1888.

On n'est pas aux **pièces**

rien ne presse

On n'est pas aux pièces est l'une des formules préférées des partisans de la procrastination, en réponse à ceux qui les poussent à se hâter. Il ne s'agit pas de pièces de théâtre, ni même de pièces de monnaie, bien que l'expression tire son origine de préoccupations économiques.

Les pièces dont il est ici question sont les parties de machines complexes produites par l'industrie. Parler des pièces plutôt que du produit fini renvoie à la réalité d'un travail parcellisé : les pièces sont ce que produit un ouvrier spécialisé dans le cadre d'une organisation industrielle rationnelle, préconisée par Charles Taylor et mise en œuvre dans les usines Ford. Cette méthode fragmente le travail jusqu'à en faire un « travail en miettes », selon l'expression du sociologue Georges Friedmann.

Une technique destinée à accroître la productivité du travailleur et donc le profit de l'entreprise, consiste à rémunérer l'ouvrier non pas au temps passé à sa machine mais *à la pièce* ou *aux pièces,* c'est-à-dire en fonction

P

du nombre de pièces qu'il produit. Un rendement accru augmente le salaire. Censé motiver les équipes, ce principe induit une pression croissante, avec des cadences pouvant devenir infernales, parfois au détriment de la qualité du travail, voire de la santé du travailleur, qui perd aussi le sens de ce qu'il fait, comme Charlot dans *Les Temps modernes*.

La flânerie est un luxe inaccessible à qui est aux pièces. *Ne pas être aux pièces*, c'est littéralement être rémunéré au temps passé, indépendamment de la quantité produite. Et, dans le langage quotidien, le refus du travail accéléré.

LE MOT DU PETIT ROBERT

pièce
[pjɛs] nom féminin
ÉTYM. fin XIe ◆ du latin du IXe *petia* « petit morceau d'or battu », du gaulois *pettia* [...]
II. 1. (début XIIIe) Objet faisant partie d'un ensemble. [...]
— (1840) *Travail à la pièce, aux pièces,* rémunéré selon le nombre des pièces exécutées par l'ouvrier, et non selon le temps passé. [...]

Prendre son pied

prendre du plaisir

Des images viennent à l'esprit lorsque l'on entend ces mots. *Prendre son pied* et *c'est le pied* sont sans doute parmi les expressions familières les mieux connues : tout le monde croit les comprendre. Pourtant, même au comble de l'extase, on attrape rarement son pied à pleines mains, comme le font les bébés curieux de leur propre corps.

Un pied, outre une partie du corps, est aussi une unité de mesure équivalant grosso modo à la taille d'un pied, soit 33 centimètres. À partir de cette mesure, *pied* a pris le sens de portion ou de part. En 1872, dans son *Dictionnaire historique des argots français,* Gaston Esnault cite cette phrase d'un voleur : « mon pied, ou je casse ». *Avoir son pied,* chez les casseurs, c'est obtenir sa part. Quand on dit de quelque chose que *c'est,* ou *ce n'est pas, le pied*, c'est qu'on a été satisfait, ou pas, de la part reçue. Du langage des voleurs, l'expression passe dans celui des prostituées. L'enjeu n'est plus le même : *prendre son pied*, c'est alors prendre sa part… de plaisir. La sagesse populaire soulignait ainsi que, dans l'amour, la femme aussi doit recevoir son dû.

L'expression a évolué vers un sens sexuel d'autant plus facilement que le pied est un symbole phallique notoire. Aristophane, dans *Lysistrata*, met en scène le serment de ces dames qui décident une grève de l'amour ; l'un des points en est « Je n'élèverai pas mes pieds au plafond ». Il ne s'agit pas de saisir son pied, mais on peut supposer que certaines postures aient inspiré cette confusion : on parle bien de *partie de jambes en l'air* et de *grimper aux rideaux* !

> « Derrière lui il entendait Rosita qui commençait à prendre son pied. Il savait pas qu'une pute ça peut aller au bonheur. »
>
> Bertrand Blier, *Existe en blanc*, 1998.

Avoir **pignon** sur rue

avoir un magasin, un domicile connu et être solvable ;
avoir une situation, une fortune assise

D'où peut bien venir cette expression ? Les cyclistes ont droit à une hypothèse : le pignon désignant l'axe denté de la roue arrière d'un vélo, celui qui avait pignon sur route s'était peut-être fait connaître en remportant une course. De même que les cyclistes font fausse route, les Provençaux amateurs de pignons – la graine comestible du pin – s'égareraient tout autant.

Le *pignon* en cause est un terme technique qui désigne la partie supérieure d'un mur, et surtout le sommet triangulaire des murs d'une maison, supportant l'extrémité de la poutre principale de la charpente. Dans les maisons anciennes, les pignons étaient placés sur les façades, celles qui font la fierté des grand-places des villes du nord de la vieille Europe.

Au sens propre, *avoir pignon sur rue*, expression apparue au XVIIe siècle, signifiait « être propriétaire d'une maison de ville ou d'un fonds de commerce dont la façade donnait sur la rue ». Ces façades étaient la partie la plus visible des maisons, et furent rapidement perçues, selon leur degré d'ornementation, comme un signe extérieur de richesse.

De ce fait, l'expression fut associée à la possession de biens, et, plus généralement, dénota l'appartenance à la classe possédante, qui se croit de ce fait socialement supérieure. Les commerçants ayant pignon sur rue inspirèrent confiance aux chalands par leur magasin reconnaissable et bien situé. Tout cela sent la situation financière solide et la bonne réputation.

Les boutiques tirent leur prestige de l'artère où se trouvent leurs vitrines. Pour une résidence particulière, un bon emplacement est précieux, ce qui fit écrire à Maurice Genevoix : « Avoir pignon sur le coteau, c'était dans cette petite ville, comme un brevet de distinction et de bon goût ». Tant pis pour ceux qui n'ont que pignon sur cour, ou pas pignon du tout.

LE MOT DU PETIT ROBERT

1. pignon
[piɲɔ̃] nom masculin
ÉTYM. XIIe ♦ latin populaire °*pinnio, onis*, classique *pinna* « créneau »
■ Couronnement triangulaire d'un mur dont le sommet porte le bout du faîtage d'un comble.
[...]

Clouer au pilori

signaler à l'indignation, au mépris publics

Cette expression un peu vieillie connaît encore une certaine fortune. Le verbe *clouer* suppose une forme de violence, des coups, une immobilisation forcée. Tel le Christ en croix, celui qui est cloué au pilori est livré sans défense à la foule qui le conspue. Mais comme, heureusement, le pilori a rejoint la roue et la guillotine dans le musée des horreurs du droit pénal, on ignore sur quoi on est cloué.

Le pilori fut un dispositif de bois destiné à immobiliser le condamné en lui enserrant la tête et les poignets. Ce supplice consistait à attacher, pour quelques heures et parfois plusieurs jours de suite, le malheureux, ainsi exposé au mépris et à la vindicte de la foule, qu'on exhortait à n'épargner ni injures ni crachats. C'était tout simplement un pilier, *pila* en latin, d'où au Moyen Âge *pilorium*.

Le pilori faisait partie des peines dites « afflictives et infamantes » telles que la mutilation ou la flétrissure, des noms qui désignent une action. D'autres noms vont de l'instrument au supplice, comme *gibet* ou *carcan*. Situé sur

P

l'échelle des châtiments de justice entre les peines légères et les peines capitales, ce type de peine « prive le coupable de la considération, de la confiance de sa patrie et de cette sorte de fraternité dont la société est le lien » écrit le juriste italien Cesare Beccaria dans son traité *Des délits et des peines* où il critiquait la torture. La punition était physique, par l'inconfort et la douleur de la posture, mais aussi symbolique, par l'humiliation causée par l'exposition à la haine du public.

Avant d'être abolie à la Révolution, la peine du pilori a connu des raffinements permettant de tourner le supplicié pour l'offrir plus largement aux huées et aux quolibets de la populace… C'est à cet appareil qu'est *pilorié* en place de Grève le pauvre Quasimodo, dans *Notre-Dame de Paris* de Victor Hugo.

Le mot du Petit Robert

pilori
[piloRi] nom masculin
ÉTYM. *pellori* 1165 ◆ latin médiéval *pilorium*, probablement de *pila* « pilier »
■ ANCIENNEMENT Poteau ou pilier à plateforme portant une roue sur laquelle on attachait le condamné à l'exposition publique. […]

Porter quelqu'un au pinacle

couvrir quelqu'un de louanges

L'être humain est capricieux et son jugement peut changer en un instant. Ainsi, par exemple en politique, on peut soudainement être *voué aux gémonies** ou *cloué au pilori** après avoir été *porté au pinacle*, c'est-à-dire célébré, honoré, glorifié.

Pinacle vient du latin chrétien *pinnaculum*, de même origine que *pignon**. Le pinacle, c'est l'élément d'architecture situé au faîte d'un ouvrage, la partie la plus élevée d'un édifice. Ce fut en particulier le point le plus haut du Temple de Jérusalem. Dans un édifice gothique, c'est le couronnement de contreforts pointu et souvent ouvragé. La hauteur a toujours symbolisé les honneurs : *être porté aux nues**, c'est aussi être admiré. Et ne dit-on pas de quelqu'un à l'apogée de sa carrière ou de son succès qu'il est au *faîte* de sa gloire ?

Un sens plus ancien a probablement influencé l'expression, lorsque *pinacle* désignait aussi le sommet d'une montagne. Or, les cimes sont certainement les hauteurs les plus à même de représenter la gloire, notamment

P

par référence aux récits bibliques. Ainsi, Moïse reçoit les commandements en haut du mont Sinaï et, après le Déluge, Noé et son arche échouent sur le sommet du mont Ararat. Ce sont des lieux où Dieu se manifeste aux prophètes. Les sommets rapprochent des cieux et du divin.

Au figuré, on a d'abord dit que l'on *mettait quelqu'un sur le pinacle.* Dans *La Cousine Bette,* Balzac raille l'ambitieux en ces termes : « Oh ! il se croit sur le pinacle, il a de l'orgueil, le jeune homme ». Puis on va le *porter au pinacle,* formule restée usuelle même si l'on n'en connaît plus l'origine. D'ailleurs, qui tutoie les sommets court le risque de tomber de haut.

Le mot du Petit Robert

pinacle
[pinakl] nom masculin
ÉTYM. 1261 ◆ latin ecclésiastique *pinnaculum*, de *pinna* → 1. pignon
1. Faîte d'un édifice (spécialement du Temple de Jérusalem).
◆ Dans l'architecture gothique, Petite pyramide ajourée ornée de fleurons servant de couronnement à un contrefort. [...]

C'est du **pipeau**

ce n'est pas sérieux

Quand un fanfaron raconte à ses amis comment il a accompli une foule d'exploits, l'un d'entre eux fait parfois, pour se moquer de lui, un geste plaisant : pour montrer qu'il ne croit pas un mot aux histoires du vantard, il mime, les mains devant la bouche, les mouvements du joueur de flûte, comme s'il en jouait. Ce geste ironique est une manière imagée d'évoquer l'expression *c'est du pipeau*.

Mais pour quelle raison cet instrument, plutôt qu'un autre, sert-il à traduire un sentiment d'incrédulité ? On pourrait penser que l'explication réside dans les propriétés envoûtantes des instruments à vent. C'est de la flûte qu'on joue pour charmer les serpents.

Si le pipeau est une petite flûte champêtre, c'est aussi un appeau pour attirer les oiseaux à la chasse. *Pipeau* vient du verbe *piper*, qui signifiait « pousser un petit cri », notamment en imitant le cri spécifique d'un oiseau afin de leurrer l'animal et de l'attirer. Quand on ne *pipe mot*, on se tait. Quand on *pipe*, on trompe. Dans son

Dictionnaire, Furetière précise que « Le laurier ajusté dans un *pipeau* contrefait le cri des vanneaux. Avec des *pipeaux* convenables on prend toutes sortes d'oiseaux ».

Par analogie de fonction, le mot *pipeau* a aussi désigné un piège à petits oiseaux, fait de menus branchages enduits de glu. Cet artifice avait donné lieu à des expressions figurées comme *éviter les pipeaux de quelqu'un* ou *se laisser prendre à ses pipeaux*. Dès lors, *pipeau* est associé à la tromperie et raconter des mensonges peut se dire *pipeauter*. Au jeu de dés, le tricheur emploie des dés *pipés**.

Quand un bonimenteur *jouera du pipeau* pour vanter ses remèdes miracles, ceux qui se seront fait plumer pourront s'écrier, une fois détrompés, « Nom d'une *pipe*, il nous a *pipeautés !* »

« c'est l'alcool qui m'a sauvé de l'amour. L'amour, c'est du pipeau, de l'attrape-couillon, une vraie cochonnerie, ça c'est moi qui vous le dis, vrai de vrai ! Avec le pinard, au moins, on sait à quoi s'en tenir, ça ment pas »

Sylvie Germain, *Hors champs*, 2009.

Les dés sont **pipés**

la partie est faussée, il y a tricherie

Vous venez une fois de plus de perdre aux petits chevaux, après que votre neveu de six ans a fait plusieurs double-six à la suite. Une chance si insolente ne peut être le seul fruit du hasard : pris de doute, vous vérifiez son dé et découvrez que la face à un point a disparu, laissant place à une face à six points supplémentaire tandis que le vôtre n'en a aucune. Les dés sont pipés, nom d'une pipe !

Si ce neveu tricheur est déjà en proie au vice du jeu, son rapport avec la pipe ne frappe pas encore. Mais ses braillements peuvent vous rappeler l'origine du verbe *piper,* qui signifiait autrefois « pousser un petit cri », plutôt d'un oiseau ou d'une souris que d'un enfant, d'ailleurs. Cet emploi a disparu, mais il en a donné un autre : dans le vocabulaire de la chasse, *piper un oiseau,* c'est en imiter le cri pour l'attirer. C'est ce même *piper* qu'on retrouve dans l'expression *ne pas piper* « garder le silence ». D'un personnage placide, Raymond Queneau, dans *Le Dimanche de la vie,* écrit plaisamment qu'il « ne pipa pas ou pipa peu ».

Piper est passé du langage des chasseurs à celui des joueurs. Tandis que les premiers cherchent à leurrer leur proie, les joueurs peuvent chercher à tromper leur adversaire. Pour ce faire, ils peuvent fausser une partie de cartes en ajoutant un cinquième as ou truquer un jeu de dés par la répartition des poids, afin qu'ils tombent de préférence sur un côté. On dit alors que les dés ont été pipés, il y a tricherie.

L'expression s'emploie surtout au figuré. Quand les dés sont pipés, c'est qu'il y a tromperie, qu'un concurrent est secrètement avantagé. L'issue de l'affaire peut avoir des enjeux plus graves que ceux d'une partie de dés. Ce n'est pas du *pipeau** !

« Se prenant pour des malins parce qu'ils pipaient les dés, sans se douter un seul instant que les dés de leur destin personnel avaient été pipés, bien avant leur naissance »

Raymond Guérin, *L'Apprenti*, 1946.

Être à côté de la **plaque**

se tromper, être à côté de la question

« *Nous autres avec nos coups à la Robin des bois, on n'était complètement à côté de la plaque, même on allait à contre-courant, à contresens, pleins gaz vers le passé, à fond dans les chimères* », écrit Olivier Rolin dans son roman *Tigre en papier*. Autrement dit, passés à côté de la question.

L'expression, où le sens du mot *plaque* est hermétique, s'avère, curieusement, moderne. Elle apparaît dans les années 1940 – marquées par un immense conflit armé – dans le jargon militaire. Dans certains exercices de tir, on utilise un panneau pour cible. Quand on tire à côté de cette plaque, on manque son but.

Très populaires dans l'ouest de la France, des jeux consistant à lancer un palet métallique en essayant de le poser sur une surface délimitée par une plaque (de plomb, le plus souvent) se pratiquent depuis le Moyen Âge. Là aussi, on est à côté de la plaque si l'on vise mal.

L'expression semble avoir été popularisée par le général de Gaulle, familier du parler militaire. Le 24 mai 1968, il prononça une allocution télévisée et proposa un référendum, afin, espérait-il, de calmer un mouvement étudiant contestataire. Son annonce ne produisit pas l'effet escompté et, contrairement à ses souhaits, la crise redoubla de violence : le général admettra lui-même avoir *mis à côté de la plaque*.

On comprend pourquoi on a bien vite perdu le sens de notre expression : qui imaginerait l'homme dont le nom figure sur tant de plaques dans les villes françaises, s'avouer lui-même à côté de la plaque ?

> « Les uns et les autres pensent que les organisations conservationnistes classiques sont à côté de la plaque. La protection de la nature, selon eux, ne devrait pas rester une affaire de notables. »
>
> Jean-Christophe Rufin, *Le Parfum d'Adam*, 2007.

Battre son plein

être à son point culminant

Lorsqu'une fête ou un rassemblement *bat son plein*, c'est que l'évènement est à son comble. La formule pourrait passer inaperçue, car les termes qui la composent résonnent aisément avec l'idée de point culminant. *Battre* suggère une activité intense, éventuellement bruyante, tandis que *plein* évoque une quantité maximale. Pourtant, son origine est moins claire qu'il n'y paraît, tant et si bien que l'expression a donné lieu à des interprétations divergentes.

On a ainsi supposé que la métaphore renvoyait à la qualité sonore d'un instrument, en particulier celle d'une cloche ou d'un tambour. Un *son plein* – par opposition à un son *creux* – est riche en harmoniques. Un instrument battant son plein serait un instrument aux sonorités remarquables. Cette interprétation a été rejetée car, au pluriel, on dit *les fêtes battent leur plein* et non *battent son plein*.

L'autre explication, plus inattendue, est la bonne. Cette expression, empruntée à la langue des marins, est composée de *son,* adjectif possessif, et de *plein,* substantif qui désigne la marée haute. On dit que la mer *bat son plein* quand elle est étale, c'est-à-dire qu'elle bat le rivage, avant de redescendre. Elle est alors à son plus haut niveau. L'image n'est pas sonore, mais visuelle.

Lorsqu'un évènement bat son plein, il arrive à son apogée, avant un mouvement de redescente aussi inéluctable que celui du reflux de la marée. La langue emprunte à la nature son caractère cyclique pour définir les phénomènes humains.

« Quand Marigny, en répétant ce nom, regardait dans son âme, il était sûr que son amour n'avait pas baissé ; qu'il y battait son plein comme cette mer qu'il voyait à ses pieds battre le sien sur la grève sonore »

Jules Barbey d'Aurevilly, *Une vieille maîtresse,* 1849.

En grande pompe

avec une solennité exagérée

Avoir un coup de pompe, être à côté de ses pompes, en grande pompe : bien des expressions passent par une *pompe*. Pourtant, le lien ne repose que sur l'homonymie : dans *avoir un coup de pompe*, « être soudainement épuisé », il est question de l'appareil destiné à déplacer des fluides, en l'occurrence de l'air. Être à côté de ses pompes signifie proprement « être à côté de ses chaussures », c'est-à-dire dans un état anormal ; ceci, parce que les chaussures usées ou percées « pompent » l'eau des rues. Enfin, la locution *en grande pompe*, souvent ironique, veut dire « solennellement » et use d'un terme apparu plus précocement.

Dès le Moyen Âge, la *pompe,* du latin *pompa* « procession, cortège », désigne un déploiement de faste dans un cérémonial. Furetière rappelle dans son *Dictionnaire*, sous Louis XIV, que « rien n'a égalé la pompe et la magnificence des triomphes romains ». Le mot s'emploie également en matière de style, pour qualifier sa noblesse, puis son emphase. Ce sens se retrouve dans l'adjectif *pompeux*, qui a d'abord servi à qualifier quelque chose de magnifique avant de prendre une valeur péjorative. Ainsi, au XVIIIe siècle, Lesage évoque, dans son *Gil Blas*, le «pompeux galimatias» d'un sonnet. Cette dimension dépréciative est également sensible dans l'adjectif *pompier,* qui qualifie un style prétentieux et démodé, dont les pompiers qui furent des sapeurs ne sont pas du tout responsables.

La pompe n'a donc pas bonne presse. Pourtant, il est un sujet dont on ne saurait rire et qui a permis au mot *pompe* de conserver sa dignité. Pour accompagner un mort jusqu'à sa dernière demeure, on déploie l'apparat de la *pompe funèbre*. Pour cela, on fait appel aux *pompes funèbres*, l'entreprise chargée des enterrements.

S'il est bien un moment où l'on peut se présenter accompagné d'une «grande pompe», n'est-ce pas justement l'instant où l'on s'apprête à renoncer pour toujours au monde et à ses pompes ?

« les reliques bien odorantes de cette vierge furent portées en grande pompe à l'église métropolitaine et déposées au milieu du chœur, dans une châsse d'or et d'émail, ornée de pierres précieuses »

Anatole France, *L'Île des pingouins*, 1908.

Dès **potron**-minet

dès l'aube

Cette expression ne s'emploie plus beaucoup, mais, lorsqu'on la connaît, elle amuse, elle fait sourire. Son sens est maintenu par la préposition *dès*, qui exprime un début. *Dès potron-minet,* c'est très tôt, au petit matin. Grâce à *minet*, demeuré courant comme mot aimable et affectif, on sent bien qu'il est question d'un chat.

Quel rapport entre ce félin familier et l'aube matinale, le petit matin ? L'idée que les chats se lèvent tôt n'est pas très naturelle, alors qu'on sait qu'ils dorment peu mais souvent, et qu'ils sont réputés, quand ils sont « de gouttière » pour leurs activités nocturnes. En fait, ce sont des humains qu'il s'agit, et ceux qui se lèvent tôt sont heureux d'être les premiers à voir divers spectacles de la nature. Parmi ceux-ci, un chat qui se promène, pourquoi pas ?

Si le *minet* en question est bien un chat, que diable peut bien être ce *potron* ? Ni pot, ni potiron, certes. Les mots savent se déguiser. Celui-ci paraîtra plus clair, si l'on y ajoute un *s*, puis un *e* : cela donne *posteron,* où l'on peut voir une variante de *postérieur,* pur latinisme, de *post*

« après », car ce qui vient après, pardi, c'est le derrière. Mais ce *potron* n'est plus compris depuis longtemps, d'où la variante *patron-minet*, ou *patron-minette*, rendue célèbre par Victor Hugo.

Comme d'autres expressions anciennes, *potron-minet* concerne une grammaire qui n'a plus cours : le potron minet, c'est le postérieur *du* minet, parfois remplacé – mais on a oublié cette manière d'appeler – par *Jaquet*, le « petit Jacques », l'écureuil. Comme le chat, l'écureuil se fait remarquer par sa queue. Et celle-ci peut cacher ou montrer son derrière.

Il faut admettre que les anciennes façons de s'exprimer, par leur obscurité même, apportent plus de poésie que la langue actuelle. *Dès qu'on voit le cul du chat*, pour « au petit jour », n'est même pas drôle, alors que *potron-minet* amuse et intrigue.

> « Dans la vieille langue populaire fantasque qui va s'effaçant tous les jours, *Patron-Minette* signifie le matin, de même que *Entre chien et loup* signifie le soir. »
>
> Victor Hugo, *Les Misérables*, 1862.

Être fier, orgueilleux comme un pou

être très orgueilleux

Étrange, que cet insecte franchement disgracieux et, par surcroît, parasite très désagréable des cheveux soit associé à la fierté et à l'orgueil ! On sait bien que « comparaison n'est pas raison », mais quand même ! On aurait pu penser à *fier comme… une guêpe, une sauterelle*, mais sûrement pas au pou, insecte à propos duquel on dit plus logiquement *laid comme un pou*.

Cette expression, en réalité, nous apprend que la forme des mots, leur sonorité, leur musique peuvent avoir plus d'importance que leur sens. Quel animal a la réputation d'être fier, de se dresser sur ses ergots, de « chanter clair » avant les autres, de jouer les machos à régner sur un harem de gallinacées femelles ? Le coq, bien sûr.

Mais il se trouve que plusieurs animaux familiers ont changé de nom au cours du Moyen Âge. La *galline* (celle des *gallinacées*), parfait latinisme, est devenue *poule*, le *goupil* (*vulpes*) est devenu *renard*, et ce que nous avons l'habitude de désigner par ce mot sonore, *coq*, s'appelait le *poul*, ou *pouil*, mot logiquement apparenté à *poulet* –

qui est donc le « petit *poul* » –, et le mâle de la poule. Une famille parfaite : le poul, la poule, les poulets !

On a dit *fier comme un poul, comme un pouil sur son fumier,* et, paraît-il, *fier comme un pou sur un chignon,* en transposant l'arrogance du coq en triomphe du parasite sur son domaine, le cheveu. Une image de domination, une homonymie (imparfaite, d'ailleurs, *pou - poul !*) : il n'en fallait pas plus pour inventer cette image incongrue.

> « bientôt l'Angleterre aura la collection complète de deux mille puces qui représente, en l'état de la science, le total des espèces connues. Le British Museum en est fier comme un pou. Tel est le progrès. »
> Alexandre Vialatte, *Les Champignons du détroit de Behring*, 1988.

Jeter de la **poudre** aux yeux

chercher à éblouir, souvent par de fausses apparences

Ceux qui jettent de la poudre aux yeux éblouissent mais suscitent la méfiance. Comme le marchand censé jeter du sable dans les yeux des enfants pour les endormir, les jeteurs de poudre aux yeux endorment la vigilance d'autrui afin d'atteindre leur but. L'esbroufe est ce qui se donne l'apparence du brio : le bluffeur *en jette,* en met *plein la vue* pour faire illusion.

Cette poudre au centre de l'expression, c'était en réalité de la poussière, avant que *poudre* ne désigne d'autres matières plus spécifiques, comme la poudre à canon ou celle dont on se farde. C'était surtout la poussière des routes avant l'ère du bitume. Par temps sec, le passage d'un attelage soulevait ainsi les particules de terre qui couvraient les chemins. Et quand Charles Perrault écrit dans *Barbe Bleue* « Je ne vois rien que le Soleil qui *poudroie* », c'est parce que le Soleil fait briller cette *poudre,* poussière en suspension.

Telle serait l'origine de *jeter de la poudre aux yeux,* qui ferait référence à la course à pied sur des chemins en terre depuis les Jeux antiques. Certains coureurs, dit-on, remportaient la victoire parce qu'ils avaient gêné les concurrents qui les suivaient en soulevant la poussière. Ils devaient leur réussite à un procédé déloyal plus qu'à leur talent.

Les sportifs dopés font-ils aujourd'hui autre chose ? D'une poudre à l'autre, le monde de la compétition continue d'inviter à briller par des moyens douteux, pourvu qu'ils soient invisibles. L'expression, cependant, a quitté les pistes et les chemins poudreux pour investir les prestiges trompeurs de la parole. On n'éblouit plus pour arriver en tête, mais pour se faire élire ou pour vendre. Propagande et publicité sont autant de poudres jetées devant nos yeux.

> « Ils gagnent un argent fou, mais ils mènent trop grand train, disait maman. Tout passe dans les écuries, dans la livrée. Ils préfèrent jeter de la poudre aux yeux, plutôt que de mettre de côté »
>
> François Mauriac, *Le Nœud de vipères*, 1932.

À brûle-pourpoint

sans préparation, brusquement

Dans la petite société proustienne, Madame de Guermantes se prit un jour à citer de mémoire la grande littérature française et « c'est l'œil brillant de satisfaction que M. de Guermantes avait écouté sa femme parler de Victor Hugo "à brûle-pourpoint" et en citer quelques vers. » La mondaine n'aurait pas préparé son coup, et ce serait spontanément et inopinément qu'elle déclama ces vers manifestant sa culture et sa mémoire.

L'expression garde son mystère si l'on ignore ce qu'est un pourpoint. Disparu depuis plusieurs siècles, le pourpoint était un vêtement masculin couvrant le torse jusqu'à la ceinture. C'était de la belle couture, et le mot venait du verbe *poindre,* qui signifiait « piquer ». Les chevaliers revêtaient un pourpoint de cuir sous l'armure, les élégants portaient pourpoint tailladé. L'habit faisait si bien corps avec le porteur qu'on en vint à dire *le moule du pourpoint* pour désigner le corps (masculin). Et on *mettait un homme en pourpoint* quand on le dépouillait de son bien. De nos jours, il se retrouverait en chemise ou en slip. Quant à l'aptitude de ce vêtement à prendre feu, c'est une autre bizarrerie.

Notre duchesse citant Hugo à l'improviste, aurait-elle affronté quelque danger au milieu des flammes ? Peut-être car *tirer à brûle-pourpoint* consistait à tirer à bout portant, si près que la poudre brûlait l'habit de la victime. D'après ce coup de feu qui ne pouvait rater sa cible, on qualifia d'*à brûle-pourpoint* un argument imparable. L'efficacité du coup a été retenue avant son caractère soudain et meurtrier. C'est en ce sens qu'on utilise aujourd'hui la formule.

Venant de Proust, le choix d'une telle expression n'a rien d'innocent. Avec ses stratagèmes, ses coups bas et ses répliques assassines, l'art de la conversation mondaine a toujours ressemblé, sous sa plume, à celui de la guerre.

LE MOT DU PETIT ROBERT

pourpoint
[puʀpwɛ̃] nom masculin
ÉTYM. XIIIe ; *porpoint* v. 1200 ◆ de l'ancien français *pourpoindre*, de *pour-* et *poindre* « piquer »
■ ANCIENNEMENT Partie du vêtement d'homme qui couvrait le torse jusqu'au-dessous de la ceinture. [...]

Peu ou prou

plus ou moins

D'habitude, c'est le fort qui protège ou entraîne le faible. L'inverse peut arriver. Ainsi, l'adverbe *prou*, qui a disparu de notre vocabulaire, et qui signifiait « beaucoup », a été propulsé dans un français moderne mais un peu affecté par le très courant *peu*, qu'il n'est pas besoin d'expliquer.

Prou, au XIe siècle *prud, proud,* vient d'un nom plus ancien encore : le *proud,* c'était le profit. Ce mot venait de l'adjectif latin *prode* « utile, profitable ». De l'utilité au gain, cela montre que l'économie et le commerce étaient déjà essentiels. Mais du bénéfice ou du profit à la grande quantité, cela révèle que le langage aime aussi à généraliser. En outre, une personne précieuse, rendant des services, était *preud, preude*. De là les *preux chevaliers* !

Selon Monsieur Vaugelas, qui, bien qu'un peu rigide et donneur de leçon, savait observer le langage, on disait encore *prou* pour « beaucoup » à son époque. Mais on ne l'écrivait plus. Un peu vieillot et provincial, sans doute. Cependant, depuis plus d'un siècle, une expression s'était répandue, où ce *prou* sur le déclin était associé à *peu,* son contraire. Après *ni peu ni prou,* « ni peu ni beaucoup », c'est-à-dire « pas du tout », qui a cessé de s'employer, on a commencé à dire d'une chose qui était plus ou moins ceci ou cela qu'elle l'était *peu ou prou.*

Voilà comment le petit *peu* a sauvé de l'oubli le glorieux *prou*, que l'on ne sait plus employer seul, sauf pour rire. Ainsi Henri Calet, dans ce superbe roman qu'est *La Belle Lurette*, écrivait que les protections accordées à l'un de ses personnages étaient « peu ou prou intéressées, et plutôt prou ».

> « La mondialisation était selon lui peu ou prou la continuation du modèle colonial. Les nations développées continuaient à se procurer des matières premières et de la main-d'œuvre à bas prix. »
>
> Marc Dugain, *L'Emprise*, 2014.

C'est la **quadrature** du cercle

c'est un problème insoluble, une chose irréalisable

Arrive l'heure du dessert lors du traditionnel déjeuner dominical. Comment diviser cette tarte en sept parts parfaitement égales, pour éviter les réclamations d'un convive s'estimant lésé ? Voilà qui constitue un problème insoluble, un potentiel conflit familial si l'on ne résout pas ce qui apparaît comme la *quadrature du cercle*.

Mobilisant vos connaissances en latin, vous vous demandez ce que vient faire ce *quadra-* dans un cercle, qui n'a pas *quatre* côtés puisqu'il n'en possède aucun. Comment expliquer cette expression géométriquement étrange ? Flaubert se posait la question lorsqu'il écrivait dans son *Dictionnaire des idées reçues* « On ne sait pas ce que c'est, mais il faut lever les épaules quand on en parle ».

Les mathématiciens pythagoriciens privilégiaient la géométrie. Le compas et la règle étaient les deux instruments reconnus fiables pour construire une figure. Et l'un des défis que ces mathématiciens lancèrent, sans le résoudre, fut de construire à l'aide de ces seuls instruments un carré (*quadratus* en latin) dont la surface serait égale

Q

à celle d'une figure délimitée par une courbe fermée, autrement appelée *cercle*. Cette opération s'appelle la quadrature.

Pour l'instant, réussir cette opération est impossible car il faudrait déterminer la racine carrée du nombre appelé *pi* (π), qui n'en a pas. Mais peut-être qu'en s'aidant d'une pelle à tarte, en plus du compas et de la règle, quelqu'un y parviendra un jour !

LE MOT DU PETIT ROBERT

quadrature
[k(w)adRatyR] nom féminin
ÉTYM. 1407 ♦ bas latin *quadratura*
1. GÉOM. Opération qui consiste à construire un carré équivalant à une aire donnée. [...]

Avoir **quartier** libre

avoir un moment de liberté

Lors des jolies colonies de vacances, les meilleurs moments sont certainement ceux où l'on a *quartier libre.* Durant un temps, aucune activité n'est imposée, enfants et adolescents peuvent profiter de leurs vacances en pleine liberté. Être libre, c'est clair, mais pourquoi ce *quartier* ? S'agit-il d'une portion de temps, au même titre qu'un quartier d'une orange en désigne une partie ?

Un quartier, dont le nom vient de *quart,* c'est d'abord la quatrième partie d'un tout et, plus généralement, une partie d'une chose sans que la proportion soit précisée. Le mot s'est spécialisé dans plusieurs techniques. Dans l'espace, le quartier est une division de la ville. Cet emploi a pu revêtir un aspect administratif, mais il concerne en général toute partie de ville ayant sa physionomie propre.

Ce dernier sens s'est spécialisé dans la vie militaire et désigne l'ensemble des bâtiments où une troupe est installée, où l'on dit qu'elle *prend ses quartiers.* Le *quartier général,* c'est l'emplacement où sont les logements et bureaux du général et de son état-major. Les troupes prennent leurs *quartiers d'hiver* pendant la saison froide. Dans ce contexte, *avoir quartier libre* fut d'abord la formule autorisant à sortir de la caserne, du cantonnement.

Aujourd'hui, cette référence au régiment est oubliée. Mais, même sans service militaire, on continue d'employer l'expression pour évoquer les moments de liberté, et ce dans tous les quartiers !

« Un atelier de peinture gratuit occupera les enfants, laissant quartier libre aux parents qui pourront dénicher la perle rare en matière de fournitures. »

Sud Ouest, 2015.

Tomber en **quenouille**

> être abandonné, laissé à l'abandon
> (en parlant d'un pouvoir, d'un privilège, d'un domaine)

La Belle au bois dormant plonge dans un sommeil séculaire en se piquant à la quenouille d'une vieille femme. Cette fileuse n'est pas sans rappeler Clotho, divinité qui, dans la mythologie grecque, tient une quenouille dans sa main et préside aux destinées humaines. En revanche, avec l'expression *tomber en quenouille* s'estompe l'image de la déesse toute-puissante, maîtresse de nos vies. Pour comprendre cette évolution, il faut se rappeler que la langue n'est pas à l'abri de représentations misogynes.

Quenouille désigne une petite canne dont une extrémité est garnie de laine destinée à être filée en la dévidant au moyen d'un fuseau. Avoir en main une quenouille est rapidement considéré comme une activité ménagère subalterne et cet objet devient le symbole de travaux domestiques exclusivement féminins : *Les Évangiles des quenouilles* de la fin du Moyen Âge recueillent un grand nombre de recettes et de superstitions attribuées ou destinées aux femmes. Littré rapporte l'ordre *allez filer votre quenouille,* donné à celle qui veut se mêler des affaires qui regardent les hommes.

Cette quenouille en vint à représenter la femme et Furetière nous rappelle que *quenouille* « se dit figurément en termes de généalogie, pour signifier la ligne féminine ». C'est au XVIe siècle que *tomber en quenouille* se dit au sujet d'une maison ou d'une propriété dont une femme devient l'héritière. Cet emploi présuppose que le *patrimoine*, littéralement l'« ensemble des biens appartenant au *pater familias* », est une affaire d'hommes et ne doit pas passer dans des mains féminines, au risque d'être mal géré et de tomber dans l'oubli !

L'expression s'utilise aussi au sujet d'une chose qui perd sa valeur ou sa force. Si la quenouille est un objet de musée, le terme se maintient aujourd'hui dans cette image. La métaphore textile, à l'origine de ce glissement sémantique, est encore bien vivace et l'expression populaire *filer une triste quenouille* a pour équivalent contemporain *filer un mauvais coton*.

« Swann était parfaitement « qualifié » pour être reçu par toute la « belle bourgeoisie », par les notaires ou les avoués les plus estimés de Paris (privilège qu'il semblait laisser tomber un peu en quenouille) »

Proust, *Du côté de chez Swann*, 1913.

Être sur le **qui-vive**

> être sur ses gardes et comme dans l'attente d'une attaque

On est sur le qui-vive quand on se tient prêt à répondre à une situation nouvelle, par exemple à riposter à une agression. La réponse doit-elle être aussi vive que l'attaque ?

Sur le modèle latin *qui vivat ?*, la formule *qui vive ?*, composée du pronom *qui* et du subjonctif présent du verbe *vivre*, est apparue en français au XVe siècle sous l'influence probable d'expressions du genre il n'y a pas *homme qui vive*, « qui que ce soit, quelqu'un », qu'on retrouve encore dans *il n'y a pas âme qui vive* « il n'y a personne ». Employé dans un contexte militaire, *qui vive ?* était le cri par lequel une sentinelle ou une patrouille, alertée par quelque chose de suspect, un bruit, une apparence, sommait l'inconnu de se faire connaître. L'interjection s'employait aussi pour demander à une personne qui s'approchait de décliner son identité.

Au XVIIIe siècle, la formule *qui vive ?* fut officiellement instituée par Louis XV, dans une ordonnance visant à régler le service et la relève des gardes. Après avoir crié trois fois *Qui vive ?*, et faute de réponse, le factionnaire devait crier *Halte-là* et prévenir qu'il allait tirer. Si malgré ces sommations, l'ennemi supposé continuait à avancer, la sentinelle avait ordre de tirer et d'appeler la garde.

À partir du XVIIe siècle, *qui vive* s'employa comme nom masculin dans *se tenir* ou *être sur le qui-vive* désignant un état de vigilance, d'attention permanente ; un état qui rappelle la fonction de la sentinelle, chargée de guetter le moindre signe de danger pour donner l'alerte. Aujourd'hui, on demande aux lanceurs d'alerte d'être sur le qui-vive sans même sortir de chez eux : il y a Internet.

« Avec tout ce noir qu'on broie en son cerveau, composer de la candeur, [...] se retenir, se réprimer, toujours être sur le qui-vive, se guetter sans cesse »

Victor Hugo, *Les Travailleurs de la mer*, 1866.

Laisser quelqu'un, quelque chose en rade

abandonner quelqu'un, quelque chose

Avant un long trajet, un départ en vacances, certains ont coutume de porter leur voiture chez le garagiste pour un contrôle. C'est qu'ils ne voudraient pas tomber en panne et laisser leur véhicule en rade sur le bord de la route. Associé à l'idée de déroute, ce *rade* a-t-il à voir avec le rade où échoue le buveur désœuvré, ou encore avec le radeau à bord duquel le naufragé dérive ?

Mais non. *En rade* est sans rapport avec le comptoir du bistrot, ni avec l'embarcation. Le mot vient du vieil anglais *rad* « voyage, « passage », à l'origine des modernes *road* « route » et *raid,* ce dernier adopté en français. Le mot, qu'on lit au XVe siècle dans une ordonnance de Louis XI, désignait un mouillage dans lequel les bateaux pouvaient s'abriter.

La rade est pour le *Dictionnaire de l'Académie* une « étendue de mer proche des côtes, qui n'est point enfermée, mais qui est à l'abri de certains vents, et où les vaisseaux peuvent tenir à l'ancre » ; elle est à distinguer du port, ainsi que le rappelle Antoine Furetière, dans son

Dictionnaire universel : « Les grands vaisseaux se mettent à la *rade*, quand ils ne trouvent pas de ports qui aient assez de fond, ou quand ils en sont trop éloignés. »

Par l'intermédiaire du vocabulaire de la marine où être *en rade* équivaut à être immobilisé, à l'arrêt, l'expression familière s'est répandue au début du XXe siècle. On parle ainsi par exemple d'un projet qui *reste* ou qui *tombe en rade*. Ce qui n'est pas une raison pour se croire à l'abri lorsqu'on est *en rade*, de même qu'*en panne*, autre métaphore maritime, ne dénonce plus le calme plat, mais l'échec.

« Elle était parvenue à vendre une bonne partie des "rossignols", des guipures à franges et les lourds châles de Castille qu'étaient en rade depuis l'Empire ! »

Céline, *Mort à crédit*, 1936.

Passer la rampe

produire de l'effet sur un public, un auditoire, des lecteurs

Pour Michel Leiris, dans *Fourbis*, « rien ne vaut, en art comme en littérature, que ce qui passe la rampe et frappe en pleine poitrine, comme le raccroc d'une prostituée faisant naître un désir subit ». Quelle est cette chose, apparemment primordiale dans les arts, qui doit enjamber une rampe avant de nous frapper au cœur ? C'est l'effet produit sur un public. Mais pourquoi cette rampe à franchir pour atteindre la cible ?

Rampe, dérivé du verbe *ramper* qui signifiait d'abord « grimper » (le *lion rampant* du blason se dresse sur ses pattes arrière), est apparu au XVIe siècle avec l'idée d'une montée verticale. Il a d'abord renvoyé à une volée d'escalier, avant de désigner la balustrade servant d'appui et de garde-corps, un siècle plus tard (d'où vient qu'on a dit *tenir bon la rampe* et *lâcher la rampe*). C'est ainsi que dans les théâtres à l'italienne aménagés au début du XIXe siècle, on installa une rampe le long de la scène afin de protéger les comédiens contre une chute possible dans la fosse d'orchestre.

Mais *rampe* s'applique également à la rangée de lumières, des chandelles du temps de Molière, qui borde horizontalement l'avant-scène, éclairant les comédiens par en dessous et délimitant clairement pour eux le bord du plateau. On le devine, les éclairages qui mettent, parfois cruellement, le spectacle en lumière sont *les feux de la rampe*. Dans ce contexte, l'acteur doit passer la rampe, pour toucher, pour émouvoir le public. Un effet ou une mise en scène réussis traversent alors le fameux « quatrième mur », cette cloison imaginaire qui sépare les artistes des spectateurs.

Dans la vie et dans la rue aussi, pour exister, il faut pouvoir passer la rampe des indifférences et celle, plus pénible encore, des mépris.

Le mot de Stéphane De Groodt

C'est idiot car cette rampe est installée précisément pour le quidam ou le quid'homme si c'est un mâle, pour lui signifier de ne pas aller au-delà d'une certaine limite. *Passer la rampe* peut être traduit par « faire une bêtise ».

En connaître un rayon

être très compétent, très fort (dans un domaine)

On dit de quelqu'un qui détient de fortes connaissances sur un sujet qu'il *en connaît un rayon*. L'expression s'emploie avec un respect admiratif. On peut penser que cette personne maîtrise un savoir aussi grand que celui des livres rassemblés sur les rayons d'une bibliothèque.

Ce *rayon*, d'origine germanique, ce fut d'abord le gâteau de cire formé par des abeilles et dont les alvéoles sont remplies de miel. Évoquant cette disposition régulière, le mot a pris le sens de « tablette de rangement » longtemps avant de désigner chaque partie d'un magasin réservée à un type de marchandise : le rayon jouets, le rayon outils... D'un *chef de rayon* qui maîtrise les caractéristiques de l'offre proposée, on a dit qu'il *connaissait son rayon*. De là serait né *en connaître un rayon*, qui ne vient donc ni du savoir-faire de l'apiculteur ni de la culture livresque.

L'apparition de l'expression a pu être influencée par une autre qui a vieilli : *en mettre un rayon* « se dépenser, travailler, agir avec ardeur ». Les sillons étant autrefois appelés *rayons*, s'agit-il ici de l'effort soutenu fourni par le laboureur ? Ou de celui du cycliste dont le vélo est muni de roues aux rayons métalliques ? On ne sait, mais ces rayons-là n'ont rien à voir avec le nôtre. Le *rayon* agricole vient de *raie,* qui trouve son origine dans le mot gaulois *riga* « sillon » (les Gaulois, très forts en culture, avaient inventé la charrue), tandis que le *rayon* de la roue fait partie de la famille issue du latin *radius* « baguette ».

Quoi qu'il en soit, sans aller jusqu'à prétendre en connaître un rayon sur l'histoire des mots, vous pouvez désormais vous targuer d'en savoir un peu plus.

« j'en ai eu de l'instruction, et pour la culture j'en connais un rayon »

Jacques Prévert, *Choses et autres*, 1972.

Donner du fil à **retordre** à quelqu'un

donner du mal, causer des soucis à quelqu'un

D'où vient ce fil qui donne tant de mal ? On pourrait croire que tordre un fil déjà tordu, c'est se compliquer inutilement la tâche. Mais l'expression cache des images plus inattendues.

En effet, *retordre* ne signifie pas ici « tordre à nouveau », comme dans « tordre et retordre du linge mouillé ». La formule provient du langage technique des tisserands et des fileurs. Retordre du fil était une opération précise, consistant à assembler plusieurs fils en les torsadant pour en obtenir un plus épais, plus résistant. Contrairement au simple filage, cette opération complexe demandait rigueur et minutie car les brins étaient souvent de taille inégale. Il ne fallait pas ménager sa peine pour obtenir un fil *retors* de bonne qualité. Ce mot technique, participe passé de *retordre,* a pris un sens imagé : on peut dire des individus retors qu'ils ont l'esprit exagérément compliqué, un peu *tordu !* Dans *Illusions perdues*, Balzac décrit « un de ces hommes profondément retors et traîtreusement doubles ».

L'expression *donner du fil à retordre* apparaît avec sa signification actuelle au XVIIe siècle. Elle est expliquée dans le *Dictionnaire* de Richelet, le premier dico «tout français», publié en 1680. Mais, quarante ans plus tôt, on la connaissait déjà, faisant référence à un tout autre travail. Donner du fil à retordre, c'était «se prostituer»! Il s'agit peut-être d'une métaphore basée sur l'image des fils qui s'emmêlent, mais l'explication reste incertaine. À trop tordre les mots et la langue française, on risque d'en perdre le fil !

« Comme elle était très scrupuleuse, elle l'a bien renseigné d'avance... Qu'il aurait du mal avec moi, que je leur donnerais du fil à retordre, que j'étais assez paresseux, foncièrement désobéissant, et passablement étourdi. »

Céline, *Mort à crédit*, 1936.

Tirer à boulets rouges sur quelqu'un

attaquer quelqu'un violemment

Lorsqu'il s'agit de rendre compte d'une situation de conflit ou de tension, la langue recourt volontiers aux métaphores guerrières. Si on attaque violemment et de façon réitérée une personne, on peut dire que l'on *tire à boulets rouges* sur elle. La première partie de l'expression est aisément interprétable – la victime étant soumise aux salves des attaques, en général verbales –, mais l'emploi de l'adjectif *rouge* l'est moins.

Ce qualificatif *rouge* renvoie à la couleur que prend le métal sous l'effet de la chaleur. Au siècle des Lumières, les artilleurs eurent l'idée de plonger les boulets, des sphères de métal plein, dans le feu avant de les lancer. Ce procédé permettait d'accroître leur capacité de destruction : le métal chauffé ne se contentait pas de détruire la cible, il provoquait l'incendie. Technique particulièrement efficace dans les batailles navales, où le bois des vaisseaux pouvait très facilement s'enflammer conduisant le navire au désastre.

Si *rouge* n'est plus perçu comme signifiant « brûlant, rougi au feu », l'adjectif a acquis d'autres sens, liés aux valeurs symboliques de la couleur. Le rouge connote traditionnellement la colère, voire la fureur, sentiments violents qui peuvent animer la personne qui attaque et « tire ». Si le sens premier de cette expression s'est perdu dans la mémoire collective, elle n'en demeure pas moins aisément intelligible et témoigne de la remarquable ductilité de la langue.

> « je ne crois pas que les révolutions soient des assassinats, ou alors je m'en désiste. On le sait. C'est pourquoi on tire sur moi à boulets rouges, des deux côtés. »
>
> Jean Giono, *Le Hussard sur le toit*, 1951.

Être au bout du **rouleau**

n'avoir plus d'argent, plus d'énergie ; être à la fin de sa vie

Quand on est rendu à la dernière extrémité, à court d'expédients, on est au bout du rouleau, telle une pelote dévidée jusqu'à son ultime brin. Mais il ne s'agit pas de l'enroulement auquel vous pensez, bien que sa fin puisse mettre dans une situation embarrassante…

La langue classique décrite par Furetière dans son *Dictionnaire* connaissait cette expression sous une forme différente : « il est au bout de son *rollet,* il ne sait plus que répondre, il ne sait plus où trouver de quoi vivre. » Ce *rollet* est un petit *rôle,* avec peu de texte à dire, et *rôle* un *rouleau* de papier.

Le papier est d'apparition récente dans l'histoire de l'humanité. Pendant des siècles, on a écrit sur des feuilles de papyrus, apprêtées et mises bout à bout pour former une longue bande. Pour ranger et conserver ces fragiles parchemins, il fallait les rouler. C'est sur ce support que les acteurs prenaient connaissance de leur texte.

R

L'acteur médiéval apprenait donc à déclamer les vers écrits sur ce rouleau, sur ce rôle, et l'on dira ensuite qu'il apprend son *rôle,* qu'il a un beau *rôle.* Si le rôle était bref, on se contentait d'un *rollet.* Arrivé à la fin du rouleau, tout espoir de gloire s'envolait.

Le mot *rôle,* dans son sens originel « rouleau de parchemin portant des écrits », a désigné différentes listes et catalogues à caractère officiel : qu'il s'agisse des actes notariés ou des militaires inscrits au rôle (ils sont *enrôlés*), du registre sur lequel sont répertoriées les causes dans l'ordre où elles doivent être plaidées devant le tribunal – *à tour de rôle* –, du *contre-rôle,* registre tenu en double, permettant le *contrôle,* le rôle est un document – et un mot – important.

Rôle, rouleau, comme *rouler,* appartiennent à la famille de *roue* et partagent la notion de circularité. La « roue de la Fortune » montre l'inconstance du sort, et nous rappelle de prendre garde à la fin du rouleau.

« Ne possédant aucune relation personnelle ou politique, parvenu presque au bout de mon rouleau, n'ayant ni fortune ni parents [...] »

Céline, *Mort à crédit,* 1936.

C'est de la **roupie** de sansonnet

c'est une chose insignifiante

C'est une broutille, de la gnognote ou encore *de la roupie de sansonnet,* voici des façons imagées de dire la même chose : c'est sans importance. Une broutille est à l'origine une petite branche. *Gnognote,* comme *gnangnan,* est une onomatopée. Quant à *la roupie de sansonnet,* composée de deux termes un peu oubliés, elle évoque elle aussi l'insignifiance.

Cette *roupie,* cependant, est sans rapport avec l'unité monétaire indienne ; il s'agit d'un autre mot, tombé en désuétude, d'ailleurs peu ragoûtant, qui signifie « goutte qui pend du nez ». Ce synonyme vieilli de *morve* renvoie à l'humeur sécrétée par la muqueuse nasale et un *roupieux* était un *morveux,* une personne avec la goutte au nez. Furetière remarque dans son *Dictionnaire* que « Les enfants ont souvent la *roupie* au bout du nez, ils n'ont pas soin de se moucher. » Ce n'est pas pour rien qu'on les appelle des morveux.

On a d'abord dit *de la roupie de singe,* expression qui évoquait la médiocrité. Au fil du temps, le singe a fait place à un autre animal, un oiseau, le sansonnet, qui n'est autre que l'étourneau. Certains font dériver cette appellation de *Samson,* dont elle serait un diminutif. L'oiseau étant souvent en cage, on aurait voulu rappeler la captivité du personnage de l'Ancien Testament.

Malgré les énigmes que soulève cette expression, ce petit oiseau et sa goutte au bec évoquent de petits riens sans valeur, des bricoles qui ne méritent aucune attention. Ce qu'on peut aussi appeler *du pipi de chat* ou *de la crotte de bique* : les excrétions animales sont volontiers convoquées pour dénoncer la piètre qualité ou l'insignifiance.

Le mot du Petit Robert

1. roupie
[RUPI] nom féminin
ÉTYM. XIIIe ♦ origine inconnue
VIEILLI Goutte qui pend du nez, découle du nez.
[...]

Payer **rubis** sur l'ongle

payer comptant, jusqu'au dernier sou et sur-le-champ

Le rubis, c'est « le rouge » par excellence, car le mot latin du Moyen Âge *rubinus* vient de l'adjectif *rubeus* « rouge » employé pour désigner une pierre précieuse de cette couleur. Ce mot a fourni, outre le français *rubi* (le *s* est celui du pluriel : faute d'orthographe vénérable !), les mots provençal, italien, espagnol, allemand désignant cette pierre.

Dans la symbolique des pierres, le rubis bénéficie de prestigieuses références. Le rubis, dans les textes sanskrits, c'est le « seigneur des pierres » ; dans la Bible, l'un des joyaux du pectoral d'Aaron, portant le nom des douze tribus d'Israël. Sa couleur rouge l'associe à la planète Mars, dans le zodiaque, au lion. Il représente la vaillance, le courage. Dans la poésie persane, c'est la goutte de sang qui représente la vie, et aussi, par une association liée à l'ivresse des sens, la goutte de vin.

C'est dans un contexte moins poétique qu'est apparue en français la relation entre le rubis et l'ongle. On a dit, dans les cabarets de l'époque de Louis XIII, qu'on *faisait* ou qu'on *buvait rubis sur l'ongle* lorsqu'après avoir vidé son verre à la santé de quelque copain, s'apercevant qu'il restait une goutte au fond et ne voulant rien laisser perdre, on vidait le verre sur l'ongle du pouce, qu'on léchait, écrit Pierre Leroux dans son *Dictionnaire comique*, « pour marquer l'attachement qu'on avait » pour la personne à la santé de qui on levait le coude.

Du fait que cette façon de vider son verre voulait dire « vite et complètement » (un peu comme dans *cul sec*), on oublia le vin rouge pour ne retenir que la rapidité et le caractère total de l'opération. Appliqué à l'argent et au paiement, *rubis sur l'ongle* correspondait à « jusqu'au dernier sou » et « comptant », voire « recta ». Du cabaret et des joyeuses *santé !* portées en buvant un bon coup, demeurait l'impression de confiance et d'amitié. Et le rubis continuait peut-être à suggérer le bon cœur que supposent ces attitudes bien honnêtes.

« Garland n'avait jamais eu le moindre problème avec lui, Claramunt avait toujours été nickel, quelques retards de paiement parfois, mais dès qu'il le pouvait, il payait rubis sur l'ongle »

Véronique Ovaldé, *La Grâce des brigands*, 2013.

En cinq sec

rapidement

Sido, la mère de Colette, dans *La Maison de Claudine,* s'interroge à propos de l'avenir d'une petite du village qui a «fauté». Une voisine lui répond *aussi sec :* «Comment, ce qu'ils vont faire ? Les marier en cinq sec, naturellement ! » Autrement dit, les noces doivent être célébrées dans les plus brefs délais. Que la voisine ne soit pas à sec de ragots sur les cinq à sept de la jeune fille d'à côté, on comprend cela. Mais au sujet de l'expression qu'elle utilise, on y voit moins clair. Faudrait-il, au nom des bonnes mœurs, les marier en cinq secondes ?

Non pas. Le mot *sec* a toujours eu de nombreux sens. On qualifie de *sec* une chose, un lieu dépourvus d'humidité, mais aussi quelqu'un qui ne boit pas, une personne maigre, au figuré indifférente, ou encore un style sans émotion. L'expression *en cinq sec(s),* apparue il y a environ 120 ou 130 ans, provient d'un univers qui n'a cure du taux d'humidité : les tables de jeu. À l'écarté, jeu de cartes en vogue à cette époque, on joue une partie en cinq points, qui sont soit liés, soit *secs.* Si l'on décide de jouer en points liés, on joue en deux manches de cinq points avec éventuellement une belle. Si l'on choisit l'autre manière, un des joueurs remportera la partie en une seule manche, sans revanche possible, donc très rapidement, *en cinq secs*.

Devenu adverbe au moment où l'expression est passée au figuré, notre *sec*, n'étant plus adjectif, a perdu le *s* du pluriel. Le cinq n'est pas seul à pouvoir être sec, et tout chiffre sec est, en matière de délai, une menace. Autant dire qu'avoir à faire quelque chose en cinq sec est un peu stressant. Au point qu'on peut l'avoir sec !

« Séraphin la trouva rhabillée à côté de lui, en cinq sec, avant même d'avoir bougé. »

Pierre Magnan, *La Maison assassinée*, 1984.

Être sur la **sellette**

être exposé à la critique ou aux questions

Quelle est cette « petite selle » que l'on devine dans *sellette* ? A-t-elle à voir avec les sports équestres ? Le mot désigne notamment un petit meuble destiné à porter une statue ainsi exposée aux regards, et donc aux critiques, mais telle n'est pas l'origine de l'expression.

Sellette est bien le diminutif de *selle*. Avant de devenir une pièce importante en équitation, offrant une posture droite au cavalier, la selle était un petit siège de bois sans dossier, une sorte d'escabeau ou de tabouret. Le mot a pour origine le latin *sedere*, « être assis, demeurer ; être fixé », qui est à l'origine de *seoir* et *asseoir,* et aussi de *assiette,* qui conserve l'idée de position dans *ne pas être dans son assiette**.

Cette position assise fait le lien entre la selle et la sellette. Il s'agissait d'un petit siège bas sur lequel on faisait asseoir l'accusé. « L'interrogatoire sur la *sellette* est la pièce la plus essentielle de l'instruction d'un procès criminel » nous dit Furetière dans son *Dictionnaire*. On comprend que Calas « ne put répondre quand il fut traîné sur la sellette », défaillant au moment crucial, ainsi que le rapporte Voltaire. Ne pouvant s'adosser, soumis au feu roulant des questions, l'accusé courbait le dos. Celui qui est *sur la sellette* est dans une position fragile, instable, inconfortable, soumis au jugement d'autrui, redoutant le verdict. Le petit tabouret s'est confondu avec la position inférieure de l'individu interrogé.

L'usage de la sellette disparut avec la Révolution et l'origine de cette expression n'est plus perçue. Le coupable présumé est toujours assis au tribunal et *être au banc des accusés* n'est pas plus confortable.

Le mot de Stéphane De Groodt

Pour monter un grand cheval il faut une grande selle. Pour monter un poney il faut une petite selle. *Être sur la sellette* sous-entend que l'on monte un poney ou un petit cheval.

Un coup de semonce

un acte d'intimidation

Qu'on ne s'y trompe pas : il ne s'agit pas de semailles ni de semences. Le *coup de semonce* vise à mettre en garde la personne à qui l'on s'adresse, à lui faire comprendre de ne pas aller plus avant sous peine de représailles. Même sans savoir ce qu'est la *semonce,* on saisit l'avertissement.

Le mot provient de l'ancien verbe *semondre,* signifiant « exhorter à faire quelque chose », changeant le sens de son modèle, le verbe latin *submonere* « avertir *(monere)* en secret ». *Semondre* « avertir, inviter » est déjà passé de mode au XVIIe siècle et ne s'emploie plus que dans quelques circonstances formelles, comme « *Semondre* à un enterrement, aux noces », selon Furetière. Une semonce, c'est d'abord une simple invitation à agir, avant que le mot ne se spécialise. Au XIIe siècle, ce fut un appel du roi ou du seigneur à ses vassaux, puis une convocation en justice. À partir du XVIe siècle, un avertissement surtout sous forme de reproche, une réprimande, sens qui a survécu dans un usage littéraire. L'anglais a conservé *summons,* « injonction ».

D'où vient alors le *coup* de la semonce ? D'une époque où les avertissements pouvaient se signifier au son du canon. Dans le vocabulaire maritime, le *coup de semonce* est le coup de canon envoyé par un vaisseau afin d'ordonner à un navire approchant de montrer ses couleurs ou de s'arrêter. La poudre ayant remplacé les boulets de jadis, on parle aujourd'hui plutôt de *tir de semonce* : un tir en l'air donnant l'ordre à une manifestation de se disperser, par exemple.

Synonyme de *sommation,* le *coup de semonce* n'est plus réservé aux pirates, et peut s'adresser à quiconque dépasse les bornes.

Le mot du Petit Robert

semonce

[səmɔ̃s] nom féminin
ÉTYM. XIIe ; *summonse* XIe ♦ participe passé fém.
subst. de l'ancien français *somondre*, latin
submonere « avertir en secret »
1. VIEUX Ordre de comparaître, convocation
(émanant d'un roi, d'un seigneur).
■ MOD. MAR. Ordre de montrer ses couleurs, de
s'arrêter. [...]

Couper le **sifflet** à quelqu'un

> couper la parole à quelqu'un ; l'empêcher de s'exprimer

Le sifflet est certainement l'un des objets les plus désagréables que l'homme ait inventé. C'est l'instrument pour rappeler à l'ordre, pour manifester son insatisfaction, utilisé par les agents de police, les arbitres et les spectateurs mécontents. À ces auteurs de sons aigus, impératifs et impolis, on aimerait souvent *couper le sifflet*. On pourrait penser que cette expression rapproche la parole agressive, qui agace, du son pénible d'un sifflet. Il n'en est rien.

Dérivé du verbe *siffler*, ce nom désigne dès le Moyen Âge un petit instrument formé d'un tuyau court, qui émet un son aigu. À la fin du XVIe siècle, *sifflet* s'est employé par métaphore pour désigner le conduit de la respiration : l'air que l'on inspire et expire passe par le gosier, comme l'air nécessaire à la vibration de l'instrument.

Le sifflet est un soufflet, en plus serré. *Serrer le sifflet à quelqu'un*, c'était l'étrangler, et *couper le sifflet*, littéralement, lui trancher la gorge ! Le procédé est radical ; Furetière, dans son *Dictionnaire*, le résume ainsi : « les poulets qu'on égorge crient toujours jusqu'à ce qu'on leur ait coupé le *sifflet* ». Couic, terminé.

L'expression s'est maintenue seulement pour exprimer un silence imposé, aux côtés de *couper la chique,* de *rabattre le caquet** ou même de fermer la bouche. De nos jours, pour couper le sifflet à quelqu'un, pas besoin d'arme blanche. Il suffit d'un peu de fermeté ou d'un bon sens de la répartie.

« le Gros la stoppa avec l'un de ses souliers rudement lancé qui atteignit la pute au creux des reins, lui coupant le sifflet. »

San-Antonio, *Chauds, les lapins !,* 1986.

Payer en monnaie de singe

récompenser ou payer par de belles paroles, des promesses creuses

Le singe, étonnant animal, est connu pour ses facéties et ses grimaces. La légèreté qu'on lui prête serait-elle à l'origine de *payer en monnaie de singe*, où la monnaie en question ne vaut rien ? Cette connotation a peut-être contribué au succès de l'expression, mais celle-ci a une origine bien précise.

Si le singe a une forte valeur symbolique, il est aussi associé à ce qu'on appelle aujourd'hui *les arts de la rue*. C'est, depuis l'Antiquité, l'un des animaux favoris des bateleurs, qui le dressent à faire des tours et à se produire en public. Supposé rusé, il amuse et plaît par son adresse, mais aussi par son étrange proximité avec l'être humain qu'il semble contrefaire.

L'association des simiens avec la monnaie remonte au Moyen Âge. La traversée du Petit Pont, reliant, à Paris, l'île de la Cité à la rive gauche, était soumise à un droit de péage. En étaient exemptés les saltimbanques, s'ils offraient au péager, en échange, un numéro de leur spectacle. Les gambades d'un singe savant convenaient. Le non-paiement n'était donc pas une tromperie mais un droit acquis par une prestation en nature.

Dès le XVIe siècle, *payer en monnaie de singe évoque* les tentatives de séduction visant à remplacer une rétribution. Belles paroles et promesses, la publicité aujourd'hui, sont de la fausse monnaie. Certains se laissent abuser par un miroir aux alouettes, d'autres se méfient de la poudre* jetée aux yeux. Un autre dicton rappelle que ce n'est pas aux vieux singes qu'on apprend à faire la grimace.

« On ne donne pas d'amour mais on prétend mettre à sa place quelque chose de bien meilleur et de plus digne. C'est de la monnaie de singe. »

Joseph Arthur de Gobineau, *Les Pléiades*, 1874.

Tout son soûl

à satiété, autant qu'on veut

Un musicien qui joue tout son soûl ne joue pas nécessairement de la musique *soul*, c'est-à-dire une musique qui vient de l'âme, en anglais américain. De même, un gastronome qui mange tout son soûl n'a pas forcément dépensé tous ses sous. Mais l'un comme l'autre ont en commun de jouer, de manger autant qu'ils le souhaitent, et jusqu'à satiété.

De nos jours, l'adjectif *soûl* (la graphie *saoul, saoule* n'est plus guère utilisée) est employé pour qualifier l'état d'une personne ivre, autrement dit d'une personne qui a bu trop d'alcool. Le mot signifiait à l'origine « rassasié, repu ». Employé pour exprimer qu'une personne avait bu et mangé plus que de raison, ses emplois ont évolué.

Tout d'abord, *soûl* pouvait s'employer aussi en tant que nom, comme synonyme de « satiété », ainsi que notre expression, apparue au XVe siècle, en témoigne. En outre, la sensation de satiété qu'il dénotait était perçue de manière positive : il désignait non pas l'excès, mais la satisfaction. Furetière donne pour exemple « c'est un fort petit mangeur, il est *saoul* de peu de chose », indiquant qu'il se contente de peu.

L'expression est un vestige de ce sens ancien. Elle nous rappelle de surcroît que la perception de la satiété varie. L'emploi ambigu du mot *soûl* fait penser à cet égard à la formule *en avoir assez*, qui renvoie au fait d'être satisfait aussi bien qu'à celui d'être excédé au point de ne plus supporter quelque chose. Lorsque la limite de la satiété est franchie, ces deux expressions se prennent en mauvaise part. C'est ainsi qu'est apparu un nouveau sens du verbe *soûler*, dans la tournure *tu me soûles*, dénotant un grand agacement. Tout soûls qu'ils sont, les ivrognes sont parfois soûlants autant que soûlés.

> « Ma femme est morte, je suis libre !
> Je puis donc boire tout mon soûl. »
>
> Charles Baudelaire, *Les Fleurs du mal*, « Le vin », 1867.

Être trempé comme une **soupe**

être complètement trempé

Dire, sans intention particulière, qu'on a été *trempé comme une soupe,* ce qui se fait depuis l'époque de Louis XVI, c'est, l'air de rien, faire de l'histoire des mots.

Il se trouve que ce mot, *soupe,* fait l'objet d'une guerre étymologique, les uns y décelant un terme germanique de cuisine, d'autres y voyant un effet du latin *supinus* « tourné vers le haut » et donc « couché sur le dos ». Ceci, parce que la soupe dont on parle au Moyen Âge est une tranche de pain « couchée » au fond d'un récipient – la soupière – avant qu'on la recouvre de bouillon ou de potage. De même que, dans la réalité, liquide et solide se mêlaient, les mots le firent aussi, et, au XIVe siècle, *soupe* désigna à la fois le pain à tremper et le résultat du trempage. Cette confusion du solide et du liquide a toujours des effets : on dit encore *manger sa soupe* et non *la boire,* même si c'est à la cuillère.

La soupe était donc coupée en tranches (on disait *tailler des soupes* et *une soupe de pain*) pour être trempée et l'expression *tremper la soupe* exprimait cette opération culinaire. L'idée d'imprégnation se retrouve dans une expression plaisante et oubliée, *être ivre comme soupe*, c'est-à-dire « complètement imbibé, soûl ». Bien des expressions où *soupe* signifie « tranche de pain » ont disparu, du fait que le mot a cessé de s'employer dans ce sens : là où des pâtissiers disent *pain perdu, pain doré*, on parlait encore de *soupe dorée* au XVIIe siècle et les Italiens continuent à faire de la *zuppa inglese,* qui est un gâteau.

Ainsi, quand on dit que quelqu'un est *trempé comme une soupe,* on a tendance à comprendre « trempé par la soupe céleste » ou « amolli et comme liquéfié à l'instar du potage », ce qui est un contresens. Mais on le préfère, ce contresens, à des expressions qui seraient correctes et respectueuses du passé des mots, mais ridicules, telles que *trempé comme une tranche* ou *comme un petit pain dans du potage.*

« J'arrivai enfin, trempé comme une soupe, de pluie, de sueur et de pleurs – car quelle anxiété : est-elle encore vivante ? Je l'aimais tant ! »

Verlaine, *Confessions*, 1895.

Un **suppôt** de Satan

une personne méchante

Un suppôt de Satan n'est évidemment pas un suppositoire maléfique ! On comprend bien que le *suppôt* dont il est question ici est un individu qui a partie liée avec le diable, et cela ne met guère en confiance. Mais quel rapport un suppôt entretient-il avec le Malin ?

Impossible de percer ce mystère sans revenir à l'origine latine du mot. *Suppôt* vient de *supponere*, « placer en dessous », ce qui est vrai aussi, physiologiquement et étymologiquement, du *suppositoire*. Le suppôt est le vassal, le sujet de quelqu'un, celui qui est *placé sous* ses ordres ; c'est une personne soumise et subordonnée à une autre. « Les imprimeurs et les libraires étaient les suppôts de l'université », nous dit Littré. Théophile Gautier, dans *Le Capitaine Fracasse*, désigne un médecin comme le « suppôt d'Esculape ». Ce suppôt-là était tout à fait fréquentable.

En s'acoquinant avec un personnage peu recommandable, *suppôt* est devenu péjoratif. Dès lors, les suppôts furent présentés comme les acolytes de personnages mythologiques peu reluisants. On a dit *suppôt de Bacchus* pour désigner un ivrogne ; plus grave, les individus animés de mauvaises intentions sont des *suppôts de Satan*. Le prince des ténèbres, pour accomplir sa besogne, est secondé par les légions infernales. C'est dire si ses suppôts sont nombreux !

Le sens de l'expression s'éclaire : non seulement on vilipende une personne en la rapprochant de celui qui représente le Mal absolu, mais encore on lui fait l'affront, au passage, de la traiter de sous-fifre...

« Tu n'entreras pas, suppôt de Satan ! s'écria Manon qui reconnut le procureur général et qui se mit devant la porte du salon. Viens-tu pour tuer Madame ? »

Honoré de Balzac, *L'Initié*, 1848.

Faire un **tabac**

avoir un grand succès

L'histoire du tabac et de son nom, c'est un peu la descente aux enfers. Au XVIIe siècle, Molière attaque sa pièce superbe, *Dom Juan,* par un éloge comique du tabac, alors considéré comme le remède miracle. Trois siècles et demi plus tard, on sait que « fumer tue ». Entre temps, on en a fumé du tabac, mais aussi on en a mâché, on en a prisé, en se bourrant le nez de poudre de tabac.

Le nom de cette herbe dont on se bourrait le pif a pu motiver un autre *tabac,* synonyme de *bourre-pif* « coup de poing dans la figure », mais celui-ci viendrait de *tabasser,* issu de l'onomatopée *tab-* exprimant l'idée de coup, qu'on retrouve dans le moyen français *tabuster,* « frapper », qui a donné *tarabuster.* C'est ainsi que *passer à tabac* signifie « assommer, bourrer de coups » et que le *coup de tabac* devint un violent coup de vent et de grosse mer. Plus rien à voir avec la nicotine qui se cache dans cette herbe qu'a fait connaître en France Jean *Nicot,* ambassadeur et auteur par ailleurs d'un superbe dictionnaire, un *Trésor* de mots, vraiment.

T

Dans le répertoire d'expressions où *tabac* entraîne l'idée de «coups redoublés», l'argot du théâtre, vers 1900, appelle ainsi les applaudissements du public. On a dit d'une pièce à succès et des comédiens qui l'interprètent qu'ils avaient *le gros tabac* quand les spectateurs tapaient avec ardeur dans leurs mains pour applaudir. Et on peut se souvenir de ceci : les applaudissements programmés – comme aujourd'hui dans certains spectacles à la télévision – s'appelaient la *claque,* qui fait penser à la gifle.

De là l'expression plus récente *faire un tabac* pour «obtenir un gros succès», formule où ni le tabac ni la nicotine ne sont en cause, et où l'on n'entend même plus les coups bruyants que sont les applaudissements. Et c'est ainsi que le mot *tabac* a voulu dire *succès*, grâce à ce verbe *tabasser* qui n'a aucun rapport avec une fumée nocive, ni même avec le vapotage.

« Hier, elle a mis en ligne une vidéo sur Youtube pour fêter Pâques. Naturellement, cette vidéo a fait un tabac sur le net avec plus de cinq cent mille vues en huit heures. »

Nord Littoral, 2015.

Miser sur tous les tableaux

se ménager un intérêt dans différents partis, afin de ne pas perdre

Afin de limiter les risques, certains préfèrent *jouer* ou *miser sur tous les tableaux*. Ils multiplient ainsi leurs chances d'obtenir des avantages, quelle que soit l'issue de l'affaire. Une attitude assurément prudente et retenue, voire un manque de courage. Mais cela ne nous dit pas quels sont ces tableaux sur lesquels on parie.

La spéculation sur le marché de l'art peut certes entraîner une hausse de la valeur des œuvres, grâce à quoi les connaisseurs peuvent s'enrichir. Mais ce n'est pas de toile qu'il est question ici. Pas plus que du tableau noir des écoliers ni du panneau sur lequel s'affichent les cotes et les résultats des courses, même si l'on peut *miser* sur le bon ou sur le mauvais cheval.

Cependant, comme le suggèrent les verbes *miser, jouer* ou *gagner*, c'est bien du domaine du jeu que provient l'expression. À certains jeux d'argent comme la roulette, on dépose sa mise sur un emplacement correspondant à la couleur ou au numéro que l'on espère voir sortir : c'est le tableau. *Tableau* vient de *table,* et la table de jeu a donné lieu à une expression imagée : *jouer cartes sur table,* c'est agir franchement, loyalement.

L'univers du jeu offre de nombreuses métaphores évoquant un affrontement entre différents partis ou la stratégie engagée pour réussir. Ainsi, quel que soit le nombre d'*atouts* et que l'on joue *franc jeu* ou pas, on finit toujours par *abattre sa dernière carte*. Et dans ce cas, sauf si *les dés sont pipés*,* c'est souvent *quitte ou double*. C'est le langage du hasard, du gain et des pertes. À jouer sur plusieurs tableaux, on risque moins, mais on peut se déshonorer à jouer les contraires, ce qui amène à retourner sa veste.

« gagner à tout coup, tantôt sur l'un, tantôt sur l'autre tableau »

Montherlant, *Les Jeunes Filles*, 1936.

Écrire, noter, marquer quelque chose sur ses **tablettes**

prendre bonne note de quelque chose

Des amis vous appellent et vous demandent de noter *sur vos tablettes* qu'ils pendent la crémaillère, qu'ils se marient ou qu'ils fêtent un anniversaire dans un mois. Parfait : vous êtes équipé et à l'aise avec les nouvelles technologies, téléphones « malins », *tablettes* tactiles. Sauf que…

Cette expression est attestée depuis le xve siècle, époque où l'on *mettait* diverses informations *en ses tablettes,* ce qui n'avait rien à voir avec la modernité technique et faisait référence à l'Antiquité. Il faut remonter à l'apparition de l'écriture, dans les lointains empires de Sumer, puis d'Akkad, pour rencontrer ces tablettes. Les premières écritures, après des pictogrammes, furent des signes cunéiformes, gravés sur une surface plane. Cette surface devait être constituée ou recouverte d'une matière suffisamment tendre pour pouvoir être incisée par un roseau taillé en pointe qui laissait des traces « en forme de coins », *cunéiformes*. Les tablettes d'argile de Mésopotamie ont traversé le temps et sont parvenues jusqu'à nous. Par la suite, la cire offrira une couche molle propice aux inscriptions.

T

Noter sur ses tablettes, même devenues des écrans tactiles, revient à reproduire les gestes des scribes sumériens. Et l'inscription est durable. Tellement durable qu'elle en vint à symboliser le ressentiment et le *Dictionnaire* de Féraud rapporte à la fin du XVIIIe siècle cette expression : « Vous êtes sur mes *tablettes*, dit un Supérieur à son inférieur : vous m'avez déjà donné sujet de me plaindre de vous ». Pour effacer ce mauvais souvenir, il faut le *rayer de ses tablettes*.

Le papier, invention récente à l'échelle de l'humanité, a succédé à des siècles de papyrus et de parchemin. L'écriture, moyen de communication durable, mémoire de la parole, a toujours trouvé un support pour s'exprimer. Peu importe sa nature, les paroles s'envolent, les écrits restent.

« Quoi qu'il en soit, dites-moi le nom de cet homme, afin que je le mette sur mes tablettes. »

Denis Diderot, *Jacques le Fataliste et son maître*, 1796.

Être **taillable** et corvéable (à merci)

être bon pour toutes les corvées, être destiné à payer, à être exploité

Être taillable et corvéable à merci, on le sait, c'est être soumis à toutes les corvées, à la volonté d'un maître, d'un patron qui assigne des tâches sans discussion possible. Si un plat *mangeable* est un plat que l'on peut manger, si une pièce *détachable* peut être détachée, il doit être possible de tailler les humains. Tout autre chose que des crayons ou des pierres…

Il nous faut remonter au Moyen Âge pour comprendre cette expression. Serfs et roturiers étaient soumis à de nombreuses obligations imposées par leur seigneur. Ils lui devaient des journées de travail collectif pour entretenir son domaine (la corvée) et des impôts, dont la taille. *Corvéable,* comme *taillable,* qualifiait ceux qui étaient soumis à ces contraintes.

L'adjectif *taillable* est formé d'après le verbe *tailler* « couper, découper ». La taxe portait ce nom en raison d'une pratique des collecteurs, qui tenaient les comptes en faisant des encoches sur une baguette de bois, le *bâton de taille*. Ce système de comptabilité rudimentaire était accessible à des personnes ne sachant ni lire ni écrire.

Métaphoriquement, le mot a pu être employé dans l'idée que les percepteurs prélevaient sur les contribuables à la manière dont un tailleur travaille la matière, retranchant certaines de ses parties. D'ailleurs, pour désigner un contribuable, on disait alors *un taillable*.

Le taux de la taille pouvant être fixé de manière arbitraire et la nature des corvées dépendant du bon vouloir du seigneur, on a accolé aux mots de la soumission l'expression *à merci* soulignant ainsi que les serfs étaient dans la dépendance totale, à la « merci » de leurs maîtres.

La société féodale ayant disparu, la corvée, la taille comme la gabelle furent abolies en France à la Révolution. Pourtant, l'exploitation subsiste et l'expression, qui a traversé les siècles, est toujours vivante.

« Il y avait des garçons que tout le monde pouvait frapper – taillables et corvéables à merci. D'autres dont on pouvait se moquer ; certains qu'il suffisait d'appeler par un sobriquet pour les voir quitter la partie et disparaître. »

Mouloud Feraoun, *Le Fils du pauvre*, 1954.

Sur le tas

sur le lieu du travail, au travail

Sur le tas se dit de pratiques qui s'ajustent à une situation concrète de travail plus qu'elles ne répondent à des protocoles. L'expression s'applique en particulier à l'apprentissage d'un métier au contact des professionnels. Faut-il comprendre que ces contacts se multipliant, ils finissent pas former ce tas qu'on appelle communément l'expérience ? Pas exactement.

L'origine du mot *tas* n'est pas certaine. Considéré parfois comme un emprunt au mot néerlandais désignant un amas de blé, ce mot est aussi rapproché de la famille du latin *stare* « se tenir debout, immobile ». Depuis son apparition, le mot *tas* évoque l'amas, l'accumulation, évoluant vers l'idée de grande quantité (*des tas :* « beaucoup »).

À la Renaissance, le mot est passé dans le vocabulaire de la construction. Le terme *tas de charge* renvoie à la masse de pierre sur laquelle prend appui l'arc d'une voûte. Toujours en architecture, *tas* a aussi servi à désigner la masse d'un ouvrage de pierre en construction, et, de là, le chantier sur place. Dans ce contexte, la taille qui s'effectue *sur le tas*, et non pas dans l'atelier, se fait à l'endroit même où les pierres vont servir à édifier les murs.

L'expression s'est appliquée à tout type de travail, et l'apprentissage, la formation « sur le tas » se font de manière improvisée, par observation et expérimentation. *Sur le tas* évoque dès lors le lieu du travail, quel qu'il soit, ce qui explique la fortune de l'expression en argot, où l'on peut mettre une fille sur le tas, en l'occurrence sur le trottoir, ou se faire prendre sur le tas, c'est-à-dire en flagrant délit.

S'il est vrai que c'est en forgeant qu'on devient forgeron, les travailleurs ont appris qu'il est parfois efficace, pour obtenir son dû, de faire *grève sur le tas* !

« On apprenait le boulot sur le tas, en regardant faire les anciens qui n'étaient pas avares en coups de pieds au cul. »

Gérard Boutet, *Paroles de nos anciens*, 2013.

Au temps pour moi

je reconnais mon erreur

Voilà bien une situation ironique : on emploie l'expression *au temps pour moi* afin de reconnaître qu'on s'est trompé, et aussitôt, on se voit accusé de commettre une faute d'orthographe…

En effet, cette expression, familière pour l'Académie française, est le plus souvent écrite sous la forme *autant pour moi*. Elle se comprend alors comme une manière concise de dire « j'ai commis autant d'erreurs que vous » ou « je me suis trompé et mérite autant que vous d'être sanctionné ». L'explication, séduisante, ne correspond pas à la vérité. L'Académie reconnaît que cette graphie « est courante aujourd'hui, mais rien ne la justifie ».

L'emploi du mot *temps* – du latin *tempus*, au sens de « durée » – loin d'être fautif, s'explique pourtant. *Au temps !* est un commandement propre au langage militaire. Prononcée au cours d'un exercice de maniement des armes, lorsqu'une faute a été commise ou qu'un mouvement a été mal exécuté, l'expression ordonne la reprise du mouvement au temps précédent ou depuis le début.

On lit ainsi sous la plume de Courteline, observateur amusé des mœurs de la caserne : « Recommencez-moi ce mouvement-là en le décomposant. Au temps ! Au temps ! » *(Le Train de 8h47)*. C'est dans ce sens que s'entend également *au temps pour les crosses* (ordre donné quand les crosses de fusil ne sont pas retombées en même temps) durant les répétitions de prises d'armes.

Au sens figuré, l'expression permet de concéder la nécessité de reprendre un raisonnement où une erreur a été constatée, et signifie qu'on va reconsidérer les choses depuis le début.

On voit quel faux problème pose cette double graphie, et *au temps pour moi,* pourtant impeccable, est souvent tenue pour fautive. À ceux qui redouteraient d'employer cette expression, craignant la faute, on peut donner ce conseil : facilitez-vous la tâche en optant pour la formule latine *mea culpa* !

> « Un peu plus tard, il avait fait une erreur dans un raisonnement délicat et il avait dit gaiement : *Au temps pour moi.* »
>
> Jean-Paul Sartre, *Le Mur*, 1939.

À juste **titre**

à bon droit, avec fondement, raison

Du titre de transport au champion qui défend son titre en passant par le titre d'un film, on s'y perd. De quel titre s'agit-il dans cet *à juste titre*, qui signifie « avec raison, à bon escient* » (autre bizarrerie) ?

Le mot *titre* provient du latin *titulus* qui avait le double sens d'« inscription » et de « distinction (par le rang, le statut) ». Il désignait à l'origine une affiche ou un écriteau porté au bout d'un bâton dans les triomphes militaires et sur lequel étaient inscrits en gros caractères le nombre de prisonniers et les noms des villes prises.

Si le mot *titre* a conservé en français les valeurs d'inscription et de désignation honorifique, il a pris de nombreux autres sens. Dès le XIIIe siècle, *titre* désigne en effet ce qui établit un droit, et particulièrement un écrit conférant le droit à une possession, une dignité ou une fonction. Furetière nous rappelle que le *titre de noblesse* est l'« acte authentique par lequel on prouve son droit, sa noblesse ». Et nous parlons toujours de *titres de propriété* ou de *titres de séjour*.

Ce sens a donné naissance aux expressions *à bon titre*, *à juste titre*, « à bon droit », « légitimement », étant entendu que la personne qui agit *à juste titre* est reconnue comme étant fondée à agir de la sorte. De même, l'interrogation *à quel titre ?* revient à demander de quel droit on a agi.

Et c'est à juste titre qu'on peut s'interroger sur le sens précis des mots qu'on emploie spontanément, dans des expressions qui auraient bien besoin de sous-titres.

« Persicaire haïssait la "mesure française". Il estimait, à juste titre, que notre langue est la plus apte aux poèmes, la plus propice à tirer juste, la plus cruelle, la moins poétique, en un mot. »

Jean Cocteau, *La Fin du Potomak*, 1940.

Faire une **touche**

être remarqué par quelqu'un à qui l'on plaît physiquement

Pour certains, le célibat est un océan de solitude. D'autres ont l'impression de voguer sur une mer peuplée de sirènes. Le dragueur qui cherche à *faire une touche* tend l'hameçon de son charme. Alors, ça mord ?

Car il s'agit bien d'une métaphore de la pêche, reprenant l'image du pêcheur qui surveille sa ligne et guette la *touche,* ce moment où le poisson entre en contact avec l'hameçon pour gober l'esche ou le leurre. Maurice Genevoix décrit ce moment d'émotion dans *La Boîte à pêche :* « Une touche ?… Une touche, oui. Des rides ont élargi leurs cercles ; la plume a basculé, s'est mise à plat : c'est une brème qui vient de mordre ». Transposé dans le domaine de l'approche amoureuse, *faire une touche*, attesté dans ce qu'on a appelé « les années folles » (est-ce un hasard ?), évoque un accueil favorable à une tentative de séduction. Sans lancer de filets ou pratiquer la pêche au lancer, on peut *avoir la touche* avec quelqu'un, lui plaire manifestement.

Plus métaphoriquement, on peut voir dans cette expression une valeur ancienne du mot *touche*, qui désignait une émotion. Ce sens correspond au verbe *toucher* pour « affecter, émouvoir » et à l'adjectif *touchant*, dont le sens a été fort, caractérisant ce qui fait grande impression avant de signifier « attendrissant ». Le contact est essentiel dans *toucher*, l'attrait physique qui évoque aussi les *attouchements*, les contacts érotiques, les caresses ou même les relations sexuelles *(il ne la touche plus)* et la masturbation *(se toucher)*.

Si ces remarques conduisent à une gêne pour dire qu'on a *fait une touche*, on peut toujours employer : *avoir un ticket*, mais il n'est pas sûr que la métaphore soit plus distinguée.

« J'ai eu la touche avec elle, mardi dernier, elle était bourrée, elle voulait tout le temps m'inviter à danser. »

Jean-Paul Sartre, *L'Âge de raison*, 1945.

Être aux **trousses** de quelqu'un

être à la poursuite de quelqu'un

L'un des plus célèbres films d'Alfred Hitchcock a pour titre français (sans rapport avec l'original) *La Mort aux trousses*. Le personnage principal, interprété par Cary Grant, y est sans cesse poursuivi par les membres d'une organisation secrète qui veulent sa peau. *Être aux trousses de quelqu'un* évoque une poursuite sans répit, et si le poursuivant est la Mort, c'est grave !

À première vue, difficile d'établir un lien entre cette trousse et les trousses que nous connaissons, la trousse de toilette ou d'écolier. Il s'agit pourtant du même mot. *Trousse* est dérivé de *trousser* qui signifia d'abord « mettre en faisceau, en botte ». On troussait du foin avant de trousser les filles. En effet, avec cette idée de rassemblement, le verbe s'est employé pour « relever un vêtement qui pend ». D'où l'emploi érotique et machiste.

C'est dans ce contexte vestimentaire qu'est né la *trousse* de l'expression : pièce de la garde-robe masculine du XVIIe siècle, les trousses étaient une culotte bouffante dont on cousait les pans repliés et à laquelle venaient s'attacher les bas. *Être aux trousses de quelqu'un* se rapproche ainsi de *être pendu aux basques** et *marquer à la culotte :* on touche l'habit du fuyard, par derrière.

Si la plupart des emplois de *trousser* sont sortis d'usage, ses dérivés *trousse, trousseau* et *détrousser* sont bien vivants. Et le sens de « replier » est encore présent avec *retrousser*. Et quand on lit aujourd'hui que les paparazzis sont aux trousses d'une personnalité, on espère que ce n'est pas pour la détrousser, ni pour la trousser ou la retrousser !

> « Dom pourceau criait en chemin
> Comme s'il avait eu cent bouchers à ses trousses. »
>
> La Fontaine, *Fables*, 1678.

Les US et coutumes

les habitudes, les usages traditionnels

« À Rome, fais comme les Romains. » C'est au respect des usages locaux que cet adage invite : en voyage, se plier aux règles de l'endroit où l'on se trouve est préférable. Inciter à observer les *us et coutumes* d'un pays revient à dire qu'il faut en respecter les habitudes installées, les traditions. Si le terme *coutume* s'est maintenu dans d'autres emplois, ce n'est pas le cas de cet *us* qu'il ne faut surtout pas prononcer à l'anglaise, car il ne signifie pas « nous ».

Le français a tendance à étoffer les mots courts en leur adjoignant le suffixe *-age*. *Courage* était synonyme de *cœur* jusqu'à l'époque de Louis XIV. *Vis*, qui survit aujourd'hui dans *vis-à-vis*, est quant à lui devenu *visage*. *Ore*, « vent », se maintient secrètement dans *orage*. C'est sans doute le même phénomène qui a affecté les *us*, synonyme archaïque de sa version actuelle, les *usages*.

« C'est la manière ordinaire d'agir qui a passé en force de loi » : c'est ainsi que Furetière définit *us*. Il signale un autre mot de sens proche, *usance,* disparu lui aussi, qui s'employait en contexte similaire : « Les juges doivent avoir égard à l'*usance* des lieux. » *Us* comme *usance* et *usage* appartiennent à une grande famille d'origine latine réunissant *user, utile, outil, usurper*...

Us, apparu au milieu du XIIe siècle, se voit rapidement accompagné du synonyme *coutume* et relégué au rang de « vieux mot ». C'est là un procédé attesté : coupler deux substantifs de sens proche pour renforcer celui qui est tombé en désuétude. Le même phénomène est à l'œuvre dans la tournure *au fur*et à mesure*, dans *aujourd'hui,* où *hui* veut dire « ce jour », et de manière évidente, dans *ne bouger ni pied ni patte.*

Les us et coutumes pourrait aussi bien se dire *les us, les usages* ou *les coutumes*, sans que la signification en soit affectée, mais on manquerait aux *us et coutumes* du français en amputant cette expression !

« Le consul [...] nous dit que nous étions des fous, qu'il fallait respecter les us et coutumes des pays où l'on voyage »

Prosper Mérimée, *La Double Méprise*, 1833.

N'avoir pas un sou vaillant

être pauvre, sans argent

« Les Français sont naturellement *vaillants* », selon Furetière, qui écrit aussi : « Cette fille a épousé un Gascon qui n'a pas un sou *vaillant* ». Est-il possible que les Français soient plus vaillants que l'argent des Gascons ? Cela ne concerne que le contenu de leurs bourses ; qui *n'a pas un sou vaillant,* autrement dit celui qui est « sans un », fauché, démuni, peut se montrer valeureux.

Vaillant est l'ancien participe présent du verbe *valoir*, ainsi que nous le rappelle le dictionnaire d'Émile Littré : « Vaillant est un participe archaïque de valoir. Aussi au XVIIIe siècle, on hésitait entre avoir vaillant et avoir valant ; la province disait valant ; Paris disait vaillant. C'est Paris qui l'a emporté. »

Le mot possédait plusieurs significations : comme adjectif, il renvoya d'abord à l'idée de valeur, de ce qui vaut beaucoup. Il s'est ensuite employé pour « valant, ayant la valeur de », d'où notre expression qui signifie littéralement « ne pas avoir un sou qui ait de la valeur ».

V

Vaillant s'appliqua ensuite à une personne qui a du courage. Au Moyen Âge, on prénommait les petits garçons Vaillant, et prince Vaillant est toujours admiré. D'un soldat valeureux, on disait au XVIIe siècle, « il est vaillant comme l'épée qu'il porte ». Avec le temps, le mot est devenu littéraire ; on lui préfère aujourd'hui les adjectifs *courageux* ou *brave*. De nos jours, *vaillant* s'emploie en effet plutôt pour qualifier une personne qui a de l'ardeur au travail, ou une personne malade ou âgée qui est cependant capable d'agir. Mais on continuait à employer l'adjectif pour la valeur financière, au point que *le vaillant,* nom masculin, désigna à la fin du Moyen Âge l'ensemble des biens que l'on possède, le capital.

« Un sou est un sou », disent les Français, mais certains sous, de mauvais aloi*, valent moins que d'autres. La bonne monnaie a de la valeur, alors que, comme l'a dit La Rochefoucauld dans ses *Maximes*, « ce n'est pas toujours par valeur [...] que les hommes sont vaillants ».

> « Cet homme eut assez de courage pour prendre notre tuilerie à bail sans avoir un denier vaillant. »
>
> Honoré de Balzac, *Le Médecin de campagne*, 1833.

Jouer son va-tout

risquer le tout pour le tout, recourir aux derniers moyens

Lorsque l'on se trouve dans une situation difficile, qu'on se sent acculé, il peut arriver que l'on doive payer d'audace et faire appel à des moyens ultimes, tenter sa dernière chance. Cela peut s'appeler *jouer son va-tout*.

Des moyens aussi radicaux évoquent le joueur invétéré qui, pour se refaire, doit recourir à des solutions extrêmes. Le terme *va-tout* apparaît ainsi sous la plume de Madame de Sévigné, qui appartenait à une société dans laquelle le jeu, et en particulier les jeux de cartes, occupaient une place importante. C'est bien à l'univers des cartes que cette expression figurée doit son origine : au sens propre, elle veut dire « tout miser en une seule fois ». On risque gros dans l'espoir de ramasser autant, de sortir d'une mauvaise passe.

Jouer ou *risquer le tout pour le tout* ou encore *jouer sa dernière carte* sont des expressions synonymes également empruntées au même domaine. Ainsi, dans *jouer le tout pour le tout,* le second *tout* de la formule désigne au départ la troisième partie, la « belle », où le joueur jusqu'alors malchanceux décide de risquer dans un dernier coup tout ce qu'il a perdu.

Va-tout présente une forme étrange, mais son cas n'est pas unique. On trouve la même construction avec une forme du verbe *aller* dans *va-t-en-guerre,* manière imagée de nommer une personne belliqueuse, ou dans la locution adverbiale *à la va-vite*. Ce *va-tout* est à mettre en relation avec *à tout va*, «sans limite», aujourd'hui très courant, qui vient de la formule utilisée dans les casinos pour indiquer que la mise n'est pas limitée ou que l'argent sur le tapis est remis en jeu.

Transposée de la table de jeu à la vie quotidienne, l'expression gagne en intensité. Elle nous rappelle que dans la vie, qui ne hasarde rien n'a rien !

« Mais si les gouvernements sont assez fous pour jouer leur va-tout et risquer la ruine totale, plutôt que de céder »

Roger Martin du Gard, *Les Thibault, L'Été 14*, 1936.

Aller à vau-l'eau

se perdre, se désorganiser, péricliter

Bien étrange, ce *vau* sans e, qui n'a aucun rapport avec l'enfant de la vache. Comme le latin *valles* ou *vallis*, dont il provient, le *val* (*vau* dans l'ancienne langue) est une forme de paysage : une zone plus basse entre deux plus élevées. Mais il se trouve que dans ces vaux coule et court de l'eau, qui se déplace selon la pente et vient de plus haut, autrement dit des monts. Alors, le val change de sens et suit celui du cours d'eau. *Vers le mont, à mont*, c'est non seulement plus haut, mais aussi avant. *À val*, c'est plus loin, après, vers le fleuve et, par le fleuve, vers la mer.

Aval, « en suivant la pente », s'est prononcé avec un *l* voyelle, quelque chose comme *vaw*, écrit *vau* au XVIe siècle : on dit alors à *vau de route* « en dévalant la pente » (*dévaler*, c'est encore *val*), mais aussi à *vau de vent*, à *vau de pays* et à *vau-de-l'eau*. Seule cette manière de parler a survécu, on ne sait pourquoi. Si l'expression avait gardé son sens concret, « descendre un cours d'eau dans le sens du courant », elle n'aurait peut-être pas survécu. Mais elle suggérait à la fois la descente, d'où l'échec, et le laisser-aller. Ses contenus exprimaient la crainte d'un risque universel, celui d'être entraîné et impuissant dans une évolution désastreuse.

Oubliant qu'on peut descendre sportivement et très activement des rapides en kayak, l'expression dénonce le laisser-aller et l'échec de ceux qui dévalent la pente. *À vau-l'eau* est le titre d'un roman pessimiste et réaliste de Huysmans. Avec le verbe *aller,* cette expression qui joue le rôle d'adverbe fait partie des façons de dire l'échec et la passivité devant les difficultés de la vie.

« Ni le lendemain, ni le surlendemain, la tristesse de M. Folantin ne se dissipa ; il se laissait aller à vau-l'eau, incapable de réagir contre ce spleen qui l'écrasait. »

Huysmans, *À vau-l'eau*, 1882.

Par monts et par vaux

> à travers tout le pays ; de tous côtés, partout

Les monts ne sont pas en relation obligée avec les veaux. Avec les vaux, un peu plus. Moins banal que *montagne, mont* inclut toute élévation de terrain, de la colline à l'Himalaya. Le contraire, ou plutôt le complémentaire des monts, ce sont les plaines et les vallées. De même que l'usage a privilégié *montagne* sur *mont*, il marque une préférence pour *vallée* par rapport à *val*.

De ces quatre mots, seul *val* change de forme, lorsqu'on prononce son pluriel. On peut hésiter entre *val de Loire* et *vallée de la Loire,* mais au pluriel, on n'a plus le choix : *les Vaux-de-Cernay*. L'avantage de n'avoir qu'une syllabe donne à *mont* et *val*, au pluriel *monts* et *vaux*, l'occasion de représenter par une expression rapide la totalité de la surface terrestre, hormis celle des eaux. Parcourir montagnes et vallées est descriptif et clair, mais nous préférons dire *par monts et par vaux,* plus vif, plus dansant peut-être, exprimant mieux les errances, les surprises du voyage sans but précis.

L'association de ces deux monosyllabes, *monts* et *vaux*, a eu, vers les XVe et XVIe siècles, un succès remarquable pour exprimer la totalité : *promettre, faire croire, jurer les monts et les vaux, faire les monts et les vaux,* autrement dit, « la totale ». Pour « monter et descendre », et même « aller et venir », c'était *aller à mont et à val,* ou *à val et à mont. Ne (ni) mont ni val,* c'était « rien du tout ». Parfois, le mot *plaine* remplaçait *val,* mais, allez savoir pourquoi, c'est le *val* puis les *vaux* qui ont gagné la partie.

Et on a continué à aller par monts et par vaux, autrement dit en amont comme en aval. Façon imagée de parcourir un monde sans villes, sans pollution et sans autoroutes. Précieux souvenir.

> « Il allait par monts et par vaux, cherchant périls et aventures, il traversait d'antiques forêts, de vastes bruyères, de profondes solitudes. »
>
> Chateaubriand, *Le Génie du christianisme*, 1802.

Jeu(x) de main, jeu(x) de vilain(s)

les jeux de main finissent presque toujours mal

Quel parent ne l'a pas dit un jour à des enfants agités, pressentant que le chahut allait dégénérer en bagarre ? Des enfants qui se battent sont des garnements qu'il est tentant de traiter de *vilains*. Pourtant cet adjectif ne détient pas la clé de cette mise en garde.

Il faut remonter à l'époque médiévale et à l'organisation féodale qui distinguait deux catégories de paysans, les serfs et les vilains, seuls ces derniers étant de condition libre. C'est cette paysanne au jupon troué, moquée par des militaires, que chantait Brassens : « Les sabots d'Hélène Étaient tout crottés Les trois capitaines L'auraient appelée vilaine ». Habitant la campagne, le vilain s'oppose au bourgeois des bourgs, devenus des villes, et, roturier, il s'oppose au noble titré.

Vilain vient du latin *villanus*, de *villa* « ferme, domaine agricole ». Le latin disposait de deux autres mots pour désigner les habitants de la campagne. *Paganus*, qui donnera *païen*, parce que les habitants des campagnes étaient aux yeux de l'Église obstinés dans leurs croyances anciennes.

V

Rusticus, de *rus* « campagne » nous a donné *rural, rustique* et *rustre. Rustre, rustaud,* et *vilain* partageaient l'idée de brutalité, de grossièreté, opposée à l'urbanité supposée des habitants de la ville *(urbs)*.

La bassesse a été associée au comportement des manants qui utilisaient leurs poings pour vider leurs querelles alors que les nobles, les seigneurs, autorisés à manier l'arme blanche, s'affrontaient lors de duels ou de tournois. Le mépris social injuste a fait que *vilain* est allé qualifier ce qui est laid, moralement ou physiquement.

À l'opposé des jeux vulgaires des campagnards, on a dit, à la suite du jardinier de La Fontaine, *ce sont jeux de prince* lorsque les puissants se divertissaient en satisfaisant leurs caprices au mépris des humbles, des faibles. Jeux de vilains ou jeux de prince, chacun tient son rôle dans la comédie humaine, et le plus « vilain » n'est pas celui qu'on croit.

« Sur la terre il n'aimait pas "chahuter" avec son fils. "Jeux de mains, jeux de vilains", disait-il »

Paul Guth, *Mémoires d'un naïf*, 1953.

Mettre sur la voie

donner des indications, aider à trouver

C'est la pierre de Rosette qui mit Champollion *sur la voie* de l'interprétation des hiéroglyphes. Le policier cherche l'indice, le médecin le symptôme qui le mettra sur la voie, qui l'aidera à trouver la solution. On peut penser qu'il s'agit du cheminement de la pensée qui conduit à la lumière. Cette fausse piste vous égarera, vous *fourvoiera*…

La *voie* dont il est ici question appartient au vocabulaire de la chasse à courre et désigne depuis le XIIIe siècle les signes, trace odorante ou empreintes, qui témoignent du passage d'un animal et renseignent la meute lancée à sa poursuite. Comme le rappelle Furetière dans son *Dictionnaire*, « En termes de chasse on appelle *voies*, l'endroit par où le gibier a passé, quand on le suit à la piste, ou par l'odeur ou l'impression qu'il a laissée dans l'air. On a remis les chiens sur les *voies*. La *voie* se dit particulièrement du cerf. »

Dans la chasse « à cor* et à cri », on appelle *attaque* le moment où les chiens sont mis sur la voie de l'animal.

Lorsqu'ils perdent cette voie, ils sont *mis en défaut* ; cela peut se produire par une ruse du cerf qui revient sur ses traces et brouille sa piste, ou lorsque le gibier *donne le change**. Les chasseurs recommandent la « curée chaude », sur les lieux de la mort, ordonnée par le commandant au cri de *hallali* : une partie de la bête est laissée aux jeunes chiens pour leur apprendre à goûter la voie de l'animal.

Cette voie, ce chemin à suivre, peut se perdre, si les chiens sont *à bout de voie*. On peut de même s'écarter du droit chemin lorsque la raison s'égare. Le substantif latin *via* qui a donné *voie*, est à l'origine de plusieurs verbes exprimant cet écart à la norme. On peut *dévier*, se *fourvoyer* ou se faire *dévoyer*, l'essentiel est de finir par trouver sa voie !

« Dans la malle, si on l'ouvrait, il n'y a rien de suspect ? rien qui puisse intriguer la police ou la mettre sur la voie ? »

Jules Romains, *Les Hommes de bonne volonté*, t. I, 1932.

Trier sur le volet

choisir avec le plus grand soin

Il y a bien longtemps que les volets ne volent plus. Au Moyen Âge, les archers envoyaient sur l'ennemi des volets : le mot signifiait « flèche ». Et nous disons encore « une volée de flèches ». Autre *volet* disparu, celui qui flottait au vent, un bout d'étoffe ancêtre du *bavolet* et surtout des *volants*.

L'idée première du vol en l'air s'affaiblit lorsqu'on parla de volets pour des panneaux de bois qui étaient mobiles, mais restaient sagement fixés. En effet, on peut ouvrir et fermer ces volets que nous connaissons encore, mais pas les lancer.

Un emploi de *volet,* cependant, resta associé à ce qu'on pouvait lancer « à la volée » : c'est celui sur lequel, en secouant bien fort, on triait de petits objets, des graines par exemple. Cette espèce de tamis ou de van pour vanner, lui-même léger, fut associé à l'envolée de ce qu'on triait en le secouant, pour éliminer la paille ou diverses impuretés.

V

Trier sur un volet était une opération rurale simple, courante mais apparemment efficace, puisque à partir du XVIe siècle – par exemple dans Rabelais – l'expression s'emploie au figuré pour «choisir le meilleur». Cependant, les volets modernes servant à protéger les fenêtres et à intercepter la lumière, ils n'ont rien à faire avec le choix minutieux et la sélection du meilleur. Ce qui fait que ce qui est *trié sur le volet* est peu compréhensible, sinon en imaginant une trieuse à volets, machine qui reste à inventer !

« les expéditions vers Tahiti étaient composées à dessein d'intellectuels éminents, triés sur le volet, de savants, de fervents lecteurs de l'*Encyclopédie* »

Jean-François Revel, *La Connaissance inutile*, 1988.

Semer la **zizanie**

faire naître la discorde, les disputes

Zut, zinzin, zigzag, zigouigoui… Nombre de mots qui commencent par un *z* ont quelque chose d'amusant, d'exotique, de curieux. Mais d'où vient *zizanie*, synonyme de *discorde* ? Le verbe *semer* qui l'accompagne pourrait bien être un indice.

C'est au Moyen Âge que s'est francisé le latin *zizania*, lui-même pris au grec *zizanion*, l'ivraie, cette graminée nuisible qui envahit les champs de céréales. Rapidement, *zizanie* prend les sens figurés de « méchanceté » et de « discorde ». En latin chrétien, ce fut le symbole de la jalousie. La valeur métaphorique de cette mauvaise herbe est déjà présente, en grec puis en latin, dans les Évangiles.

Dans une parabole de l'Évangile selon Matthieu, un homme sème du grain dans un champ. Profitant de la nuit, son ennemi y sème de l'ivraie. Le blé monte en herbe, et c'est seulement quand les épis apparaissent que la céréale se distingue de la mauvaise herbe. Le semeur doit alors attendre la récolte pour « séparer le bon grain de l'ivraie » et arracher la mauvaise graine, légèrement toxique.

Autrement dit, la distinction entre les bons et les mauvais ne se fait pas pendant la vie sur terre mais lors du jugement dernier, lors de la « récolte » des âmes.

Ainsi, cette zizanie, c'est la mauvaise graine, celle qui *germe* dans les esprits malfaisants et pousse à la dispute, à la désunion. De quoi empoisonner l'existence. Mais que les fauteurs de trouble, de haine, de zizanie se méfient car, comme dit le proverbe, « qui *sème* le vent, *récolte* la tempête ». C'est une affaire d'agriculteurs.

Le mot du Petit Robert

zizanie
[zizani] nom féminin
ÉTYM. fin XIIIe ♦ latin ecclésiastique *zizania*, grec *zizanion*, d'origine sémitique
1. VIEUX Mauvaise herbe, ivraie. [...]

Bibliographie

I. 1. • Langue française - Dictionnaires français

◆ **Académie française** *(Dictionnaire de l')*. 2 tomes, 1re éd. J.-B. Coignard, 1694, 4e éd. B. Brunet, 1762, réimpression de la 4e éd. Nîmes : P. Beaume, 1778, 5e éd. J.-J. Smits, 1798, 6e éd. Firmin-Didot et Cie, 1878, 8e éd. Hachette, 1932-1935.

• *Complément du Dictionnaire de l'*Académie française, Firmin-Didot, 1842.

◆ **Furetière (Antoine)** – *Dictionnaire universel*. 3 tomes, La Haye ; Rotterdam : A. et R. Leers, 1690, réédition préfacée, illustrée et indexée. 3 tomes. Le Robert, 1978.

◆ **Littré (Émile)** – *Dictionnaire de la langue française* [30 fascicules. Hachette, 1863 à 1872]. 4 tomes et 1 suppl., Hachette, 1881. Dates de parution : A-Dernier (7 fasc.) 1863 ; Dernier-Étroit (3 fasc.) 1864 ; Étroit-Génie (2 fasc.) 1865 ; Génie-Hystriciens (1 fasc.) 1866 ; I-Mandat (3 fasc.) 1867 ; Mandat-Perdre (4 fasc.) 1868 ; Perdre-Redresser (3 fasc.) 1869 ; Redresser-Scieur (2 fasc.) 1870 ; Scieur-fin (5 fasc.) 1872.

I. 2. • Langue française - Dictionnaires spéciaux

◆ **Esnault (Gaston)** – *Dictionnaire historique des argots français*, Larousse, 1965.

◆ **Féraud (abbé)** – *Dictionnaire critique de la langue française*, 3 volumes. Marseille : J. Mossy père et fils, 1787-1788.

II. • Documentation - Ouvrages de documentation

◆ **Boutet (Gérard)**, 1945. – *Paroles de nos anciens : Les gagne-misère, 1920-1960*, Omnibus, 2013.
• *Code de procédure civile*, 27e éd. Dalloz, 1929.

III. • Textes d'auteurs

◆ **Aymé (Marcel)**, 1902-1967.
• *Le Passe-muraille : Nouvelles*, Gallimard, 1943 (coll. « Blanche »).
• *La Tête des autres*, Grasset, 1952.

◆ **Balzac (Honoré de),** 1799-1850.
• *La Comédie humaine,* texte établi par Marcel Bouteron. 10 tomes, Gallimard, 1940 (tome I), 1941 (tome II), 1947 (tomes III et IV), 1948 (tome V), 1950 (tomes VI et VII), 1949 (tome VIII), 1950 (tomes IX et X) ; (coll. « Bibliothèque de la Pléiade »).
• *Correspondance, 1819-1850.* 2 tomes, Calmann-Lévy, 1876.

◆ **Barbey d'Aurevilly (Jules Amédée),** 1808-1889.
• *(Premier) Mémorandum, 1836-1838* [S. Trébutien, 1856], 3e éd. Lemerre, 1900.
• *Une vieille maîtresse* [A. Cadot, 1851], Lemerre, 1952.

◆ **Barbusse (Henri),** 1873-1935 – *Le Feu : Journal d'une escouade* [1916]. 2 tomes, Flammarion, 1924.

◆ **Baudelaire (Charles),** 1821-1867. – **Œuvres complètes.** 2 tomes. Texte établi, présenté et annoté par Claude Pichois, Gallimard, 1975-1976 (coll. « Bibliothèque de la Pléiade »).

◆ **Bazin (Jean-Pierre Hervé-Bazin, dit Hervé),** 1911-1996. – *L'Huile sur le feu* [1954], Grasset, 1992.

◆ **Beccaria (Cesare),** 1738-1794. – *Des délits et des peines,* trad. de l'italien Maurice Chevallier [écrit en 1764 ; Genève : Droz, 1965], Flammarion, 1991 (coll. « Garnier-Flammarion », n° 633).

◆ **Beckett (Samuel),** 1906-1989. – *Molloy* [1951], Minuit, 1970 ; Minuit, 1982 (coll. « Double », n° 7).

◆ **Beigbeder (Frédéric),** 1965. – *99 francs* [2000], Gallimard, 2007 (coll. « Folio », n° 4062).

◆ **Blier (Bertrand),** 1939. – *Existe en blanc,* Robert Laffont, 1998.

◆ **Blondin (Antoine),** 1922-1991. – *Quat'saisons,* La Table ronde, 1975.

◆ **Borel (Petrus),** 1809-1859. – *Champavert : Contes immoraux,* E. Renduel, 1833.

◆ **Brassens (Georges),** 1921-1981. – In *Georges Brassens,* par Alphonse Bonnafé [1963], Seghers, 1976 (coll. « Poésie et Chansons », n° 99).

◆ **Broglie (Albert, duc de),** 1821-1901. – *La Diplomatie et le Droit nouveau,* Michel Lévy, 1868.

◆ **Calet (Henri),** 1904-1956. – *La Belle Lurette* [1935], Gallimard, 1979 (coll. « Imaginaire », n° 44).

♦ **Céline (Louis-Ferdinand Destouches, dit Louis-Ferdinand)**, 1894-1961.
• *Guignol's band* [1944], Gallimard, 1972 (coll. «Folio», n° 255).
• *Romans*. Tome I : *Voyage au bout de la nuit* [1932] ; *Mort à crédit* [1936], Gallimard, 1973 (coll. «Bibliothèque de la Pléiade»).

♦ **Char (René)**, 1907-1988. – *La bibliothèque est en feu et autres poèmes*, GLM, 1957.

♦ **Chardonne (Jacques Boutelleau, dit Jacques)**, 1884-1968. – *Vivre à Madère*, Grasset, 1953.

♦ **Chateaubriand (François-René, vicomte de)**, 1768-1848.
• *Le Génie du christianisme* [1802]. 2 tomes, Flammarion, s. d. (tome I), 1935 (tome II) (coll. «Meilleurs auteurs classiques français et étrangers»).
• *Mémoires d'outre-tombe* [1848-1850]. 6 tomes, Garnier, 1946-1947 (coll. «Classiques Garnier»).

♦ **Chrétien de Troyes**, 2ᵉ moitié du XIIᵉ s. – **Œuvres complètes,** éd. Daniel Poirion : *Érec et Énide ; Cligès ; Yvain ou le Chevalier au lion ; Lancelot ou le Chevalier de la charrette ; Perceval ou le Conte du Graal*. **Œuvres diverses :** *Philomena ; Guillaume d'Angleterre ; Chansons courtoises*. Texte original et version moderne, Gallimard, 1994 (coll. «Bibliothèque de la Pléiade»).

♦ **Cocteau (Jean)**, 1889-1963. – *La Fin du Potomak*, Gallimard, 1940.

♦ **Colette (Sidonie Gabrielle Colette, dite)**, 1873-1954. – *La Maison de Claudine* [1922], Ferenczi, 1949.

♦ **Corneille (Pierre)**, 1606-1684. – **Œuvres complètes**, éditées par Charles Marty-Laveaux. 12 tomes. Tomes XI et XII : *Lexique de la langue de Pierre Corneille*, Hachette, 1862-1868 (coll. «Les Grands Écrivains de la France»).

♦ **Courteline (Georges Moinaux, dit Georges)**, 1858-1929.
• *Les Gaietés de l'escadron* [Marpon et Flammarion, 1886], Flammarion, 1925.
• *Le Train de 8 h 47* [Marpon et Flammarion, 1888], Flammarion, 1950.

♦ **Curtis (Jean-Louis)**, 1917-1995. – *Le Roseau pensant* [1969], Julliard, 1971.

♦ **Daeninckx (Didier)**, 1949. – *Meurtres pour mémoire* [1984], Gallimard, 1985.

♦ **Debray (Régis)**, 1940. – *L'Indésirable* [Seuil, 1975], Le Livre de poche, n° 4919, 1977.

♦ **Depestre (René)**, 1926. – *Hadriana dans tous mes rêves*, Gallimard, 1988 (coll. «Blanche»).

- **Descartes (René)**, 1596-1650. – *Œuvres et Lettres*, Gallimard, 1958 (coll. « Bibliothèque de la Pléiade »).
- **Diderot (Denis)**, 1713-1784. – *Œuvres*, Gallimard, 1946 (coll. « Bibliothèque de la Pléiade »).
- **Djian (Philippe)**, 1949. – *Échine*, Bernard Barrault, 1988.
- **Dugain (Marc)**, 1957. – *L'Emprise*, Gallimard, 2014.
- **Duhamel (Georges)**, 1884-1966.
- *Manuel du protestataire*, Mercure de France, 1952.
- *Scènes de la vie future*, Mercure de France, 1930.
- **Feraoun (Mouloud)**, 1913-1962. – *Le Fils du pauvre* [1954], Seuil, 1982 (coll. « Points »).
- **Flaubert (Gustave)**, 1821-1880.
- *Bouvard et Pécuchet* [1881], avec des extraits du *Sottisier, L'Album de la Marquise, Le Dictionnaire des idées reçues* et *Le Catalogue des idées chic*, Gallimard, 1979 (coll. « Folio », n° 1137).
- *Correspondance*. 9 tomes (tome IX : index analytique) et 4 tomes suppl., Louis Conard, 1926-1951.
- *Madame Bovary* [*Revue de Paris,* 1856], Gallimard, 1972 (coll. « Folio », n° 51).
- **France (Anatole François Thibault, dit Anatole)**, 1844-1924.
- *L'Île des pingouins* [1908], Calmann-Lévy, 1946.
- *Le Petit Pierre*, Calmann-Lévy, 1918.
- *La Vie en fleur*, Calmann-Lévy, 1922.
- **Garat (Anne-Marie)**, 1946. – *Dans la main du diable*, Arles : Actes Sud, 2006.
- **Gautier (Théophile)**, 1811-1872.
- *Le Capitaine Fracasse*. 2 tomes [Charpentier, 1863], Garnier, 1930.
- *Fortunio et autres nouvelles* [1833-1849], Garnier, 1930.
- **Gavalda (Anna)**, 1970. – *L'Échappée belle* [France Loisirs, 2001], Le Dilettante, 2009.
- **Genevoix (Maurice)**, 1890-1980.
- *La Boîte à pêche*, Grasset, 1926.
- *Forêt voisine*, Flammarion, 1952.
- **Germain (Sylvie)**, 1954. – *Hors champs*, Albin Michel, 2009.

◆ **Gide (André)**, 1869-1951.
• *Ainsi soit-il ou Les jeux sont faits*, Gallimard, 1952 (coll. « Blanche »).
• *Si le grain ne meurt* [1926], Gallimard, 1947 (coll. « Blanche »).
Voir aussi Proust (Marcel), Gide (André)

◆ **Giono (Jean)**, 1895-1970. – *Le Hussard sur le toit* [1951], Gallimard, 1953 (coll. « Blanche »).

◆ **Giroud (Françoise)**, 1916-2003. – *Si je mens…*, Stock, 1972.

◆ **Gobineau (Joseph Arthur de)**, 1816-1882. – *Les Pléiades* [1874], Monaco : Rocher, 1946 (coll. « Grands et petits chefs-d'œuvre »).

◆ **Goethe (Johann Wolfgang von)**, 1749-1832. – *Faust*. Voir Nerval.

◆ **Goron (Marie-François)**, 1847-1933. – *L'Amour à Paris*. 4 tomes, Jules Rouff, 1890.

◆ **Guérin (Raymond)**, 1905-1955. – *L'Apprenti* [1946], Gallimard, 1982 (coll. « L'Imaginaire »).

◆ **Guth (Paul)**, 1910-1997. – *Mémoires d'un naïf* [Pierre Horay, 1953], Le Livre de poche, 1967, n° 2195.

◆ **Hugo (Victor)**, 1802-1885.
• *Les Misérables* [Pagnerre, 1862] Gallimard, 1951 (coll. « Bibliothèque de la Pléiade »).
• *Œuvres complètes*. 19 tomes, nouvelle édition illustrée. Ollendorff, s. d. Tome XI : *L'Archipel de la Manche* [1883] ; *Les Travailleurs de la mer* [1866].

◆ **Huston (Nancy)**, 1953. – *Lignes de faille*, Arles : Actes Sud, 2006.

◆ **Huysmans (Georges Charles, dit Joris-Karl)**, 1848-1907.
• *À vau l'eau* [1905], Éd. Mairie de Paris, 1990 (coll. « Capitale »).

◆ **Izzo (Jean-Claude)**, 1945-2000.
• *Le Soleil des mourants* [Flammarion, 1999], J'ai lu, 2001, n° 5801.
• *Vivre fatigue*, J'ai lu, 1998 (coll. « Librio », n° 208).

◆ **Japrisot (Sébastien)**, 1931-2003. – *Un long dimanche de fiançailles*, Denoël, 1991.

◆ **Karr (Alphonse)**, 1808-1890. – *Sous les tilleuls*. 2 tomes, Gosselin, 1832.

◆ **Kerangal (Maylis de)**, 1967. – *Réparer les vivants* [2013], Verticales, 2014.

◆ **La Fontaine (Jean de)**, 1621-1695. – *Fables* [1668 à 1694], *Contes et Nouvelles*, Gallimard, 1948 (coll. « Bibliothèque de la Pléiade »).

- **La Rochefoucauld (François, duc de)**, 1613-1680. – *Maximes et Réflexions diverses* [À La Haye, 1664 ; puis 1666, 1671, 1675, 1678], Hatier, 1947 (coll. « Les classiques pour tous »).
- **Laurent (Jacques)**, 1919-2000. – *Les Bêtises*, Grasset, 1971.
- **Leiris (Michel)**, 1901-1990. – *La Règle du jeu*. 4 tomes. I : *Biffures*. [1948]. II : *Fourbis* [1955]. III : *Fibrilles*. IV : *Frêle bruit*, Gallimard, 1968 (I et II), 1966 (III), 1976 (IV) (coll. « Blanche »).
- **Lesage (Alain René)**, 1668-1747. – *Histoire de Gil Blas de Santillane*. 2 tomes [Ribou, 1715], Garnier, 1942.
- **Libera (Alain de)**, 1948. – *Morgen Schtarbe*, Flammarion 1999.
- **Loti (Julien Viaud, dit Pierre)**, 1850-1923. – *Madame Chrysanthème* [1887], Calmann-Lévy, 1947 (coll. « Zodiaque »).
- **Louvet de Couvray (Jean-Baptiste)**, 1760-1797. – *Amours du Chevalier de Faublas* [4 volumes. L'auteur, 1797]. Voir *Romanciers du XVIIIe siècle*.
- **Mac Orlan (Pierre Dumarchey, dit)**, 1882-1970. – *La Bandera* [1931], Gallimard, 1950 (coll. « Blanche »).
- **Magnan (Pierre)**, 1922-2012. – *La Maison assassinée* [1984], Denoël, 1989.
- **Marceau (Louis Carette, dit Félicien)**, 1913-2012. – *La Terrasse de Lucrezia*, Gallimard, 1993.
- **Martin du Gard (Roger)**, 1881-1958. – **Les Thibault**. 9 tomes [1922-1940]. I : *Le Cahier gris* [1922] ; *Le Pénitencier* [1922], 1re partie. II : *Le Pénitencier*, 2e partie ; *La Belle Saison* [1923], 1re partie. III : *La Belle Saison*, 2e partie ; *La Consultation* [1928] ; *La Sorellina* [1928], 1re partie. IV : *La Sorellina*, 2e partie ; *La Mort du père* [1929]. V : *L'Été 14* [1936], 1re partie. VI : *L'Été 14*, 2e partie. VII : *L'Été 14*, 3e partie. VIII : *L'Été 14*, 4e partie ; *Épilogue* [1940], 1re partie. IX : *Épilogue*, 2e partie, Gallimard, 1943-1945 (coll. « Blanche »)
- **Mauriac (Claude)**, 1914-1996. — *Le Temps immobile*, tome I, Bernard Grasset, 1974.
- **Mauriac (François)**, 1885-1970.
  - *Le Nœud de vipères*, Bernard Grasset, 1932 [1re publication], Calmann-Lévy, 1947.
  - *La Pharisienne* [1941], Beyrouth : Les Lettres françaises, 1942.
- **Mérimée (Prosper)**, 1803-1870.

- *Correspondance générale*. Tomes I à VI, Divan, 1941-1947. Tomes VII à XVII, Toulouse : Privat, 1953-1964.
- *La Double Méprise* [1833], dans **Romans et Nouvelles**, Gallimard, 1942 (coll. « Bibliothèque de la Pléiade »).

◆ **Mirabeau (Honoré Gabriel Riqueti, comte de)**, 1749-1791. – **Œuvres**. 8 tomes, Lecointe et Pougin, 1834-1835.

◆ **Mitterrand (Frédéric)**, 1947. – *La Mauvaise Vie*, Robert Laffont, 2005.

◆ **Molière (Jean-Baptiste Poquelin, dit)**, 1622-1673. – **Œuvres**. 11 tomes et 2 tomes de lexique, Hachette, 1873-1900 (coll. « Les Grands Écrivains de la France »).

◆ **Montaigne (Michel Eyquem de)**, 1533-1592. – *Essais*. 3 tomes, Garnier, 1948-1952.

◆ **Montherlant (Henry Millon de)**, 1896-1972. – **Les Jeunes Filles**. 4 tomes, Bernard Grasset, 1942-1943 (tomes I à III), Gallimard, 1954 (tome IV) (coll. « Blanche »). Tome I : *Les Jeunes Filles* [1936]. Tome II : *Pitié pour les femmes* [1936]. Tome III : *Le Démon du bien* [1937]. Tome IV : *Les Lépreuses* [1939].

◆ **Morand (Paul)**, 1888-1976. – *Bouddha vivant*, Grasset, 1927.

◆ **Mordillat (Gérard)**, 1949.
- *Rue des Rigoles*, Calmann-Lévy, 2002.
- *Les Vivants et les Morts* [Calmann-Lévy, 2004], L. G. F., 2006 (coll. « Le Livre de poche », n° 30497).

◆ **Nerval (Gérard Labrunie, dit Gérard de)**, 1808-1855.
- *Faust et le Second Faust,* adaptés de Goethe [1840], Garnier, 1950.
- **Œuvres,** texte établi, annoté et présenté par Albert Béguin et Jean Richer. 2 tomes. I : *Poésies* ; *Mes prisons* ; *Petits châteaux de Bohême* ; *Les Nuits d'octobre* ; *Promenades et Souvenirs* ; *Les Filles du feu* ; *La Pandora* ; *Aurélia* ; *Fragments* ; *Contes et Facéties* ; *Le Marquis de Fayolle* ; *Correspondance*. II : *Voyage en Orient* ; *Lorely* ; *Notes de voyage* ; *Les Illuminés* ; *Illuminés et Illuminisme*, Gallimard, 1952, 1956 (coll. « Bibliothèque de la Pléiade »).

◆ **Nord (Pierre)**, 1900-1985. – *Miss Péril jaune : Les Espionnes au coin du feu* [Fayard, 1970], Lausanne : Rencontre, 1970.

◆ **Oldenbourg (Zoé)**, 1916-2002. – *La Joie-Souffrance*, Gallimard, 1980 (coll. « Blanche »).

- **Orléans (Charles d')**, 1394-1465. – *Poésies*. 2 tomes, Champion, 1923, 1927.
- **Orsenna (Erik)**, 1947. – *L'Entreprise des Indes*, Stock et Fayard, 2010 (coll. « Bleue »).
- **Ovaldé (Véronique)**, 1972. – *La Grâce des brigands* [2013], L'Olivier, 2014.
- **Perdiguier (Agricol)**, 1805-1875. – *Mémoires d'un compagnon* [écrit entre 1854 et 1855 ; Cahiers du Centre, 1914], La Découverte/Syros, 2002 (coll. « [Re]découverte : Documents et témoignages »).
- **Perec (Georges)**, 1936-1982. – *Les Choses : Une histoire des années soixante* [1965], Julliard, 1988.
- **Perrault (Charles)**, 1628-1703. – *Contes de ma mère l'Oye* [1697], Cluny, 1948 (coll. « Bibliothèque de Cluny », vol. 53).
- **Picouly (Daniel)**, 1948. – *Fort-de-l'Eau*, Flammarion, 1997.
- **Prévert (Jacques)**, 1900-1977. – *Choses et autres*, Gallimard, 1972 (coll. « Le Point du jour »).
- **Proust (Marcel)**, 1871-1922.
  - **À la recherche du temps perdu** [écrit de 1913 à 1922]. 15 tomes, Gallimard, 1922-1927 (coll. « Blanche ») Tomes I et II : *Du côté de chez Swann* [1913]. Tomes III, IV et V : *À l'ombre des jeunes filles en fleurs* [1918]. Tomes VI, VII et VIII : *Le Côté de Guermantes* [1920]. Tomes IX et X : *Sodome et Gomorrhe* [1922]. Tomes XI et XII : *La Prisonnière* [1923]. Tome XIII : *Albertine disparue* [1925]. Tomes XIV et XV : *Le Temps retrouvé* [1927].
  - *Jean Santeuil* [écrit de 1895 à 1900 ; 1re édition en 1952], Gallimard, 1971 (coll. « Bibliothèque de la Pléiade »).
- **Proust (Marcel), Gide (André)**. – *Autour de La Recherche : Lettres* [Ides et Calendes, 1949], Complexe, 1988.
- **Queffélec (Yann)**, 1949. – *Disparue dans la nuit*, Grasset, 1994.
- **Queneau (Raymond)**, 1903-1976.
  - *Le Dimanche de la vie*, Gallimard, 1952 (coll. « Blanche »).
  - *Loin de Rueil* [1944], Gallimard, 1946 (coll. « Blanche »), Gallimard, 1976 (coll. « Folio », n° 849).
- **Rabelais (François)**, 1483 ou 1494-1553. – *Œuvres complètes* [1934], Gallimard, 1942 (coll. « Bibliothèque de la Pléiade »).

◆ **Racine (Jean)**, 1639-1699. – *Œuvres.* 7 tomes et lexique, Hachette, 1865 (tomes I, II, III), 1929 (tome IV), 1925 (tome V), 1922 (tome VI), 1925 (tome VII), 1923 (lexique) (coll. « Les Grands Écrivains de la France »).

◆ **Remy (Jean-Pierre Angremy, dit Pierre-Jean)**, 1937-2010. – *État de grâce*, Albin Michel, 2001.

◆ **Renan (Ernest)**, 1823-1892. – *Souvenirs d'enfance et de jeunesse*, Calmann-Lévy, 1883 ; Nelson, s. d.

◆ **Revel (Jean-François)**, 1924-2006. – *La Connaissance inutile* [Grasset, 1988], Club Express, 1988.

◆ **Robbe-Grillet (Alain)**, 1922-2008. – *La Reprise*, Minuit, 2001.

◆ **Rolin (Olivier)**, 1947. – *Tigre en papier*, Seuil, 2002 (coll. « Fiction & Cie »).

◆ **Romains (Louis Farigoule, dit Jules)**, 1885-1972. – **Les Hommes de bonne volonté.** 27 tomes. I : *Le 6 octobre*, 1932. II : *Le Crime de Quinette*, 1932. III : *Les Amours enfantines*, 1932. IV : *Éros de Paris*, 1932. V : *Les Superbes*, 1933. VI : *Les Humbles*, 1933. VII : *Recherches d'une église*, 1934. VIII : *Province*, 1934. IX : *Montée des périls*, 1935. X : *Les Pouvoirs*, 1935. XI : *Recours à l'abîme*, 1936. XII : *Les Créateurs*, 1936. XIII : *Mission à Rome*, 1937. XIV : *Le Drapeau noir*, 1937. XV : *Prélude à Verdun*, 1937. XVI : *Verdun*, 1938. XVII : *Vorge contre Quinette*, 1941. XVIII : *La Douceur de la vie*, 1941. XIX : *Cette grande lueur à l'Est*, 1941. XX : *Le monde est ton aventure*, 1941. XXI : *Journées dans la montagne*, 1942. XXII : *Les Travaux et les Joies*, 1943. XXIII : *Naissance de la Bande*, 1944. XXIV : *Comparutions*, 1944. XXV : *Le Tapis magique*, 1946. XXVI : *Françoise*, 1946. XXVII : *Le 7 octobre*, 1947, Flammarion, 1932-1947.

◆ **Romanciers du XVIIe siècle.** Éd. Antoine Adam. Charles Sorel, *Histoire comique de Francion*. Scarron, *Le Roman comique*. Furetière, *Le Roman bourgeois*. Madame de La Fayette, *La Princesse de Clèves.*, Gallimard, 1958 (coll. « Bibliothèque de la Pléiade »).

◆ **Romanciers du XVIIIe siècle.** 2 tomes. Éd. Étiemble (t. I), Marguerite Du Cheyron et Gilbert Lely (t. II). I : Hamilton, *Histoire du comte de Gramont*. Lesage, *Le Diable boiteux* et *Gil Blas de Santillane*. Abbé Prévost, *Histoire du Chevalier des Grieux et de Manon Lescaut*. II : Crébillon fils, *Les Égarements du cœur et de l'esprit*. Duclos, *Confessions du Comte de ****. Cazotte, *Le Diable amoureux*. Vivant Denon, *Point de lendemain*. Louvet de Couvray, *Amours du Chevalier de Faublas*. Bernardin de Saint-Pierre, *Paul et Virginie*.

Sade, *Contes et nouvelles*. Sénac de Meilhan, *L'Émigré*, Gallimard, 1960 et 1965 (coll. «Bibliothèque de la Pléiade»).
- **Rousseau (Jean-Jacques), 1712-1778. – Œuvres complètes.** 4 tomes.
I : *Confessions ; Dialogues ; Rêveries du promeneur solitaire ; Fragments autobiographiques et documents biographiques*. II : *La Nouvelle Héloïse ; Théâtre ; Essais littéraires*. III : *Du contrat social ; Écrits politiques*. IV : *Émile ; Éducation ; Morale ; Botanique*., Gallimard, 1969 (coll. «Bibliothèque de la Pléiade»).
- **Rufin (Jean-Christophe), 1952.** – *Le Parfum d'Adam*, Flammarion, 2007.
- **Saint-Laurent (Jacques Laurent, dit Cecil), 1919-2000.** – *La Mutante* [Flammarion, 1978], Lausanne : Ex Libris.
- **Saint-Simon (Louis de Rouvroy, duc de), 1675-1755. – Mémoires.** 6 tomes, Gallimard, 1947-1958 (coll. «Bibliothèque de la Pléiade»).
- **San-Antonio (pseudonyme de Frédéric Dard), 1921-2000.**
- *Chauds, les lapins !*, Fleuve noir, 1986.
- *Sérénade pour une souris défunte* [1954], Fleuve noir, 2003.
- **Sartre (Jean-Paul), 1905-1980.**
- *Les Chemins de la liberté*. 3 tomes. I : *L'Âge de raison* [1945], Gallimard, 1949 (coll. «Blanche»), Le Livre de poche, n° 522-523. II : *Le Sursis* [1945], Gallimard, 1963 (coll. «Blanche») III : *La Mort dans l'âme*, Gallimard, 1949 (coll. «Blanche»).
- *Le Mur* [1939], Gallimard, 1958 (coll. «Blanche»).
- **Sénac de Meilhan (Gabriel), 1736-1803.** – *L'Émigré* [1797]. Voir *Romanciers du XVIIIe siècle*.
- **Sévigné (Marie de Rabutin-Chantal, marquise de), 1626-1696. – Lettres.** 18 tomes, Hachette, 1862 (tomes I à XIII), 1866 (lexiques I et II), 1876 (tomes XV et XVI), 1868 (album).
- **Sorel (Charles), 1602-1674.** – *Histoire comique de Francion* [Billaine,1623-1633]. Voir *Romanciers du XVIIe siècle*.
- **Stendhal (Henri Beyle, dit), 1783-1842. – Romans et Nouvelles.** 2 tomes. Tome I : *Armance* [1827] ; *Le Rouge et le Noir* [1830] ; *Lucien Leuwen* [1836]. Tome II : *La Chartreuse de Parme* [1839] ; *Chroniques italiennes* [1855] ; *Romans et Nouvelles* [1842] ; *Lamiel* [1842], Gallimard, 1947, 1952 (coll. «Bibliothèque de la Pléiade»).

◆ **Sue (Marie-Joseph, dit Eugène)**, 1804-1857. – *Les Mystères de Paris*. 10 tomes, Gosselin, 1842-1843.

◆ **Tite-Live,** –64 ou –59 - vers 10 – *Histoire romaine,* traduction Annette Flobert, Flammarion, 1993.

◆ **Tournier (Michel)**, 1924.
• *Journal extime* [La Musardine, 2002], Gallimard, 2004 (coll. « Folio », n° 3994).
• *La Goutte d'or* [1986], Gallimard, 1987 (coll. « Folio », n° 1908).

◆ **Triolet (Elsa)**, 1896-1970. – *Roses à crédit* [1959], Gallimard, 1976 (coll. Folio, n° 183).

◆ **Vercors (Jean Bruller, dit)**, 1902-1991. – *Le Silence de la mer et autres récits* [1951], L. G. F., 1976 (coll. « Le Livre de poche », n° 25).

◆ **Verlaine (Paul)**, 1844-1896.
• *La Bonne Chanson* [1870], avec *Amour* [1888], *Bonheur* [1891], et *Chansons pour elle* [1891], Cluny, 1948.
• *Confessions* [1895], Mairie de Paris, 1990 (coll. « Capitale »).

◆ **Verne (Jules)**, 1828-1905. – *Le Tour du monde en 80 jours* [Hetzel, 1873], Le Livre de poche, n° 2025, 1965.

◆ **Vialatte (Alexandre)**, 1901-1971. – *Les Champignons du détroit de Behring* [1988], Gallimard, 1990.

◆ **Vigny (Alfred, comte de)**, 1797-1863.
• *Cinq-Mars* [1826], Delloye et Lecou, 1838.
• *Poésies complètes* : *Poèmes antiques et modernes* [1837], *Les Destinées* [1863], *Poèmes retranchés*, Garnier, 1925 (coll. « Classiques Garnier »).

◆ **Winckler (Martin)**, 1955. – *Le Chœur des femmes*, P.O.L, 2009.

◆ **Zola (Émile)**, 1840-1902. – **Les Rougon-Macquart.** 5 tomes, Gallimard, 1960, 1961, 1978, 1966, 1967 (coll. « Bibliothèque de la Pléiade »).

IV. • Périodiques

Est républicain (L'), 2013.
Figaro (Le), 2015.
Humanité (L'), 2014.
Midi Libre, 2014.
Nord Littoral, 2015.
Soir (Le), Bruxelles, 2015.
Sud Ouest, 2015.

Table des matières

Être aux **abois**	6
De cet **acabit**	8
De même **acabit**	8
Pierre d'**achoppement**	10
Par **acquit** de conscience	12
Être à l'**affût**	14
De bon **aloi**	16
Faire **amende** honorable	18
Dans le plus simple **appareil**	20
Être plein aux **as**	22
Ne pas être dans son **assiette**	24
Être de bon, de mauvais **augure**	26
À l'**aune** de	28
Sous les meilleurs **auspices**	30
Tous **azimuts**	32
L'avoir dans le **baba**	34
Le **ban** et l'arrière-**ban**	36
Être pendu aux **basques** de quelqu'un	38
C'est là que le **bât** blesse	40
À **bâtons** rompus	42
Sortir des sentiers **battus**	44
Tailler une **bavette**	46
Tomber sur un **bec**	48
Avoir la **berlue**	50
Être en **bisbille** avec quelqu'un	52
Bisque, bisque, rage !	54
Être agité du **bocal**	56
Être à la **bourre**	58
Monter le **bourrichon** à quelqu'un	60
Un **boute-en-train**	62
Branle-bas de combat	64
Être sur la **brèche**	66
Marcher sur les **brisées** de quelqu'un	68
Faire l'école **buissonnière**	70
Renvoyer quelque chose aux **calendes** grecques	72
Être d'un âge **canonique**	74
Parler à la **cantonade**	76
De pied en **cap**	78
Rabattre, rabaisser le **caquet** à quelqu'un	80
Dernier **carat**	82
Faire un **carton**	84
En **catimini**	86
Peau de **chagrin**	88
Battre la **chamade**	90
Manger, bouffer comme un **chancre**	92
Donner le **change** à quelqu'un	94
Avoir voix au **chapitre**	96
Se porter comme un **charme**	98
Faire bonne **chère**	100
Être la **cheville** ouvrière	102
En avoir sa **claque**	104
Prendre ses **cliques** et ses claques	106
Être dans le **coaltar**	108
Rater le **coche**	110
Coiffer quelqu'un au poteau	112
Être frappé, marqué au **coin** du bon sens	114
Être **collet** monté	116
Avoir quelqu'un dans le **collimateur**	118
Convoler en justes noces	120
S'en tamponner le **coquillard**	122
À **cor** et à cri	124

413

Courir le **cotillon**	126
Avoir les **coudées** franches	128
Battre sa **coulpe**	130
Être sous la **coupe** de quelqu'un	132
Coupe sombre	134
Pendre la **crémaillère**	136
Avoir des atomes **crochus** avec quelqu'un	138
À **croquer**	140
Tailler des **croupières** à quelqu'un	142
Au (grand) **dam** de quelqu'un	144
Au **débotté**	146
Défrayer la chronique	148
Il y a péril en la **demeure**	150
Être au trente-sixième **dessous**	152
Un joyeux **drille**	154
Payer son **écot**	156
Sous l'**égide** de	158
Bouché à l'**émeri**	160
Être frais **émoulu** (d'une école)	162
Être gêné aux **entournures**	164
À l'**envi**	166
Prendre la poudre d'**escampette**	168
Tomber dans l'**escarcelle** de quelqu'un	170
À bon **escient**	172
Mettre en **exergue**	174
Sans coup **férir**	176
Être sous la **férule** de quelqu'un	178
Ne pas faire long **feu**	180
Conter **fleurette** à une femme	182
Faire **florès**	184
En son **for** intérieur	186
Déclarer **forfait**	188
Ce n'est pas un **foudre** de guerre	190
Faire un **four**	192
Passer sous les **fourches** caudines	194
À la bonne **franquette**	196
Ronger son **frein**	198
Et tout le saint-**frusquin**	200
Au **fur** et à mesure	202
Amuser la **galerie**	204
Vouer aux **gémonies**	206
En **goguette**	208
Pour ta **gouverne**	210
Lâche-moi la **grappe**	212
Faire le pied de **grue**	214
Courir le **guilledou**	216
Crier **haro** sur le baudet	218
Sous la **houlette** de quelqu'un	220
À **huis** clos	222
Mettre à l'**index**	224
Avoir la science **infuse**	226
Un(e) faux **jeton**	228
Être vieux **jeu**	230
À tire-**larigot**	232
L'occasion fait le **larron**	234
S'endormir sur ses **lauriers**	236
Être **légion**	238
À la queue **leu** leu	240
Entrer en **lice**	242
Être en **liesse**	244
Être bien, mal **luné**	246
Il y a belle **lurette**	248
Ça fait des **lustres**	250
Avoir **maille** à partir avec quelqu'un, avec quelque chose	252
Faire la **manche**	254
Être de **mèche** avec quelqu'un	256
Le **miroir** aux alouettes	258
Motus et bouche cousue	260
Faire **mouche**	262
Se faire du **mouron**	264

Se casser la **nénette**	266
Une sainte **nitouche**	268
Chercher des **noises** à quelqu'un	270
Faire la **nouba**	272
Tomber des **nues**	274
Ne pas être en **odeur** de sainteté	276
D'**ores** et déjà	278
Pousser des cris d'**orfraie**	280
Être dans la **panade**	282
Tomber dans le **panneau**	284
Une vie de **patachon**	286
En faire tout un **pataquès**	288
Mettre la **pédale** douce	290
Envoyer quelqu'un aux **pelotes**	292
Regagner ses **pénates**	294
On n'est pas aux **pièces**	296
Prendre son **pied**	298
Avoir **pignon** sur rue	300
Clouer au **pilori**	302
Porter quelqu'un au **pinacle**	304
C'est du **pipeau**	306
Les dés sont **pipés**	308
Être à côté de la **plaque**	310
Battre son **plein**	312
En grande **pompe**	314
Dès **potron**-minet	316
Être fier, orgueilleux comme un **pou**	318
Jeter de la **poudre** aux yeux	320
À brûle-**pourpoint**	322
Peu ou **prou**	324
C'est la **quadrature** du cercle	326
Avoir **quartier** libre	328
Tomber en **quenouille**	330
Être sur le **qui-vive**	332
Laisser quelqu'un, quelque chose en **rade**	334
Passer la **rampe**	336
En connaître un **rayon**	338
Donner du fil à **retordre** à quelqu'un	340
Tirer à boulets **rouges** sur quelqu'un	342
Être au bout du **rouleau**	344
C'est de la **roupie** de sansonnet	346
Payer **rubis** sur l'ongle	348
En cinq **sec**	350
Être sur la **sellette**	352
Un coup de **semonce**	354
Couper le **sifflet** à quelqu'un	356
Payer en monnaie de **singe**	358
Tout son **soûl**	360
Être trempé comme une **soupe**	362
Un **suppôt** de Satan	364
Faire un **tabac**	366
Miser sur tous les **tableaux**	368
Écrire, noter, marquer quelque chose sur ses **tablettes**	370
Être **taillable** et corvéable (à merci)	372
Sur le **tas**	374
Au **temps** pour moi	376
À juste **titre**	378
Faire une **touche**	380
Être aux **trousses** de quelqu'un	382
Les **us** et coutumes	384
N'avoir pas un sou **vaillant**	386
Jouer son **va-tout**	388
Aller à **vau-l'eau**	390
Par monts et par **vaux**	392
Jeu(x) de main, jeu(x) de **vilain**(s)	394
Mettre sur la **voie**	396
Trier sur le **volet**	398
Semer la **zizanie**	400

Achevé d'imprimer en décembre 2015
dans les ateliers de Normandie Roto Impression s.a.s.
Dépôt légal : août 2015
N° d'impression : 1505919

Imprimé en France